FETTNÄPFCHENFÜHRER

CONBOOK.

Marc Herbrechter ist Jahrgang '83 und lebt abwechselnd in Berlin, Reykjavík und Kapstadt. Für seinen Lebensunterhalt schreibt er entweder Bücher oder Code und in seiner Freizeit ist er auf Bergen oder unter dem Meeresspiegel zu finden.

ISLAND

FETTNÄPFCHENFÜHRER

IM HOT POT MIT WIKINGERN UND ELFEN

MARC HERBRECHTER

FSC
www.fsc.org
MIX
Papier aus verantwortungsvollen Quellen
FSC® C083411

1. Auflage

www.conbook-verlag.de

Lektorat: Judith Heisig, Hamburg
Einbandgestaltung: Weiß-Freiburg GmbH – Graphik & Buchgestaltung unter Verwendung eines Motivs von Marc Herbrechter
Satz: Röser MEDIA, Karlsruhe
Druck und Verarbeitung: CPI books GmbH, Leck

Printed in Germany

ISBN 978-3-95889-171-5

INHALT

VORWORT

Fettnäpfchen in Island? Einem Land in Europa, das uns kulturell nicht viel ferner sein dürfte als Österreich oder die Schweiz? Als ich die Anfrage zu diesem Buch bekam, musste ich kurz überlegen und mich an die drei Monate erinnern, die ich auf der kleinen Insel gelebt und gearbeitet habe. Schnell kam ich zu dem Schluss: Material hätte ich genug.

Seit 2008 machte Island mehrmals Schlagzeilen in den internationalen Medien. Zuerst durch den Finanzcrash, der das Land beinahe in den Bankrott führte. 2010 durch den Ausbruch des Vulkans mit dem unaussprechlichen Namen Eyjafjallajökull, der den internationalen Flugverkehr für Tage lahmlegte. Seitdem reisen immer mehr Menschen nach Island, um hier Urlaub zu machen. Und als die isländische Fußballnationalmannschaft 2016 zum ersten Mal in der Geschichte an einer EM teilnahm, verliebte sich die ganze Welt in die schreienden Wikinger.

Was macht dieses Land und seine Einwohner also so liebenswert, und wie soll man sich verhalten, um den Isländern nicht auf den Schlips zu treten? Ich habe das mal im praktischen Selbstversuch für Sie, liebe Leserinnen und Leser, ausprobiert, als ich im Jahr 2015 für drei Monate als Tauch-Guide in Reykjavík arbeitete. Sei es wegen der Sprachbarriere, den vielen kleinen kulturellen Eigenheiten oder einigen speziellen Verkehrsregeln – ich stolperte von Fettnäpfchen zu Fettnäpfchen. In diesem Buch habe ich Ihnen einige davon in (hoffentlich) amüsanten Geschichten aufgeschrieben.

Das Blog www.island-ringstrasse.de, mit dem ich Reisende in Island bei ihren Entdeckungen unterstützen möchte, betreibe ich seit meiner Zeit in Reykjavík.. Auch dabei trete ich ab und zu in Fettnäpfchen, denn auch wenn ich mir große Mühe gebe, Sachverhalte ausführlich zu recherchieren, unterlaufen mir hier und da mal

Fehler. Das sage ich an dieser Stelle, weil ich bei diesem Buch meinen Fokus auf die Unterhaltung gelegt habe. Die Geschichten basieren lose auf meinen persönlichen Erfahrungen und sind trotzdem größtenteils ein Ergebnis meiner Fantasie. Sie sollen Sie, liebe Leser und Leserinnen, vor allem zum Schmunzeln bringen.

Was ist hier schiefgelaufen?

Bisher noch nichts, aber an dieser Stelle möchte ich kurz auf die Struktur im Buch eingehen: Jedes Kapitel hat einen Erzählteil, einen Tatsachenteil (diesen hier) und am Ende eine Empfehlung. In manchen Kapiteln läuft gar nichts schief, und ich will Sie nur mit einem lustigen Sachverhalt oder Fakt vertraut machen. In anderen tritt Max, der Protagonist, jemandem auf den Schlips, und in diesem Fall gebe ich im folgenden Absatz eine Empfehlung, wie Sie dies vermeiden können.

Was können Sie besser machen?

Ich hoffe, ich bin Ihnen bisher noch nicht auf den Schlips getreten und muss Ihnen hier deshalb noch keine Empfehlung geben, wie Sie sich besser anstellen können als ich!

In manchen der folgenden Kapitel werde ich das jedoch tun und zwar, wie eigentlich das gesamte Buch über, immer mit einem Augenzwinkern. Denn die Isländer sind an Touristen gewöhnt und sehr tolerant. Bis auf wenige Ausnahmen erwarten Sie keine Strafen, wenn Sie in ein Fettnäpfchen treten. Machen Sie sich also nicht zu viele Gedanken. Auch nach der Lektüre dieses Buches sollten Sie sich vor Ort lieber auf die wunderschöne Natur und auf die Menschen konzentrieren statt darauf, was alles schieflaufen könnte.

Weil ich nicht weiß, wie viel von diesem Buch Sie lesen werden und ob Sie es vielleicht schon nach diesem Vorwort in den Schrank stellen, möchte ich gerne eines loswerden. Wenn Sie nur einen Tipp aus diesem Buch mitnehmen, dann bitte folgenden: Island ist eines der schönsten und natürlichsten Länder auf diesem Planeten, und viele von diesen kleinen Naturwundern haben wir leider nicht mehr. Seien Sie also bitte ein verantwortungsvoller Besucher und machen Sie sich insbesondere mit der fragilen Natur Islands vertraut. Halten Sie sich an Absperrungen, fahren Sie nicht abseits markierter Wege, benutzen Sie Toiletten statt Vorgärten (das ist leider kein Witz) und versuchen Sie die Orte, die Sie besuchen, genau so oder besser zu hinterlassen, als Sie sie vorfinden.

Wenn Sie das alles berücksichtigen, wird Ihnen das kleine Land im Nordatlantik definitiv das ins Gesicht zaubern, was ich hoffentlich mit diesem Buch zu Ihnen bringen kann: ein Lächeln!

1 DIE ANREISE

MAX FLIEGT NACH ISLAND

Es ist ein sonniger, kühler Montagmorgen im Januar, und Max fällt es schwer aufzustehen, denn viel geschlafen hat er nicht. Heute geht ein kleines Abenteuer los: Max wird für drei Monate nach Island reisen, um eine Ausbildung zum Tauchlehrer zu absolvieren. Vor einiger Zeit hat er mit dem Tauchen in Afrika begonnen und seitdem immer größeren Gefallen an dem Sport gefunden.

Warum man ausgerechnet in Island und dann auch noch im tiefsten Winter seine Tauchlehrerausbildung macht, ist vielen seiner Freunde und Bekannten völlig unverständlich. Und auch Max soll an dieser Entscheidung noch mehrmals zweifeln. Doch zu welcher Jahreszeit kann man das Land aus Feuer und Eis denn besser kennenlernen als im Winter? Und wie soll man ein guter Tauchlehrer werden wenn nicht in einer Ausbildung unter härtesten Bedingungen?

Mit diesem Gedanken springt Max hoch motiviert auf, läuft schnurstracks ins Bad und stellt, ohne vor der Kabine auf warmes Wasser zu warten, die Dusche an. Es folgen ein kurzer schriller Aufschrei und ein rascher Seitwärtsschritt aus der Duschwanne. Man muss ja nicht schon zu Hause mit eiskaltem Wasser anfangen, denkt sich Max, während er auf das warme Wasser wartet.

Auf dem Weg zum Flughafen stellt Max sich bereits die großen Abenteuer vor, die er erleben wird: die explorativen Tauchgänge, bei denen er gänzlich unbekannte Gewässer entdecken, und die heroischen Sicherungsaktionen, bei denen er Hobbytauchern in dramatischen Situationen ruhig und besonnen das Leben retten wird.

In Frankfurt angekommen, lädt er die zwei großen Rollkoffer – einen mit Klamotten und einen mit Tauchequipment – auf einen Wagen und bringt sie zum Check-in. Es gibt noch eine kurze und intensive Umarmung von der großen Schwester, dann geht das Abenteuer los.

Der Flug ist kurz und ereignislos: Max verschläft alles außer Start und Landung. Als er wach wird, ist er allein im Flugzeug – abgesehen von der Flugbegleiterin, die ihm ihren spitzen Zeigefinger in die Schulter piekt und nett lächelnd irgendetwas auf Isländisch zu ihm sagt. »*Takk!*«, sagt Max, ohne zu wissen, wofür er sich eigentlich bedankt.

Am Flughafen wartet Tobias, der Besitzer der Tauchschule. Ein großer, hagerer Mann ohne Haare, aber dafür mit einer großen, markanten Hipsterbrille auf der Nase und einem breiten Lächeln im Gesicht. Er telefoniert gerade und deutet Max den Weg nach draußen, indem er mit dem Autoschlüssel in der Hand in Richtung Drehtür zeigt. Auch er spricht isländisch – na schönen *takk* auch!

Am Auto angekommen wird aus dem unverständlichen Gemurmel ein herzliches »Willkommen in Island, Max. Schön, dass du hier bist!«. Auf der Fahrt erfährt Max dann mehr über die Ausbildung und was in den kommenden Wochen auf ihn zukommen wird. Im Tauchzentrum angekommen, wird er von den anderen Guides, die noch mit Aufräumen beschäftigt sind, begrüßt. Von den meisten mit einem »Hey man« oder einem coolen »'s up?«. Tobias ist im ersten Stockwerk verschwunden, wo gerade Umbaumaßnahmen laufen, und nachdem die anderen Guides alle zu den Autos im Hinterhof gegangen sind, steht Max nun allein in der großen Halle voller Tauchequipment.

Ein älterer Mann kommt zur Tür herein und erblickt ihn. Augenblicklich beginnt ein Feuerwerk aus Vokalen, Schnalz- und Zischlauten auf Max einzuprasseln. Der Mann verzieht dabei keine Miene, sodass Max absolut keine Ahnung hat, ob es sich um eine positive Botschaft handelt, seine sofortige Kündigung wegen dummen Herumstehens oder einfach nur um die Wettervorhersage der nächsten Tage. »*Takk!*«, sagt Max und lächelt. Der alte Mann schaut ihn an. Seine Augenbrauen sinken langsam nach unten, und während sich seine Stirn in Falten legt, wandert seine linke Augenbraue wieder nach oben. Ein Blick, den Max auch ohne Hilfe übersetzen kann. Das heißt eindeutig: »Häh!?«

Tobias drückt sich lachend zwischen zwei Taucheranzügen hindurch, die wie Tote von der Decke baumeln. Er sagt etwas auf Isländisch zu dem alten Mann und beendet die Ansprache mit: »So this is Max, our new guide for the next three months!« Ein Handschlag und ein kühles *»góðan daginn«* folgen. Die hochgezogene Augenbraue bewegt sich keinen Millimeter.

Auf dem Weg zur Wohnung sagt Tobi: »Ein paar mehr Worte als *takk* solltest du in den kommenden Tagen lernen, mein Lieber. Aber das kommt ganz schnell, und im Zweifel spricht hier eigentlich fast jeder gut Englisch. Wir Isländer mögen unsere Sprache, weil sie ein wichtiger Teil unserer Kultur ist. Daher pflegen wir sie und sprechen so oft es eben geht isländisch. Und warum auch nicht? Was ist denn so schwer zu verstehen an Eyjafjallajökull?«

Was ist diesmal schiefgelaufen?

Max ist im Vergleich zu vielen Urlaubern zwar sehr lange in Island, doch die Sprache wird er auch in drei Monaten nicht lernen können. Weil ihm das klar war, machte er sich keinerlei Gedanken und lernte nicht einmal die üblichen Phrasen. Das ist auch vollkommen okay, denn er wird in seinem Alltag fast ausschließlich Englisch sprechen. Das verstehen sowohl die meisten Isländer als auch nahezu alle Touristen im Land.

Doch die Isländer sind stolz auf ihre Sprache, und besonders ältere Isländer, deren Schulenglisch schon ein paar Jahre zurückliegt, verständigen sich nicht nur aus Gewohnheit auf Isländisch. Denn nur noch gut 300.000 Menschen auf der Welt sprechen überhaupt Isländisch, und viele von ihnen nutzen es im Alltag weniger häufig als Englisch. Die junge Generation wächst international auf, geht im Ausland zur Schule oder studiert dort, interagiert größtenteils mit Touristen aus aller Herren Länder, und durch das Internet werden Nachrichten und sonstige Informationen ebenfalls meist auf

Englisch bereitgestellt. Man bekommt also ein wenig Sorge, dass die Sprache und damit ein wichtiger Teil der isländischen Kultur untergeht. Das Isländische entwickelte sich zur Zeit der Landnahme vor Hunderten von Jahren und hat sich seitdem kaum verändert. Anders als viele andere Sprachen auf der Welt hat das Isländische also etwas von einer Zeitreise.

Auch wenn die Isländer generell sehr offen sind, bietet ihre Sprache ihnen natürlich auch eine Art Rückzugsraum. In einem Land, in dem ständig etwa zwei- bis dreimal so viele Touristen wie Einheimische unterwegs sind, kann es schon mal vorkommen, dass man unter sich bleiben will. Und sei es nur im Gespräch.

Was hat Max also falsch gemacht? Auch wenn es keinen Sinn macht, die Sprache eines Landes zu lernen, in dem man nur wenige Wochen verbringt, ist es in der Regel sinnvoll und wird als höflich wahrgenommen, die wichtigste Phrase zur Verständigung zu erlernen: »Entschuldigen Sie, ich verstehe Sie nicht, denn ich spreche leider kein Isländisch. Sprechen Sie Englisch?«

Was können Sie besser machen?

»Fyrirgefðu, ég skil það ekki því því miður tala ég ekki íslensku. Talar þú ensku?« lautet die Phrase auf Isländisch. Das wird Ihnen wenig bringen, denn wie man diese ganzen lustigen Buchstaben ausspricht, wissen Sie jetzt immer noch nicht. An der Stelle wird einem schnell bewusst, warum Max die Sprache gar nicht erst zu erlernen versuchte. Ein *»Talar þú ensku?«*, also die Frage, ob das Gegenüber Englisch spricht, reicht aber im Normalfall aus.

Phrasen wie »Guten Morgen«, »Dankeschön« oder »Wo finde ich XYZ?« kann man sich relativ einfach aneignen, und sie werden im Zweifel nicht nur weiterhelfen, sondern bei den Isländern gut ankommen: Man zeigt damit, dass man sich für die Kultur interessiert und ein wenig Aufwand betreibt, um sich mit dem Land und den Menschen vertraut zu machen. Kein Isländer wird das von Ihnen erwarten, aber jeder wird sich darüber freuen!

KLEINER SPRACHFÜHRER

Die isländische Sprache wurde von den Wikingern mitgebracht, die im 9. Jahrhundert hier siedelten, und ist bis heute die offizielle Landessprache. Weltweit sprechen nur knapp 320.000 Menschen Isländisch, die meisten davon, weil sie in Island leben. Durch die Isolation vom Rest der Welt entwickelte sich die Sprache in den meisten Aspekten kaum oder gar nicht weiter und ähnelt selbst heute noch dem Altnordischen bzw. Norwegischen, denn von hier kamen die ersten Siedler. Es gibt in Island kaum Dialekte, wie man das aus Deutschland kennt.

Das isländische Alphabet deckt sich größtenteils mit dem unseren, lediglich die Buchstaben C, W, Q und Z fehlen. Dafür gibt es andere, wie zum Beispiel das Ð/ð (ausgesprochen wie das englische »th«) oder Æ/æ (ausgesprochen wie unser »ei«, Snæfellsnes spricht man beispielsweise Sneifellsnes).

Neue Wörter werden ständig hinzugefügt. Der Computer heißt *tölva*, eine Zusammensetzung aus den isländischen Wörtern für Zahl und Wahrsagerin. Ziemlich passend. Junge Menschen nutzen gerne Anglizismen, genau wie in Deutschland, und wer in den lokalen Cafés und Bars genau hinhört, wird immer wieder mal ein bekanntes Wort aufschnappen.

Anbei ein paar wichtige Wörter und Phrasen für die Reise in Island:

Hallo	*Halló*
Guten Tag	*Góðan daginn*
Tschüss	*Bless*
Auf Wiedersehen	*Vertu blessaður*
Ja	*Já*
Nein	*Nei*
Danke	*Takk*

Bitte	*Gjörðu svo vel*
Prost	*Skál*
Entschuldigung	*Fyrirgefðu*
Ich spreche kein Isländisch	*Ég tala ekki íslensku*
Hilfe	*Hjálp*
Toilette	*Salerni / Klósett*
Ich heiße …	*Ég heiti ...*
Ich hätte gerne …	Gæti ég fengið ...
Was kostet …?	Hvað kostar …?
Zahlen, bitte!	*Borga, takk!*
Eingang	*Inngangur*
Ausgang	*Útgangur*

2 RUNDUM FALSCH

MAX IM KREISVERKEHR DER UNWISSENHEIT

Am Morgen seines ersten Tages in Reykjavík steht Max früh auf. Glaubt er zumindest: Es ist sieben Uhr, eine Zeit, die er sonst nur aus Geschichtsbüchern kennt, und die Sonne wird erst in drei Stunden am Horizont erscheinen. Im Verlauf seiner Ausbildung soll er noch lernen, wie früh man in Island zur Arbeit gehen kann: An manchen Tagen wird er schon um vier Uhr morgens das Haus verlassen und trotzdem nicht vor acht oder neun Uhr am Abend wieder in sein Bett fallen. Am Vortag hat er sich Brot und Aufschnitt im Supermarkt am alten Hafen gekauft, der nur knappe zehn Gehminuten von seinem kleinen, aber feinen Ein-Zimmer-Apartment gelegen ist. Ein üppiges Frühstück, für echte Champions: Tunfisch auf Knäckebrot! Danach geht es noch schnell unter die stinkende Dusche (dazu später mehr) und dann auf zum Tauchladen.

Max stapft durch den tiefen Schnee vor der Haustür hinunter zur großen Straße, die am Meer entlang in Richtung Gewerbegebiet führt. Hier befinden sich einige Supermärkte, Museen, Geschäfte, Restaurants und eben auch der Tauchladen. Es dauert etwa fünf Minuten bis zum Kreisverkehr und dann noch einmal fünf Minuten bis zum Tauchladen. Der eine Weg führt weiter am Meer entlang, ein anderer durch das Gewerbegebiet. Max nimmt immer den Weg am Meer.

Hier im Hafen fahren die meisten mit dem Auto, die Gegend liegt etwas abseits des Stadtkerns, und während einige Isländer im Sommer auch mal das Rad benutzen, geht man im Winter besser zu Fuß oder nutzt das Auto. Viele fahren Jeeps und Geländewagen, doch die meisten kommen auch mit einem VW Polo oder Toyota Yaris gut durch den Winter. Die Gegend ist geprägt von Industrie, vor allem von großen Lagerhallen und Fischereigebäuden. Der Geruch von Meer liegt in der Luft, und schon am frühen Morgen sind hier viele Autos unterwegs.

Im Tauchladen angekommen, erhält Max eine kurze Einweisung, wie die Autos zu bepacken sind. Wichtig ist, alle Taucheranzüge in der richtigen Größe mitzunehmen. Handschuhe, Hauben und Flossen ebenfalls. Dazu Tauchjackets, Atemregler, Taucherbrillen, Gewichte, eine Flasche mit Sauerstoff für den Notfall und eine Kiste mit Werkzeug, falls etwas kaputtgeht.

Max packt alles ein. Kontrolliert einmal, zweimal, ob er alles hat, und schaut zur Sicherheit noch einmal auf die Holztafel an der Wand, auf der jedes einzelne mitzunehmende Teil aufgelistet ist. Er hat für jede Größe auch einen Ersatz eingepackt, einfach nur um auf Nummer sicher zu gehen. Alles passt wunderbar in den großen Wagen, und ein Blick auf die Uhr verrät: noch zehn Minuten übrig. Stolz marschiert Max in Richtung der anderen Guides und trägt dabei sein breitestes, erhabenstes Grinsen auf den Lippen und auch sonst überall auf seinem Gesicht. »Alles fertig, kann losgehen«, merkt er nonchalant an und lehnt sich mit verschränkten Armen an die Spülmaschine hinter ihm.

»Flossen?« – »Ja.«

»Anzüge?« – »Ja.«

»Gewichte?« – »Ja.«

»Masken, Atemregler, Handschuhe?« – »Ja, ja und ja.«

»Kakao und Kekse?« – »...«

»Das Wichtigste hättest du also beinahe vergessen, ja?«

Mist. Sein Kollege Ásgeir hat Recht: Um die Taucher und Schnorchler nach dem Tauchgang zu wärmen und glücklich zu machen, gehören heiße Schokolade und Kekse zur Grundausstattung jeder Tauchtour. Max hat völlig vergessen, den Kakao zuzubereiten, die Tassen abzuzählen und alles zusammen mit den Keksen in die kleinen grauen Plastikkisten zu packen. »Was für ein Glück, dass du noch unter Welpenschutz stehst, Max!«, sagt Ásgeir und wuschelt Max durch die Haare. »Wir haben das schon mal für dich erledigt. Kann also losgehen!«

Ásgeir ist die Sorte Isländer, die durchaus auch als Jamaikaner durchginge. Von der Tatsache abgesehen, dass er kreidebleich ist und einen unüberhörbaren isländischen Akzent hat. Er ist etwa dreißig Jahre alt und mit seinen guten 1,80 Meter ungefähr so groß wie Max, dabei jedoch schlank bis schlaksig. Er hat lange dunkelblonde Haare und trägt stets ein breites Lächeln auf den Lippen. Neben den Tauchern kümmert sich Ásgeir auch um die Computer im Büro, repariert Kleinigkeiten an den Autos und hilft bei der Renovierung der oberen Etage des Ladens. Als Ureinwohner Islands wird er für Max bald zur ersten Anlaufstelle, wenn es um kulturelle Themen geht. Wie zum Beispiel, wo man den besten Burger in Island bekommt.

Max muss den Wagen steuern und alle Gäste auf der Route in den Nationalpark von ihren jeweiligen Hotels abholen. Ásgeir auf dem Beifahrersitz navigiert ihn durch die Straßen von Reykjavík und spielt dabei am Radio herum. Links, rechts, da vorne und dann dahinter abbiegen und einmal drum herum ... Max' Augen sind weit aufgerissen, die Hände schwitzig, und das ändert sich erst, nachdem der letzte Gast in den Bus eingestiegen ist. Nun geht es schnurstracks der Hauptstraße nach zum Þingvellir-Nationalpark. Easy.

Auf der Fahrt unterhalten sich die Gäste angeregt über ihre bisherigen Erlebnisse, den anstehenden Tauchgang, das Wetter und alles Mögliche. Irgendwann muss Max durch einen letzten großen Kreisverkehr, bevor es in Richtung Nationalpark geht. Auf zwei Spuren führt der Kreisel nach rechts zu einer Tankstelle, geradeaus zum Park und links zu einem Supermarkt. Max bleibt auf der äußeren Spur und visiert die zweite Ausfahrt an, als ein riesiger Geländewagen links neben ihm wild hupt und Max, um eine Kollision mit dem fahrenden Mehrfamilienhaus zu vermeiden, mit einem Ruck die erste Ausfahrt nehmen muss, um sich und die ihm anvertrauten Gäste in Sicherheit zu bringen. »Wo hast du denn bitte Auto fahren gelernt?«, fragt Ásgeir leise von rechts und schaut Max verwundert an.

»Ich hab doch nichts falsch gemacht!?«, entgegnet Max leise und ruft den irritierten Gästen hinten im Auto zu: »Tschuldigung, kleiner Umweg. Habe, ähm, vergessen zu tanken!«

»Außer, dass du auf der falschen Spur warst und dem guten Mann die Vorfahrt genommen hast, meinst du?«, erwidert Ásgeir.

Max und Ásgeir steigen aus, tanken für 500 Kronen (knapp vier Euro), und die Fahrt geht weiter in Richtung Þingvellir-Nationalpark.

Was ist diesmal schiefgelaufen?

Wie die meisten Menschen auf der Welt ist auch Max es gewohnt, als Fahrer auf der äußeren Spur im Kreisverkehr Vorfahrt zu haben. Es gibt also keinen Grund, auf die innere Spur zu achten.

Nicht so in Island: Hier hat immer die innere Spur eines mehrspurigen Kreisverkehrs Vorfahrt. Auch wenn die Verkehrsregeln in Island fast identisch sind mit denen im Rest Europas (und vielen anderen Ländern), macht diese kleine Besonderheit vielen Touristen zu schaffen. Der Umstand, dass Mietwagenverleiher meist nicht extra darauf hinweisen, macht es nicht einfacher.

Wer sich einmal daran gewöhnt hat, entdeckt jedoch schnell auch die Vorzüge dieser Regelung: Unsichere Fahrer haben keinen Grund, auf der äußeren Spur zu bleiben, wie es viele in anderen Ländern regelmäßig tun. Wer aus dem Kreisverkehr herausfahren möchte, kann dies einfach tun. Durch die Vorfahrtsregelung wird einem das Leben an dieser Stelle etwas einfacher gemacht.

Was können Sie besser machen?

Da Sie jetzt wissen, dass es diese Regel gibt, sind Sie schon deutlich besser auf das Autofahren in Island vorbereitet als die meisten Touristen. Abgesehen von dieser Regel gibt es nur wenige, die sich von denen unterscheiden, die Sie aus dem deutschen Straßenverkehr kennen.

Hier alle aufzuführen würde den Rahmen sprengen, es gibt jedoch jede Menge Webseiten, die sich mit dem Thema beschäftigen und auf denen Sie im Detail nachlesen können, was es zu beachten gibt. Auf den Seiten www.safetravel.is sowie www.road.is finden Sie nicht nur Hinweise zu den Wetterverhältnissen, sondern auch Informationen rund um die Verkehrsregeln in Island. In meinem Blog gibt es ebenfalls einen ausführlichen Artikel zum Thema Autofahren in Island auf Deutsch.

Generell kann man sagen, dass es in Island besonders ratsam ist, vorausschauend zu fahren. Nicht nur die vom Winter teilweise stark in Mitleidenschaft gezogenen Straßen, sondern auch die vielen frei laufenden Schafe im Land machen es notwendig, immer mit voller Aufmerksamkeit hinter dem Lenkrad zu sitzen.

AUTOFAHREN IN ISLAND

Island ist wohl eines der Länder, in denen Autos am meisten gebraucht werden: Wegen der langen Distanzen und des schlechten Wetters sind Transportmittel wie Fahrräder, Eisenbahnen oder auch Busse keine echten Alternativen. Die meisten Isländer haben also mindestens ein Auto, oft auch mehrere. Während in der Hauptstadt Reykjavík und in der zweiten größeren Stadt Akureyri im Norden auch Kleinwagen häufig zu sehen sind, fahren die meisten Menschen auf dem Land SUVs oder ausgewachsene Geländewagen. Teilweise kommen auch riesige Superjeeps zum Einsatz, die für den Einsatz im Hochland umgebaut und mit mannshohen Reifen ausgestattet wurden.

Im Grunde gibt es in Island zwei Tempolimits: 50 km/h innerhalb und 80 bzw. 90 km/h außerhalb geschlossener Ortschaften. Die 80 km/h gelten dabei auf Schotterpisten. Davon abweichende Tempolimits sind immer ausgewiesen. An die Beschränkung sollte man sich halten, denn die Strafen für Verstöße können enorm ins Geld gehen. Ein Überschreiten des Tempolimits um wenige Stundenkilometer kann bereits mehrere Hundert Euro kosten.

Je abgelegener Sie unterwegs sind, desto vorsichtiger sollten Sie fahren: Schlaglöcher, unbefestigte Straßenränder und herumstreunende Schafe sind nur einige der Überraschungen, die überall lauern können. Die Scheinwerfer sind in Island übrigens jederzeit einzuschalten, egal ob die Sonne scheint oder nicht.

Bei der Buchung eines Mietwagens stellt sich vor allem eine Frage: Allrad oder nicht? Wer im Sommer in Island ist und die Ringstraße entlangfahren möchte, kann das durchaus mit einem Kleinwagen tun. Ein Allradfahrzeug ist in der Nebensaison und in den Übergangszeiten empfehlenswert, aber nicht notwendig. Im isländischen Winter würde ich ein Allradfahrzeug allerdings sehr empfehlen. Die bessere Traktion bietet im Zweifelsfall zusätzliche Sicherheit und macht die Reise auch komfortabler.

Notwendig wird der Allradantrieb, wenn man die F-Straßen Islands befahren will. Diese liegen führen in das Hochland und sind meist nicht viel mehr als grob ausgefahrene Spuren. Große Steinblöcke und Flüsse machen das Passieren schwierig. Einen Jeep zu mieten reicht hier nicht unbedingt aus, man muss auch damit umgehen können. Bitte erkundigen Sie sich eingehend, bevor Sie eine Reise in das Hochland unternehmen!

3 SELTSAME DUSCHEN

MAX STINKT ES

Seit ein paar Tagen ist Max jetzt in Island, und so langsam hat er das Gefühl, den Dreh rauszuhaben. Auf der Arbeit läuft es immer besser, er hat die täglichen Routinen mittlerweile gut im Griff und macht fast keine Fehler mehr. Mit den Isländern kommt er ebenfalls gut zurecht, seit er mehr Zeit mit ihnen verbringt und ihre Eigenheiten kennenlernt.

Heute ist ein Gespräch mit dem Chef anberaumt. Tobi will wissen, wie es vorangeht, ob Max sich wohl fühlt und wie die Lage so ist. Die ersten Tage in Island hatten Max viel abverlangt: das Wetter, die kleinen Sprachbarrieren und die neue Umgebung. An all das musste er sich erst mal gewöhnen. Mittlerweile fühlt er sich sehr wohl und freut sich auf die kommenden Wochen und Monate in Reykjavík.

Es wird Zeit, sich fertig zu machen für die Arbeit. Max hat viel zu lange im Bett gelegen und muss sich jetzt beeilen. Schnell geht es erst mal unter die Dusche. Hier muss Max immer etwas vorsichtig sein, denn das heiße Wasser ist kochend, und so muss man über die Mischbatterie zunächst mit viel Gefühl eine Wassertemperatur zusammenmischen, die es einem erlaubt zu duschen, ohne sich zu verbrennen. Das hat er mittlerweile ganz gut raus und hüpft schnell in die kleine Duschkabine. Das Einzige, woran Max sich bisher nicht gewöhnen konnte, ist der Gestank in der Dusche. Das Wasser riecht stark. Der Geruch ist nur beim Duschen vorhanden und danach sofort wieder weg. Heute ist er allerdings so intensiv, dass Max sich ein wenig Sorgen macht und beschließt, das Problem mit Tobi zu besprechen. Hoffentlich keine große Sache, denn wenn irgendwelche Leitungen ausgetauscht werden müssten, hätte Max erst mal keine Bleibe mehr!

Nach dem Duschen kommt das Essen. Seit Max in Island ist, hat er Haferbrei für sich entdeckt. Jeden Morgen gibt es eine riesige Schüssel mit leckerem Porridge, inklusive Zimt, Zucker und Äpfeln. Das macht satt, ist gesund und vor allem im Handumdrehen zubereitet. Weil er heute so wenig Zeit hat, lässt Max das heiße Wasser aus dem Hahn einfach so lange laufen, bis es kaum noch erhitzt werden müsste, und stellt es danach nur kurz auf den Herd. Der Geruch aus der Dusche breitet sich jetzt auch vom Waschbecken her aus, und als Max die ersten Löffel Brei zu sich nimmt, bildet er sich ein, ihn sogar schmecken zu können. Schweren Herzens entschließt er sich, das Porridge lieber nicht aufzuessen und sich unterwegs etwas fürs Frühstück zu holen. Es wird Zeit, er muss zum Tauchladen.

Dort angekommen, erzählt er den Kollegen von dem Gespräch mit Tobi. Dass er am Nachmittag nach der Tour mit ihm sprechen wolle und bei dieser Gelegenheit auch das Problem mit dem Wasser ansprechen könne. Als die Kollegen wegen des Problems mit dem Wasser nachfragen, erzählt Max von den Geschehnissen am Morgen und fügt hinzu: »Ich hoffe, das ist nichts Schlimmes oder vielleicht sogar Gefährliches!«

»Nun, letzte Woche sind zwei Menschen in Kópavogur gestorben, weil sie verseuchtes Wasser getrunken haben. Da würde ich nicht mit spaßen!«, ruft Ásgeir im Brustton der Überzeugung aus dem Eingangsbereich, den er gerade erst betreten hat.

»Jau, jau, jau!«, fügt ein anderer Kollege hinzu und fragt Max: »Grummelt es im Bauch? Wenn ja, solltest du heute etwas kürzertreten und schauen, ob noch andere Symptome dazukommen!«

Max schaut nach unten. Sein Bauch grummelt tatsächlich ein wenig.

Auf dem Weg zum Nationalpark versucht Max mehr herauszubekommen: »Die Leute in Kópavogur, woran sind die denn genau gestorben? Was war da im Wasser und wieso ist das passiert?«

»Manchmal sterben Elfen oder Kobolde, während sie sich in den Rohren herumtreiben, und dann ist das Wasser eben verseucht«, antwortet Ásgeir trocken.

»Ha ha, sehr lustig.« Max ist verärgert und glaubt, dass er nur wieder mal auf den Arm genommen wird.

»Im Ernst: Es verenden manchmal Tiere in der Nähe der Quellen, und wenn diese krank waren, gelangen Keime in das Wasser. Das passiert ab und zu. Das Wasser riecht dann ein wenig nach …«

Faulen Eiern, denkt Max, sagt es aber nicht.

»… faulen Eiern«, vollendet Ásgeir seinen Satz.

Max starrt ihn entsetzt an. Seine Hände wandern reflexartig zu seinem Bauch, und mit großen Augen schaut er zu seinem Kollegen: »Schwefelig, richtig? Verrottet und eklig?«

Ásgeir sieht zu Max hinüber und runzelt die Stirn: »Ganz genau. Hmm. Mach dir mal keine Sorgen, das passiert höchstens ein paar Mal pro Jahr. Ich bezweifle, dass es dich erwischt hat!«

Max' Bauch grummelt wie wild. Er kann sich bereits ausmalen, wie die Bakterien in seinem Inneren ihn langsam anknabbern und dass in wenigen Tagen nicht mehr als ein paar Pfund Knochen von ihm übrig sein werden. Im Besucherzentrum spricht Ásgeir mit der Bedienung und kommt dann zu Max: »Sie haben gerade nichts hier, aber die Kollegen der Mittagsschicht bringen dir ein Prophylaxemittel mit. Dann gehst du heute Abend ins Krankenhaus, und alles wird gut!«

Beim Tauchgang hat Max das Gefühl, das Grummeln in seinem Bauch müsse für alle anderen hörbar sein, so laut ist es. Die Gäste werden beim Aussteigen sicher fragen, ob jemand den Wal gesehen hat, dessen Gesänge unter Wasser zu hören waren! Außerdem fühlt Max sich kraftlos und will einfach nur zum Arzt. Nach dem Tauchgang reicht Ásgeir Max die Keksdose und sagt: »Du musst zumindest ein paar Bissen runterkriegen, damit du nicht gleich ganz aus den Latschen kippst!«

Auf dem Rückweg machen sie also nochmals Halt am Besucherzentrum, und zu seinem Glück bekommt Max von einem der dort arbeitenden Isländer die Prophylaxe: Ein kleines Gläschen mit klarer Flüssigkeit steht vor ihm. »Das ist wie Erkältungsmedizin und hilft dabei, den Magen aufzuräumen. Prost!«, sagt der junge Mann.

Max leert das Glas mit einem großen Schluck. Die Flüssigkeit brennt kurz und schmeckt eigentlich nach gar nichts.

Zurück im Tauchshop springt Max aus dem Wagen, rennt in den Laden und vorbei an Tobias, der erstaunt fragt: »Max! Keine Lust auf unser Gespräch?«

»Doch, klar. Aber mir geht es nicht gut und ich glaube, ich muss ins Krankenhaus!«

»Unser neuer Guide hat Angst, dass er sich heute Morgen mit stinkendem Wasser vergiftet hat", feixt Ásgeir, der hinter Max in den Laden kommt.

»Es stank also beim Duschen, ja?«, fragt Tobias, verdreht die Augen und schubst den neben ihm stehenden Ásgeir mit der rechten Hand in die Taucheranzüge, die neben ihm hängen.

Was ist diesmal schiefgelaufen?

Max ist tatsächlich einem Streich der Kollegen aufgesessen. Das stark riechende Wasser steht in keiner Verbindung zu Tieren oder gar Keimen. Es ist ganz einfach Schwefel, der sich im heißen Wasser befindet. Dieses wird ungefiltert und unbehandelt direkt aus dem Erdboden nach oben befördert. Kommt es aus dem Wasserhahn, verflüchtigt sich der Schwefel rasch, und dadurch riecht es eben nach verfaulten Eiern.

Das ist nicht überall so: Viele moderne Hotels nutzen dieses heiße Wasser, um kaltes, aber klares Wasser zu erhitzen. In den meisten Häusern jedoch spart man sich diesen Schritt und nutzt das heiße Wasser so, wie es ist. Zum Duschen und auch zum Heizen. Das ist vollkommen ungefährlich, und man muss sich keinerlei Gedanken machen. Unbehandeltes heißes Wasser hat auch den Nebeneffekt, sich etwas seifig anzufühlen. Daher duschen viele Touristen etwas länger, bis sie bemerken, dass das Duschgel bereits komplett vom Körper abgewaschen ist.

Beim Kochen greift man jedoch auf das kalte Wasser zurück: Dieses ist behandelt, also vom Schwefel befreit. Das Wasser hat dann keinerlei Geruch und kann nicht nur zum Kochen verwendet, sondern auch direkt aus dem Hahn getrunken werden. Einfach kurze Zeit das kalte Wasser laufen lassen und dann sein Glas, die Trinkflasche oder den Wasserkocher füllen.

In Island findet man an jeder Tankstelle, in jedem Supermarkt und an jedem Kiosk abgefülltes **Wasser**. Leider meist in Plastikflaschen. Sie werden selten bis nie Isländer sehen, die dieses Wasser kaufen, und das ist auch gut so: Nicht nur bezahlt man dabei etwas, was es in Island mehr als ausreichend und auch kostenfrei gibt, durch die Plastikflaschen trägt man leider auch zur Umweltverschmutzung bei. In Island bekommen Sie in jedem Café, jedem Restaurant und eigentlich fast überall Wasser kostenfrei. Wer eine Trinkflasche dabei hat, kann diese an jedem Wasserhahn vollkommen bedenkenlos auffüllen. Das Wasser in Island gehört zu den besten der Welt, und dabei ist es egal, ob es aus dem Hahn, aus einem Fluss oder direkt vom Gletscher kommt.

Was können Sie besser machen?

Wenn Sie in Island duschen gehen und es anfängt zu riechen, machen Sie sich keine Sorgen. Sie können ganz normal duschen. Sie müssen nicht auf die Uhr schauen oder sich Sorgen um Ihre Gesundheit machen. Isländer duschen seit Jahrhunderten so und fahren ganz gut damit. Das Wasser in der Blauen Lagune ist nichts anderes als dieses heiße Wasser aus dem Duschkopf.

In Island macht es außerdem Sinn, sich eine wiederverwendbare Wasserflasche zu kaufen. Sie können diese überall auffüllen und das beste Wasser der Welt genießen. Es gibt wirklich keinen Grund, Wasser in Plastikflaschen zu kaufen, denn nicht nur in Hotels oder Restaurants bekommen Sie kostenlos frisches Wasser. Sie können ihre Flasche sogar in jedem beliebigen Gewässer in Island sorgenfrei befüllen.

ISLANDS GEOLOGIE

Island entstand vor etwa zwanzig Millionen Jahren – ein recht junges Alter im Vergleich zu den meisten anderen Ländern dieser Welt. Doch nicht nur das macht Island zu etwas Besonderem: Auch die Beschaffenheit der Insel und ihre Natur sind einzigartig und voller Besonderheiten.

Wenn Sie sich in einem isländischen Wald verlaufen sollten, riete Ihnen der Isländer dazu, sich einfach auf die Zehenspitzen zu stellen. Das kommt daher, dass es zum einen fast keine Wälder in Island gibt und dass zum anderen die wenigen Bäume, die sich dort befinden, nicht besonders hoch sind. Island war einmal voller Wälder, doch als die ersten Siedler kamen, nutzten sie das viele Holz zum Heizen und zum Bau von Häusern, Höfen und anderen Gebäuden. Ihnen war nicht bewusst, wie lange die Bäume, die sie dafür fällten, gebraucht hatten, um ihre Größe zu erreichen. Aufforstung ist seitdem ein wichtiges Thema in Island, denn der lose vulkanische Boden bekommt durch die Wurzeln mehr Festigkeit.

Während das Land teilweise aus Lavafeldern besteht und man an bestimmten Orten die vulkanische Hitze sogar mit bloßer Hand spüren kann, sind andere Orte in Island komplett mit Eis überzogen: Island ist die Heimat der größten Gletscher in Europa, und mehr als zehn Prozent der Fläche Islands ist von Gletschern überzogen. Die *jökull* (isländisch für Gletscher) finden sich dabei kurioserweise oft auf den Gipfeln von Vulkanen. Oben Eis, unten Feuer.

Der Vatnajökull, der größte Gletscher Islands, macht allein mehr als sieben Prozent der Fläche Islands aus und besteht aus mehr als 3.000 Kubikmetern Eis. Fast einen ganzen Kilometer dick ist die Eiskruste an manchen Stellen. Diese Zahlen können sich übrigens zu dem Zeitpunkt, zu dem Sie das Buch lesen, verändert haben: Nirgends ist die globale Erderwärmung besser zu beobachten als in Island. Mit dem bloßen Auge kann man an der Gletscherlagune Jökulsárlón das Abschmelzen des Gletschers erkennen, vor allem weil der daraus entstandene See mittlerweile eine Größe angenommen hat, die vor wenigen Jahrzehnten unvorstellbar war.

Die Kombination aus Gletschern und Vulkanen ist nicht ungefährlich. Oft sind selbst kleine Vulkanausbrüche die Ursache für riesige Gletscherflüsse, die sich ihren Weg ins Tal suchen und dabei gewaltige Eis- und Gesteinsbrocken mit sich reißen. Vor allem an der Südküste besteht dadurch ständig die Gefahr von erheblichen Schäden an den Siedlungen und Straßen der Region.

Die Gletscher sind außerdem wie eine Zeitkapsel: Sie geben Wissenschaftlern Aufschluss über das historische Weltklima, über vergangene Vulkanausbrüche und vieles mehr. Vor einigen Jahren musste der Wasserfall Glymur, den man bis dahin für den höchsten des Landes gehalten hatte, sich hinter dem Wasserfall Morsárfoss anstellen. Dieser versteckt sich im Vatnajökull-Gletscher und wird mindestens dreißig Meter höher geschätzt als sein kleiner Bekannter im Westen. Die oberen Meter des Wasserfalls befinden sich immer noch unter einer Eiskappe.

Wo Island nicht mit Gletschern bedeckt ist, reihen sich im Grunde Lavafelder aneinander. Das größte befindet sich an der Südküste direkt hinter Vík und hört auf den Namen Eldhraun (*raun* ist isländisch für Lavafeld). Dieses über 550 Quadratkilometer große Feld ist überzogen mit grünem Moos und besonders im Sommer ein toller Anblick. Es gilt allerdings: ansehen, nicht anfassen. Das Moos benötigt Jahrzehnte, um zu wachsen. Jeder Fußabdruck stört die empfindlichen Pflanzen und kann für Jahre sichtbar bleiben. Gehen Sie also nicht auf eigene Faust los, sondern halten Sie sich an ausgewiesene Pfade oder suchen Sie sich einen Guide.

4 REYKJAVÍKS RABENELTERN

MAX RETTET FRIERENDE BABYS

An seinem ersten freien Tag hat Max viele Pläne. Einer davon ist, so lange zu schlafen, wie es geht. Danach will er die Gegend um die Wohnung herum erkunden, in die Innenstadt laufen und bei all dem möglichst viel mit Einheimischen in Kontakt kommen. Als er gegen neun Uhr aufwacht, ist es draußen noch ein wenig dunkel, aber die Sonne ist definitiv bereits aufgegangen.

Er macht sich fertig und verlässt das Haus, um in Richtung Hafen zu gehen. Wie er auf der Karte gesehen hat, liegen auf der anderen Seite nur Wohngegenden, und deshalb geht es wie immer nach Norden. Auf dem Weg gibt es eine Apotheke, einen kleinen Bio-Supermarkt und eine grüne Tankstelle. In Island sind vor allem die Tankstellen der Ketten N1 (rot-weiß), Olis (grün-gelb) und Orcan (schwarz-rot) weit verbreitet. Bei dem Supermarkt handelt es sich um einen, der keiner Kette angehört und recht hochwertige Produkte anbietet: Zu teuer für Max' schmales Budget. Max ist nicht sonderlich gut im Haushalten, muss man dazu sagen: Würde er nicht so oft in Cafés sitzen und außerhalb essen gehen, wäre zu Hause auch mehr als Haferbrei und Süßigkeiten drin.

Vom Supermarkt aus geht er durch die kleinen Seitenstraßen nach Osten in Richtung Innenstadt. Immer wieder biegt er von der einen in die andere Straße ab und schaut sich um: Viele kleine Häuser, meist mit bunten Holzfassaden, reihen sich aneinander. Hier und da ist eine der Fassaden bemalt, manchmal gibt es einen kleinen Garten. Reykjavík wirkt eher wie ein Dorf als eine Stadt. Max kommt aus Berlin, wuchs aber auf dem Land auf und würde die Stadt definitiv nicht als große Stadt, geschweige denn als Großstadt einordnen.

Nach einer Weile landet Max auf dem Marktplatz, wo einige Kinder Skateboard fahren. Neben ihnen stehen metallene Rohre, aus denen Dampf austritt. Hier beginnt die Downtown von Reykjavík, also die Gegend der Stadt, wo es Restaurants, Bars, Cafés und Geschäfte gibt – die Fußgängerzone quasi. Max geht ein paar Meter und kommt an einem roten Café vorbei, vor dem ein kleines rotes Schild mit der Aufschrift »Go ahead & breast-feed: We like both, babies and boobs!« steht. Max muss grinsen und geht weiter. Dieses Café, das Laundromat, soll noch zu seinem Lieblingsort an freien Tagen werden, und er wird noch viele schöne Nachmittage hier verbringen. Seit Ende 2018 hat das Café allerdings leider geschlossen.

Max geht weiter in Richtung Osten. Nach einer großen Kreuzung geht es entweder geradeaus die Laugavegur entlang oder nach rechts zur großen Kirche, der Hallgrímskirkja. Die Laugavegur ist die große Einkaufsstraße von Reykjavík und voll mit Geschäften, Restaurants und Cafés. Hier tummeln sich die meisten Touristen. Max geht also nach rechts auf die große Kirche zu. Es geht ein Stück bergauf, und als Max auf der Höhe eines kleinen bunten Hauses ist, macht er eine furchtbare Entdeckung: Vor der orangenen Holzfassade steht ein einsamer Kinderwagen. Darin liegt ein Baby und murmelt etwas vor sich hin. Max hat panische Angst vor Babys, und wenn er um direkten Kontakt nicht herumkommt, fremdelt er mehr als jedes Kleinkind. Aus sicherem Abstand wirft er also einen Blick in den Kinderwagen und sieht, dass der oder die Kleine zwar warm eingepackt ist, aber schon ganz rote Bäckchen hat. Er schaut sich kurz um, kann aber niemanden sehen, der Herrchen oder Frauchen sein könnte. Also dreht er sich zu dem orangefarbenen Gebäude um. Auf einem runden gelben Schild steht in blauer Schrift »Babalu« und darüber in roter Neonschrift »Café«.

Max schaut noch einmal kurz zum Kinderwagen und geht dann in das kleine Häuschen. Rechts von ihm führt eine blaue Holztreppe nach oben, links geht es in einen kleinen Raum voller Holzbänke und Tische. Nur wenige Menschen sitzen im Café. Max geht nach links und sieht am Ende des Raums eine kleine Theke. Dahinter steht eine junge Isländerin, die ihn freundlich mit *Góðan daginn!* begrüßt.

»Da draußen steht ein Kinderwagen!«, sagt Max laut und ohne irgendeine Begrüßungsfloskel.

Die junge Dame schaut ihn fragend an.

»Vielleicht sollten wir die Polizei rufen?«, schlägt Max vor.

Die junge Dame fragt erstaunt: »Warum das denn?«

Jetzt schaut Max erstaunt. Dann hört er ein Kichern an einem der Tische vorne im Raum. Direkt am Fenster sitzen zwei blonde Frauen und halten sich die Hand vor den Mund. Eine von beiden ruft der jungen Frau am Tresen etwas auf Isländisch zu und wendet sich danach an Max: »Zum ersten Mal in Island?«

Was ist diesmal schiefgelaufen?

Die Rabenmütter (und -väter) von Reykjavík sind bekannt dafür, ihre Babys im Kinderwagen vor dem Café abzustellen, um dann Platz zu nehmen und bei einem leckeren Kaffee über das Tagesgeschehen zu sprechen. Nicht nur im Sommer, auch in den kälteren Jahreszeiten kann man dies oft beobachten, und in Island würde auch niemand auf die Idee kommen, nach den Eltern zu suchen: Im Zweifelsfall sitzen die nämlich hinter der nächsten Fensterscheibe und haben ihre Sprösslinge bestens im Blick.

Island ist eines der kinderfreundlichsten Länder der Welt und erlaubt es, Kinder auf eine ganz andere Art und mit ganz anderen Herangehensweisen großzuziehen. Babys werden schon früh allein im Kinderwagen schlafen gelassen, die meisten Kleinkinder spielen überwiegend unbeaufsichtigt im Freien, und das Wort Helikoptereltern kennt man hier nur aus dem Fernsehen.

Eltern und Familien werden in Island in besonderer Weise berücksichtigt und in die Gesellschaft integriert: An Universitäten gibt es beispielsweise Betreuungsprogramme für Babys und Kleinkinder. Es besteht hier also kein Grund, sich entweder für Familie oder für Karriere zu entscheiden, durch Rücksichtnahme und Unterstützung wird beides gleichzeitig ermöglicht. In nicht geringem Umfang ist diese Situation sicherlich auf die starken Frauen in Island zurückzuführen, die sich seit vielen Jahrzehnten für mehr Gleichberechtigung engagieren.

Während Kinder in Deutschland zunehmend ganztägig betreut werden und vor allem in Großstädten immer auf einen Aufpasser angewiesen sind, wachsen die meisten Kinder in Island von klein auf mit einer gewissen Selbstständigkeit auf. Nach Schule und Hausaufgaben verlassen sie oft das Haus und kommen dann erst am späten Abend wieder nach Hause. Wo sie sich in der Zwischenzeit herumtreiben und was sie machen, ist zu großen Teilen ihre Sache.

Sind nun alle Eltern in Island faul und/oder Rabeneltern? Mitnichten: Das Erziehungskonzept basiert schlicht auf Autonomie und Vertrauen und funktioniert seit Generationen ausgesprochen gut. Hier spielen natürlich viele Faktoren wie die Bevölkerungsdichte, die sehr geringe Kriminalitätsrate und die Nähe zur Natur eine große Rolle. In Berlin würde eine Isländerin den Kinderwagen wohl kaum vor dem Café stehen lassen.

Was können Sie besser machen?

Sollten Sie in Reykjavík oder sonst wo in Island Kinderwagen vor Geschäften, Cafés oder auch Häusern sehen – keine Panik. Die Eltern sind vermutlich irgendwo ganz in der Nähe und haben auch immer ein Auge auf das Kind.

Sie sollten sich auch nicht herausnehmen, das Ganze als Einladung zu verstehen, die Babys anzusprechen oder gar anzufassen. Sie fänden es ja sicher auch nicht angenehm, wenn der Poolboy in Spanien sich zu Ihnen auf die Sonnenliege gesellt. Solange kein offensichtlicher Grund zur Sorge vorhanden ist, können Sie ruhig davon ausgehen, dass es dem Baby gut geht, und Ihres Weges gehen.

CAFÉS & RESTAURANTS

In Island ist übrigens jedes Café und jedes Restaurant angehalten, kostenlos Wasser zur Verfügung zu stellen. Meist wird das durch große Glaskaraffen mit ein paar Gläsern abgedeckt. Würde Max sich nun mit dem Wasser begnügen und keine weiteren Speisen oder Getränke bestellen, wäre das im Grunde okay, aber natürlich nicht besonders gern gesehen. Abgesehen davon gibt es nicht viel zu den Cafés und Restaurants in Island zu sagen, denn die meisten Sitten und Benimmregeln kommen aus unserem Kulturkreis und unterscheiden sich nur wenig bis gar nicht. Durch die Nähe zu den USA ist es in einigen Lokalitäten üblich, bei einer Kaffeebestellung den Becher kostenfrei nachfüllen zu lassen, das ist aber keinesfalls überall so. In den meisten Cafés gilt Selbstbedienung, das heißt die Bestellung sollte am Tresen aufgegeben werden. Speisen und Getränke werden dann zum Tisch gebracht.

Weil Restaurants in Island durch das hohe Lohnniveau relativ teuer sind, gehen die Isländer wesentlich seltener auswärts essen als zum Beispiel die Deutschen. Das führt allerdings zu einem höheren Qualitätsanspruch, wenn sie denn einmal essen gehen, und dementsprechend sind die Restaurants meist von hoher Qualität.

5 HYGIENE IN SCHWIMMBÄDERN

MAX DER DUSCH-BARBAR

Nach einem langen und harten Arbeitstag fragen die Kollegen Max, ob er mit ins Schwimmbad kommen möchte. »Sport? Nach dem Pensum von heute? Nein, *takk!*«, entgegnet Max mit zusammengezogenen Augenbrauen und gerümpfter Nase. Er konnte sich nicht für einen von beiden Gesichtsausdrücken entscheiden, und so kommt es zu diesem Troll-Look.

Ásgeir lacht, weil Max ein Gesicht wie ein Autounfall macht. Aus der Werkstatt streckt Siobhan ihren Kopf herein. Siobhan ist die Leiterin der Tauchabteilung und kümmert sich neben der Planung der Touren auch um die Logistik und das Equipment. Max hat großen Respekt vor ihr, denn diese Aufgabe ist sehr komplex und erfordert oft Nerven wie Drahtseile. Doch die Kollegin hat ihren Job nicht nur locker im Griff, sondern wartet auch mit einem enormen Erfahrungsschatz in Bezug auf das Tauchen auf. Niemand im Shop weiß mehr über den Sport als die junge Frau aus Belgien, die in England aufgewachsen und nun seit einigen Jahren in Island zu Hause ist.

Zeitgleich sagen sie und Ásgeir: »Im Schwimmbad gibt es auch Hot Pots, da kann man wunderbar entspannen.« In der Aussage der Kollegen verbergen sich gleich mehrere dreiste Lügen, doch Max wird von der Vorstellung warmen Wassers eingelullt und willigt ein. Gemeinsam entladen sie die kleinen Busse, mit denen sie die Touristen und das Tauchequipment jeden Tag in den nahe gelegenen Nationalpark fahren. Der heutige Tag war nicht nur besonders lang, sondern auch besonders schwer: Auf dem Hinweg gerieten sie in einen

Schneesturm und kamen kurz von der Straße ab, dann musste Max nach seiner Schicht an Land später noch eine im Wasser machen, weil es einem Kollegen nicht gut ging. Max ist zwölfstündige Arbeitstage gewohnt, allerdings in seinem körperlich anspruchslosen Bürojob.

Als alle Schwimmflossen an die Wand gehängt, alle Luftflaschen aufgefüllt und die Taucherbrillen samt Schnorcheln desinfiziert und verstaut sind, stellt Max sich bereits vor, wie er genauso schlapp wie einer dieser Taucheranzüge, die von der Decke baumeln, im Wasser liegen wird und die Hitze in sich aufsaugt. Er geht nach Hause, um zu duschen und seine Badehose zu holen. Als es klingelt, kann er gerade noch eine frisch aus dem Toaster gesprungene Scheibe Brot in sich hineinstopfen, rasch die Tasche über die Schulter werfen, und dann geht es los. »Wir fahren zum Strand!«, kündigt Siobhan an, und Max denkt sich: Strand!?

Vor Ort muss Max feststellen, dass seine Kollegin nicht gelogen hat: Sie parken nur wenige Hundert Meter vom Meer entfernt. Hinter einem Gebäude sieht man Dampf aufsteigen. Immerhin!

Als sie einmal um das Gebäude herumlaufen, stehen sie vor einem großen, langen Becken aus Beton, in dem sich offenbar sehr heißes Wasser befindet. Das Becken ist nur etwa vierzig Zentimeter tief, sodass man sich schon hineinlegen muss, um auch oberhalb der Knie warm zu werden. Kein Problem für Max, liegen bekommt er heute gut hin. Gegenüber vom Becken liegt tatsächlich der Strand, und zu seinem Erstaunen plantschen sogar einige Menschen im Meer. Dabei kann das Wasser nicht viel wärmer als fünf bis zehn Grad sein, und der Sand ist unter dem Schnee bestenfalls zu erahnen. Max schaut sich mit großen Augen um und sieht rings um sich herum viele breit grinsende Gesichter.

Voller Erwartung geht Max also in die Umkleidekabine, wo er sich rasend schnell auszieht. Die Badehose hatte er bereits zu Hause angezogen und ist deshalb als Erster fertig. Da die Kabinen offen und somit der eiskalten Luft ausgesetzt sind, läuft Max sofort in Richtung Hot Pot. Er bemerkt nicht, dass ihm misstrauische und kritische Blicke folgen.

Einmal am Becken angekommen, verlangsamt Max seinen Lauf und steigt langsam und behutsam in das Becken mit dem heißen Wasser. Als er sich gerade hinsetzen will und bereits das warme Nass an seinem Hinterteil spüren kann, greifen ihn zwei Hände unter den Achseln und ziehen ihn langsam, aber kräftig nach oben. »Entschuldigung, er ist nicht von hier ...«, sagt Ásgeir, und in diesem Moment erst fallen Max die schockierten Gesichter der bereits im Pool sitzenden Isländer auf. »Ihr Festland-Europäer seid echt Barbaren!«, sagt Ásgeir augenrollend und führt Max zurück in Richtung Umkleidekabine.

Was ist diesmal schiefgelaufen?

Max hat sich offensichtlich nicht mit dem Hot-Pot-Knigge in Island vertraut gemacht. Eine der Regeln darin: Wir duschen uns, bevor wir baden gehen – nackt und mit Seife!

Auch wenn er kurz zuvor zu Hause geduscht hatte, sich in keinster Weise schmutzig fühlte und es vermutlich auch gar nicht war, nahmen die Isländer den Umstand, dass er komplett trocken und ohne einen Tropfen Wasser an Körper oder Haaren in den Hot Pot steigen wollte, als Signal: Der hat sich nicht gewaschen!

Gerade in Deutschland ist es vielerorts gang und gäbe, vor dem Baden nicht oder nur mit klarem Wasser und in Badesachen zu duschen. Das Wasser in den meisten Schwimmbädern ist ohnehin so stark mit Chlor versetzt, dass Keime und Bakterien keinerlei Überlebenschance haben. Nicht so in Island: Hier wird in Schwimmbädern sehr wenig oder gar kein Chlor eingesetzt. Dafür wird das Wasser regelmäßiger ausgetauscht, denn Wasser gibt es ja in Massen. Vor allem aber ist die Chlorbelastung niedriger, weil man sich kulturell vor vielen Jahren darauf verständigt hat, vor dem Baden zu duschen. Das hat vor allem mit den natürlichen heißen Quellen zu tun. Diese sind überhaupt nicht behandelt, weder mit Chlor noch sonstigen Chemikalien, und in vielen kann das Wasser gar nicht oder nur sehr langfristig ausgetauscht werden. Man wollte also sicherstellen, dass mit der steigenden Anzahl von Menschen das Risiko der Verschmutzung nicht ebenso zunahm.

In den letzten Jahren mussten leider ein paar natürliche heiße Quellen geschlossen werden, weil diese dem Besucheransturm nicht standhielten. Zum einen, weil viele sich eben nicht an diesen Knigge hielten, zum anderen, weil sich schlicht und einfach zu viele Menschen im heißen Wasser dieser kleinen Quellen rekeln wollten.

Was können Sie besser machen?

Vor dem Hintergrund, dass die Isländer bereits einige ihrer geliebten heißen Quellen aufgeben mussten, ist es besonders wichtig, als Besucher des Landes zu zeigen, dass man sich mit den Gepflogenheiten hier vertraut gemacht hat und diese respektiert. In Bädern ist es üblich, vor dem Baden zu duschen: ohne jegliche Kleidung, mit Seife und besonders gründlich.

Wer sich nicht gern vor anderen auszieht, findet in den meisten Duschen abgetrennte Kabinen. Sollten diese nicht vorhanden sein, ist das leider keine Entschuldigung, nicht zu duschen. Eventuell kann das Servicepersonal weiterhelfen, oder man sucht sich schlicht ein anderes Schwimmbad aus.

Besonders heikel wird es bei den natürlichen heißen Quellen. Viele haben keine Duschen vor Ort, und entsprechend kann man auch nicht erwarten, dass direkt vor dem Baden geduscht wird. Einige sind auch nur durch kleine Wanderungen zu erreichen, und wer wandert, der schwitzt. Auch das weiß man in Island und kann damit leben. Diese Quellen werden teilweise überwacht, und die Wasserqualität wird geprüft. Teilweise auch nicht.

Was kann man nun tun? Mit gesundem Menschenverstand baden gehen und die heißen Quellen nicht als Badewanne missbrauchen! Wer sich zur Entspannung in einen Hot Pot setzt, wird erst mal keinen Schaden anrichten. Wer statt der Dusche am Campingplatz, die im Normalfall ein paar Euro kostet, den Hot Pot zum Baden missbraucht, sollte sich jedoch überlegen, ob er oder sie in Island richtig ist.

WELLNESS IM WASSER

Die heißen Quellen in Island haben eine lange Tradition: Schon die ersten Siedler im 10. Jahrhundert nutzten das geothermisch aufgeheizte Wasser, um sich darin aufzuwärmen. Doch auch in gesellschaftlicher Hinsicht nehmen die Hot Pots einen besonderen Stellenwert ein, denn hier trifft man sich, um über das Tagesgeschehen zu sprechen. Was dem Deutschen der Stammtisch ist dem Isländer das Bad in der heißen Quelle, könnte man sagen.

Man kann in Island zwischen natürlichen heißen Quellen und Schwimmbädern unterscheiden. Während natürliche heiße Quellen oft von Privatleuten oder Gemeinden für eine kleine Zahl von Besuchern erbaut wurden, verkraften Schwimmbäder meist auch größere Mengen an Menschen. Der Besuch einer heißen Quelle sollte also etwas Besonderes sein und mit besonderer Umsicht erfolgen.

Die meisten Schwimmbäder im Land sind Freiluftbäder, doch das Wasser wird durchgängig erhitzt. Dazu nutzt man das heiße Wasser aus dem Boden. Auf diese Weise schwimmt man in frischem Wasser, das kostenfrei erwärmt wird.

Bei den meisten heißen Quellen handelt es sich um kleine, stehende Gewässer, in die das heiße Wasser aus einer nahe gelegenen heißen Quelle, also direkt aus dem Boden zugeleitet wird. Das Wasser riecht daher oft mehr oder weniger stark nach Schwefel.

Eine besondere Stellung nimmt die Blaue Lagune ein. Ursprünglich eine kleine Pfütze in einem Lavafeld, ist hier mittlerweile ein erstklassiges Spa und die wohl meistbesuchte Sehenswürdigkeit des Landes entstanden. Die Blue Lagoon liegt direkt am Flughafen und kann sogar bei kurzen Stopover-Flügen besucht werden. Sie speist sich aus einer Mischung aus Meerwasser, das über unterirdische Tunnel im Lavafeld landet, und Wasser aus dem nahe gelegenen Geothermiekraftwerk, also Abwasser. Aber keine Sorge, das Wasser wird im Kraftwerk ebenfalls ausschließlich zur Erwärmung genutzt und danach, wenn es an Hitze verloren hat, in die Blaue Lagune gepumpt. Dadurch erneuert sich das Wasser hier alle 24 Stunden. In der Zwischenzeit mischt es sich mit dem Wasser aus dem Atlantik, das reich an Algen ist. In Kombination mit den Silikaten entsteht hier eine gesunde Mischung, auf die vor allem jene schwören, die unter Hautkrankheiten wie Schuppenflechte leiden. Diese heilsame Wirkung hatte ein Isländer entdeckt, der regelmäßig durch das spitze Lavagestein zu diesem speziellen Ort kam, noch lange bevor er zum Besuchermagneten wurde.

6 SELTSAM SORTIERT

MAX WILL TELEFONIEREN

Inzwischen ist Max nun schon etwas über zwei Wochen als Tauch-Guide auf der kleinen Insel im Nordatlantik und hat genug vom Kistenschleppen, vom Lebenretten und vom Einschlafen auf dem Beifahrersitz während der Heimfahrt. Da kommt es ihm gerade recht, dass ein Teil der Ausbildung daraus besteht, das Backoffice im Tauchladen kennenzulernen. Das bedeutet Telefonsupport, Buchhaltung, Planung und alles, was mit Organisation zu tun hat.

Für Max ein leichter Job, da er aus der IT-Branche kommt und strukturiertes Arbeiten kennt. Nicht, dass er es mit Strukturen hätte, aber immerhin kennt er sie.

Maria aus der Buchhaltung zeigt Max, wie eine Tour geplant wird – von der ersten Buchung über die Koordination mit den Guides bis hin zur Abrechnung mit den Kooperationspartnern.

Maria und Max hatten einander sofort ins Herz geschlossen: Beide sind echte Lebemänner beziehungsweise Lebefrauen. Oder so. Die Enddreißigerin besitzt die Art von Humor, die Max zu schätzen weiß: niveauflexibel und kindisch, außerdem schwarz und sarkastisch. Alles in einem perfekten Gleichgewicht und gepaart mit einer engelsgleichen Aura, sodass Maria selbst mit den versautesten Limericks davonkommt. Sie ist ureingeborene Isländerin, durch und durch.

Max kennt die meisten Schritte, die Maria erklärt, denn er hat sie ja wochenlang selbst durchgeführt. Die andere Seite des Unternehmens hat er sich jedoch bei Weitem nicht so komplex vorgestellt. Alles, was er bisher gemacht hat, wurde um ein Vielfaches einfacher durch die gute Vorarbeit und Koordination hier im Backoffice. Nun soll Max für Ende der Woche seine erste Tour planen. Maria und die anderen

Teammitglieder im Büro stehen ihm zur Seite, was auch dringend nötig ist, denn Max hat viele, viele Fragen: Wo kann ich sehen, ob ein Gast schon bezahlt hat? Wo wird angezeigt, wo die Gäste übernachten? Kann ich die Größe für den Taucheranzug auch direkt in der Buchung sehen oder muss ich dazu in die Konversation mit dem Kunden?

Ganz schön anstrengend, aber gegen Mittag ist Max auf einem guten Weg und fühlt sich nicht mehr komplett nutzlos. Das Team geht gemeinsam zum Mittagessen, und Max schließt sich an. Normalerweise bringen die Kollegen sich Essen selbst mit und machen es in der Küche warm, doch heute haben alle Lust, auswärts essen zu gehen. Es geht zum Coocoo's Nest, das zu den hübschesten Restaurants der Stadt zählt und direkt am alten Hafen liegt. Hier gibt es für die Leute in der Gegend einen relativ günstigen Mittagstisch, den man sich zumindest ab und zu leisten kann. Ansonsten bleiben Restaurantbesuche in Reykjavík einfach aufgrund der hohen Kosten eher für spezielle Ereignisse vorbehalten.

Aber heute ist ja ein besonderes Ereignis: Es gibt ein neues Teammitglied zu begrüßen, wenn auch nur auf Zeit. Bislang bestand das Office-Team ausschließlich aus Frauen. Eine ungewohnte Situation für Max, denn das Guide-Team besteht fast ausschließlich aus Männern. Aber Max fühlt sich eigentlich ganz wohl so als Hahn im Korb. Jetzt gilt es nur, sich nicht lächerlich zu machen und die ihm aufgetragenen Arbeiten mit größtmöglicher Kompetenz und Souveränität zu erledigen.

Nach dem Mittagessen geht es zurück in den Tauchladen. Es müssen nur noch die Kleidergrößen der Tourteilnehmer aufgeschrieben werden, damit die Guides die passenden Taucheranzüge einpacken können. Eine Größe nach der anderen tippt Max in die Excel-Tabelle, die für die Guides erstellt und ausgedruckt wird. Bei einer Dame fehlt die Angabe jedoch, und er kann sie auch in der Korrespondenz nicht finden. Er macht erst mal mit den anderen Teilnehmern weiter, bis das Dokument komplett ausgefüllt ist. Dann zurück zu der Dame unbekannter Größe. Max sucht erneut überall, kann aber nichts finden. Bis auf den Namen und die E-Mail-Adresse hat er keine weiteren Daten. Die Tour findet schon in wenigen Tagen statt, und Max weiß, dass eine Nachfrage per E-Mail eventuell nicht rasch genug beantwortet wird. Er schreibt trotzdem eine, den Versuch ist es wert. Aber was, wenn keine Antwort kommt?

Erst mal einen Kaffee, das bringt die Gehirnzellen in Wallung. Auf dem Weg in die große Küche denkt Max daran, dass dieses kleine Problem seine tadellose Bilanz dahinraffen könnte, und beschließt, dieses Problem allein zu lösen. Keine Hilfe, kein Nachfragen. Selbst ist der Mann!

Auf dem Rückweg zu seinem Platz fällt Max ein großes weißes Buch mit der Aufschrift »Ja« auf. Mit Kugelschreiber hat jemand einen großen Telefonhörer auf das Deckblatt gemalt. Bingo – er wird Frau Thorsdottir einfach im Telefonbuch suchen und anrufen. Easy!

Er legt sich also das Buch zurecht und sucht den passenden Ortsteil heraus. Die Dame kommt aus Kópavogur, denn sie hat ihre Buchungsanfrage mit »Beste Grüße aus Kópavogur« beendet. Wie ihm das alles zufliegt, ein Träumchen.

Doch den Namen Thorsdottir kann Max einfach nicht finden. Er sucht in verschiedenen Orten, unter verschiedenen Postleitzahlen und wird einfach nicht fündig. Irgendwann legt er das Buch frustriert zu Seite und öffnet Google. Er sucht nach dem Namen, dann nach dem Namen plus Kópavogur. Dasselbe macht er bei Facebook und stellt resigniert fest: Entweder es werden gar keine oder mehrere Ergebnisse angezeigt. So wird er da nicht weiterkommen, schießt es ihm durch den Kopf, und er lässt sich in seinen Stuhl zurücksinken. In der Spiegelung seines Computerbildschirms sieht er, dass seine Kollegin Maria mit ihrem großen Kaffeebecher in der Hand und einem noch größeren Grinsen im Gesicht hinter ihm steht – und das offenbar schon eine ganze Weile. Max will sich ruckartig wieder aufsetzen, rutscht dabei mit den Füßen ab und landet mit dem gesamten Körper unter dem großen Tisch vor sich. Maria lacht lauthals los, verschüttet dabei ihren Kaffee, und Max bekommt die heiße Brühe direkt ins Gesicht.

Was ist diesmal schiefgelaufen?

Max hätte sich rutschfeste Schuhe oder einen Hut anziehen sollen, dann wäre er nicht ausgerutscht, oder zumindest wäre kein heißer Kaffee in seinem Gesicht gelandet. Aber warum stand Maria überhaupt hinter ihm, grinsend, aber ohne etwas zu sagen?

Max ging, wie er es von zu Hause kannte, davon aus, dass das Telefonbuch nach Nachnamen sortiert ist. Er blätterte also zu Kópavogur und dann zum Buchstaben T wie Thorsdottir. Er wurde nicht fündig, weil das isländische Telefonbuch nun mal nicht so funktioniert. Es ist nach Vornamen sortiert, und entsprechend hätte er seine Suche bei A wie Anna starten sollen.

Das Namenssystem in Island basiert gänzlich auf Vornamen, wobei der Nachname nichts anderes ist als der Vorname des Vaters oder der Mutter mit der Endung *-son* oder *-dottir*, also Sohn oder Tochter. Üblicherweise wird der Name des Vaters für den Nachnamen genutzt, der Name der Mutter kann jedoch ebenso zum Einsatz kommen.

Am Beispiel der Kundin Anna Thorsdottir sieht man also: Anna ist die Tochter von Thor. Max hätte sie direkt am Anfang der Namensliste des Ortes Kópavogur gefunden und damit auch ihre Telefonnummer.

Auf gleichem Wege hätte Max übrigens auch die Telefonnummer des Präsidenten von Island finden können: Sie steht ebenfalls im Telefonbuch.

Was können Sie besser machen?

Vor allem im Ausland treffen Isländer mitunter auf Unverständnis, wenn die Kinder nicht denselben Nachnamen wie ihre Eltern haben. Mit Ihrem Wissen können Sie nun vielleicht einmal eine Situation aufklären, in der jemand dieser Fehlannahme aufsitzt.

Auch gut zu wissen: In Island wird niemand mit Herr Thorsson angesprochen, sondern eher beim Vornamen. Das heißt aber nicht, dass es kein Sie gibt. In einer Unterhaltung würde man heraushören, in welchem Verhältnis die Personen zueinander stehen und ob – nach unseren Kategorien – ein Du oder ein Sie verwendet wird. Sprechen Sie also mit einem Isländer, auch auf Englisch, versuchen Sie ein bisschen die Situation zu lesen: Befinden Sie sich in einem privaten und freundschaftlichen Setting oder ist es eher formell? Dem Guide auf dem Weg zum Wasserfall würde man üblicherweise eher mit einem Du begegnen als der Beraterin in der Bank oder dem Arzt im Krankenhaus.

7 KOSTSPIELIGER KATER

MAX ÜBERHEBT SICH

»St. Patrick's Day würde man vielleicht nicht unbedingt als urisländischen Feiertag sehen«, beginnt Ásgeir hochtrabend eine Rede – und wird jäh von Tobi unterbrochen: »... und er ist es auch nicht. Aber Ásgeir säuft halt gern, und an diesem, seinem quasi ganz persönlichen Feiertag ruft er deshalb alljährlich die gesamte Mannschaft auf, sich am Abend vernichtend zu betrinken. Denkt dran, dass manche von euch morgen früh raus müssen ...«

Ein kleines Katzenbaby könnte nicht trauriger schauen als Ásgeir, der eine ganze Rede vorbereitet hat und diese vor den Kollegen halten wollte. Nun bleibt ihm also nichts anderes übrig, als die Scherben einzusammeln, die von der Motivation zum Trinken noch übriggeblieben sind.

Max hat von dem ganzen Spektakel gar nichts mitbekommen, denn er war in der Küche damit beschäftigt, den Kakao für die anstehende Tour zuzubereiten, und die blubbernden und pfeifenden Wasserkocher haben alles übertönt. »Du bist also auf jeden Fall auch dabei, ja?«, hört Max den etwas größeren und weitaus hagereren Kollegen fragen, als dieser ihn spielerisch in den Schwitzkasten nimmt und ihm die Haare zerzaust. »Was? Ja, ähm ...« »Jawohl!«, kontert Ásgeir mit seinem besten deutschen Akzent, bevor Max auch nur fragen kann, worum es geht, und deutet auf die nicht vorhandene Uhr an seinem linken Handgelenk: »Um acht im Brugghús!«

Erst während der Fahrt zum Nationalpark erfährt Max, für welchen »Freiwilligendienst« er sich da gemeldet hat. Gar nicht so tragisch, denkt er sich, denn er ist einer der wenigen im Team, die am Folgetag frei haben. Max trinkt selten Alkohol, weiß aber, wie man sich rausredet, um nicht schon nach einem Bier unter dem Tisch zu liegen. Wegen seiner Statur hält man Max immer für trinkfest. Dass er nach einem Glas Wein bereits undeutlich spricht, weckt bei anderen meist nur den Wunsch, noch ein Glas zu bestellen. Er würde heute Abend strategisch klug vorgehen und den Spieß umdrehen!

Die Tour verläuft reibungslos, die Gäste haben großen Spaß, und bei Antritt der Rückfahrt schlafen sie bereits seelenruhig auf der Rückbank. So zumindest erzählt man es Max bei der Ankunft am Tauchladen, denn er hat auf dem Beifahrersitz ebenfalls seelenruhig geschlafen. Equipment aus- und Fotos hochladen, Busse reinigen und vor dem Laden abstellen, und dann ab nach Hause. Mittlerweile hat Max den Bogen raus, und die anfangs harte Arbeit geht ihm routiniert von der Hand.

Zu Hause angekommen, geht es kurz unter die Dusche und noch ein Stündchen an den Rechner. Facebook und Twitter updaten, schauen, was es Neues in der Welt gibt, und ein bisschen Zeitung lesen. Der Plan für den Abend: langsam anfangen, alle anderen ordentlich trinken lassen und schön unter dem Radar bleiben. Genau so würde er den Abend locker überstehen, ohne den kommenden freien Tag einem Kater opfern zu müssen.

Kurz vor sieben geht es los, durch die kleinen, engen Seitenstraßen in Richtung alter Hafen. Das Bryggjan Brugghús ist ein eher gehobenes Restaurant mit einer kleinen Bar. Wegen der Nähe zum Tauchladen ist es jedoch sehr beliebt bei den Kollegen, und durch die regelmäßigen Besuche gibt es auch hier und da mal ein Bierchen umsonst oder eine Schüssel Snacks gratis. Kaum angekommen wird Max sofort mit einem Glas Wein begrüßt, und sein Plan beginnt sich in Wohlgefallen aufzulösen. Nach diesem Glas wird Max bereits ordentlich angeschickert sein, und es wird ihm schwerfallen, den Abend diszipliniert ausklingen zu lassen. Wie soll das bloß enden ...

Wie so häufig drehen sich die Gespräche anfangs ums Tauchen, um die Geschehnisse auf den vergangenen Touren und den Alltag als Fremder in Island. Jeder hat eine lustige Geschichte von Touristen beizusteuern, fast jeder eine von Beinahe-Tauchunfällen, und einige berichten von Fettnäpfchen, in die sie getappt sind.

Irgendwann kommt das Gesprächsthema auf Stereotype: Was macht einen typischen Polen aus und woran erkennt man ihn? Ist der isländische Hákarl (dazu später mehr) nun eine Delikatesse oder ein Abwehrmittel gegen Touristen? Und warum hat Max als einziger Deutscher in der Runde kein Bier in der Hand? Max sieht seine Felle davonschwimmen, bis sich das Blatt zu seinen Gunsten wendet. »Ich wette ein Oktoberfestbier, dass ich mehr über Bier weiß als Max«, prahlt Ásgeir. »Na, das wollen wir doch mal sehen!«, kontert Max – wohl wissend, dass er in dieser Kategorie keine großen Anstrengungen unternehmen muss, um haushoch zu verlieren. Er wird Ásgeir ein Glas Bier ausgeben und diesem damit einen großen Alkohol-Vorsprung geben.

Die Kollegen sollen also einer nach dem anderen Fragen zum Thema Bier stellen. Ásgeir und Max sollen nacheinander antworten. Der Erste, der eine Frage nicht oder nur falsch beantworten kann, muss dem anderen ein Oktoberfestbier ausgeben. Das würde leichter werden, als einem Baby den Schnuller zu klauen.

Bereits die dritte Frage, nämlich welche Inhaltsstoffe laut dem deutschen Reinheitsgebot in einem Bier landen dürfen, kann Max nicht korrekt beantworten und muss gesenkten Hauptes die Niederlage einstecken, wobei er still in sich hineingrinst. Weil er gerade neben der netten Bekannten eines Kollegen sitzt, die dieser mitgebracht und als »gute Freundin« bezeichnet hat, und Max diesen Platz nicht aufgeben will, gibt er Ásgeir einen 5000-Kronen-Schein (etwa vierzig Euro) und widmet sich wieder der Aufgabe, charmant zu seiner Sitznachbarin zu sein.

Als der Gewinner zurückkehrt, sieht Max ihn nur aus dem Augenwinkel an und hält seine Hand auf. Ein paar Münzen klimpern hinein, und obwohl er noch auf Papiergeld wartet, scheint es keines zu geben. Schockiert stellt er fest, dass sich umgerechnet keine zehn Euro in seiner Hand befinden, und realisiert allmählich das Ausmaß seines Verlustes, während Ásgeir ihm mit einem Maßkrug zuprostet.

Was ist diesmal schiefgelaufen?

Max war danach nicht mehr in der Lage, sein charmantes Gespräch weiterzuführen, und die Bekannte des Kollegen verlor irgendwann das Interesse an ihm.

Aber davon abgesehen hat Max zwei Dinge unterschätzt: den Durst der Isländer und den staatlichen Schutz vor dem Durst der Isländer. Im gesamten Land kann man Alkohol nicht einfach so kaufen. Es gibt spezielle Geschäfte, die so genannten Vínbúðin, in denen alkoholische Getränke verkauft werden. Doch nicht nur durch die eingeschränkte Verfügbarkeit wird es den Isländern schwer gemacht, zu viel zu trinken, sondern auch durch die enorme Besteuerung von Alkohol.

Ein Bier, ein Glas Wein oder Spirituosen kosten in Island das Zwei- bis Dreifache von dem, was man aus Deutschland gewohnt ist. Ein 0,3 Liter großes Bier kann über sechs Euro kosten, ein Glas Wein mehr als zehn Euro, und Cocktails liegen im preislichen Bereich eines guten Abendessens in München oder Hamburg. Der genaue Preis hängt immer vom Wechselkurs ab, doch auch bei einem freundlichen Kurs wird Alkohol in Island für Touristen immer ein teures Vergnügen sein.

Das Oktoberfestbier kam Max doppelt teuer zu stehen, denn es wurde nicht nur in einem für Isländer unvorstellbar großen Maßkrug serviert, sondern zuvor auch von findigen Isländern aus der Heimat des Bieres in das Land der Wikinger importiert. Das lässt man sich gut bezahlen, und so bekam Max am Ende doch noch große Lust, sich ordentlich zu betrinken!

Was können Sie besser machen?

Ein Geheimtipp für alle, die im Urlaub nicht auf alkoholische Getränke verzichten möchten, aber auf ihr Budget achten müssen: Den günstigsten Alkohol gibt es in Island am Flughafen. Im Dutyfree-Shop sollte man sich ausreichend eindecken. Auch als Geschenk sind Mitbringsel von hier bei den Einheimischen gern gesehen. Während man auf der ganzen Welt normalerweise mit deutscher Schokolade punkten kann, freuen sich die meisten Isländer wohl eher über eine Flasche Brennivín, einen bekannten isländischen Schnaps.

Wer sich in Reykjavík aufhält, ist gut beraten, die Smartphone-App AppyHour zu installieren. In dieser werden die Happy Hours von verschiedenen Bars in der ganzen Stadt gelistet, sodass man zum einen eine Übersicht der Bars bekommt, zum anderen aber auch weiß, in welcher das Bier zurzeit günstig zu haben ist.

8 PLASTIK BEVORZUGT

NIEMAND WILL GELD VON MAX

Das Wetter ist ausnahmsweise einmal richtig frühlingshaft in Reykjavík, und Max entschließt sich, eine kleine Runde durch die Stadt zu gehen. Das Thermometer zeigt gesunde sechs Grad an, und so lässt Max die Jacke getrost hängen. Weil er aber ungern die Hosentaschen voll hat, steckt sich Max nur ein paar Scheine Bargeld in die Gesäßtasche und los geht's.

Von seiner kleinen Wohnung in der Nähe des alten Hafens sind es nur etwa zehn Minuten bis in die Innenstadt, die mit vielen kleinen Geschäften ausgestattet ist. Vom Uhrmacher bis zum Kamerafachgeschäft und vom Sterne-Restaurant bis zur Nudelbar ist hier wirklich alles vertreten.

Max kehrt in seinem Lieblingscafé ein, dem Laundromat (heute Egill Jacobsen), um sich ein leckeres Frühstück zu gönnen: Toast mit Rührei, Bacon und dazu einen leckeren Café Latte. Was für ein Start in den Tag. Nachdem er gesättigt ist, schaut er zur Bedienung und macht eine Geste, bei der die linke Hand ein Stück Papier und die rechte eine schreibende Hand andeutet. Diese kennt er erst seit wenigen Wochen, doch überall auf der Welt wird sie erkannt als: »Ich möchte bitte zahlen.«

Die junge Frau kommt mit einem Kartenlesegerät und stellt es vor Max auf den Tisch. Dieser zieht das Geld aus der Hosentasche und reicht ihr einen großen Schein. Sie verdreht kurz die Augen und geht mit einem schwungvollen Dreh in Richtung Theke zurück, ohne das Lesegerät mitzunehmen. Oh, welche Laus ist der denn über die Leber gelaufen?, denkt Max und knabbert an seiner letzten Portion Toastbrot. Die Dame kommt zurück, drückt Max mit einem gequälten Lächeln das Wechselgeld in die Hand und verschwindet mit ihrem kleinen grauen Kasten in Richtung Küche, während Max sich langsam fertig macht, um das Café zu verlassen.

Weiter geht es in Richtung Hallgrímskirkja, der großen Kirche, die über der Stadt thront und zum Wahrzeichen Reykjavíks geworden ist. Von hier aus hat man bereits einen ganz guten Überblick, doch kann man auch mit dem Aufzug ganz nach oben auf den Kirchturm fahren. Das hat er bisher noch nie getan, und so entscheidet sich Max, ein Ticket zu kaufen. Auch hier reicht er der Dame an der Kasse einen Schein aus der Hosentasche, worauf diese ihn ratlos anschaut. Dann zückt sie ihr Portemonnaie, kramt darin herum und reicht Max das Wechselgeld. Sie hatte wohl nicht genug Wechselgeld in der Kasse, denkt sich Max und macht sich auf den Weg in den Turm.

Von oben kann man in alle Richtungen schauen und hat eine fantastische Aussicht. Bei sonnigem Wetter sieht man bis zur Halbinsel Snæfellsnes, weit hinaus aufs Meer im Westen und bis zu den Bergen im Süden. Von hier aus erkennt man sowohl den Tauchladen im alten Hafen als auch die Konzerthalle Harpa und die vielen kleinen verwinkelten Gassen der Stadt. Max ist sehr froh, dass er sich die Zeit genommen hat, hier heraufzufahren.

Nach der Besichtigung geht es in Richtung Meer. Auf dem Weg dorthin kommt Max an seinem Lieblingskaffeeladen vorbei, dem Reykjavík Roasters, und ohne einen Flat White geht es von hier aus ganz bestimmt nicht weiter. Die 450 Kronen für die warme Delikatesse hat er nicht klein, und so reicht er der Bedienung einen 5.000-Kronen-Schein. Diese schaut Max mit großen Augen an, zuckt mit den Achseln und gibt ihm den Schein zurück: »Zahl einfach, wenn du das nächste Mal da bist.« Max ist verwundert, denn er kommt zwar oft hierher, doch die Kellnerin hat er bis dato nie gesehen, und dementsprechend kann sie ihn ja auch nicht kennen.

Als Max die Uferpromenade erreicht, klingelt sein Handy. Max hasst es, wenn das passiert. Telefonieren ist furchtbar, und er würde lieber einen Roman auf dem kleinen Telefon in seiner Hand tippen, als jetzt abzunehmen. Er geht trotzdem ran. Ein Kollege vom Tauchladen ist dran: »Max, du musst mir einen Gefallen tun. Ich komme gerade von der Tour und muss dringend los. Kannst du schnell vorbeikommen, den Wagen sauber machen und auftanken? Ich übernehme das dann irgendwann mal für dich!«

»Okay, okay! Ich bin sowieso gerade am Hafen, ich kann in zwanzig Minuten da sein.«

Da hat Max etwas zu viel versprochen, denn erst zwanzig Minuten später ist er tatsächlich am alten Hafen und weitere zwanzig Minuten später beim Tauchladen. Der große weiße Transporter parkt hinter dem großen Gebäude. Der Schlüssel steckt im Zündschloss, das große Tor zum Lagerraum ist jedoch verschlossen. Mit einem kräftigen Ruck hebt Max das Tor an und schiebt es weit genug hinauf, damit er hindurchgehen und die Waschlanze holen kann. Eine knappe Viertelstunde später ist der Wagen tipptopp sauber, und Max fährt durch die zwei Kreisverkehre zur Tankstelle.

Dort angekommen, versucht Max mit allen Tricks, dem Tankschlauch Benzin zu entlocken, scheitert jedoch kläglich. Irgendwann gibt er auf und fragt in der Tankstelle nach: »Ich würde gerne tanken, aber da kommt nichts aus dem Rüssel!«

»Na, Sie müssen ja auch zuerst bezahlen, junger Mann!«

Das kennt Max so nicht, in Deutschland tankt man zuerst und geht dann in der Tankstelle zahlen. Macht ja auch Sinn. Wird in Island denn so viel Benzin gestohlen? Er legt seine restlichen Geldscheine auf den Tisch und fragt: »Was ist denn, wenn ich jetzt für das hier tanke?«

Der junge Mann am Tresen schaut Max etwas ungläubig an und fragt: »Sag mal, da, wo du herkommst, habt ihr da keine Kreditkarten?«

Was ist diesmal schiefgelaufen?

Max hat nichts Falsches getan, aber etwas für Isländer mittlerweile relativ Ungewöhnliches: Er hat bar bezahlt und nicht mit Kreditkarte.

Island orientiert sich in vielen modernen Aspekten an den USA, und ein Trend, der sich hier ähnlich wie dort etabliert hat, ist die Nutzung von Kreditkarten. Während die kleinen Plastikwunder in

Europa viel länger bis zu ihrem Durchbruch brauchten und auch heute noch weitaus seltener genutzt werden, hat Island diese neue Zahlungsform sehr schnell und weiträumig adaptiert.

Überall kann man mit Kreditkarten bezahlen, egal ob im Restaurant, im Supermarkt, beim Friseur oder im Kaffeeladen. Auch kleinste Beträge wie eine Tasse Kaffee oder ein Stück Kuchen werden hier, ohne mit der Wimper zu zucken, via Karte bezahlt, und Bargeld spielt in vielen Geschäften keinerlei Rolle mehr.

Was können Sie besser machen?

Es ist nicht zwingend erforderlich, eine Kreditkarte für den Urlaub in Island zu besitzen. Sie wird Ihr Leben jedoch enorm vereinfachen. Nicht nur müssen Sie weniger Bargeld mit sich herumschleppen, auch werden Sie in vielen Fällen von tagesaktuellen Wechselkursen profitieren. Viele Wechselstuben preisen die Volatilität der Währung bereits in ihre Kurse ein und das selten zugunsten des Kunden.

Ein guter Grund für die Mitnahme einer Kreditkarte besteht, wenn Sie in entlegeneren Gebieten des Landes unterwegs sein wollen, wie beispielsweise in den Westfjorden oder im Hochland. Hier gibt es selbst in bewohnten Orten vielfach nur unbemannte Tankstellen. Diese sind mit einem Lesegerät ausgestattet und erlauben das Tanken zu jeder Tages- und Nachtzeit. Hier wird eine Karte mit PIN benötigt, achten Sie also darauf, eine solche mit sich zu führen. (Siehe auch das Kapitel »Nur mit Nummer – Max tankt im Nirgendwo«)

Die Bedienung ist relativ einfach, auf den Automaten selbst jedoch oft nur auf Isländisch beschrieben. Der Ablauf ist meist wie folgt: Man steckt die Karte in das Lesegerät, gibt die PIN ein, wählte die Zapfsäule und dann den Betrag, für den man Treibstoff tanken möchte. Danach kann man loslegen, und die Tankanlage stoppt automatisch, sobald der eingestellte Betrag erreicht ist.

Übrigens ist es auch mit Kreditkarte möglich, Trinkgeld zu geben, ein Fettnäpfchen, in das Sie also nicht treten müssen. Mehr dazu im Kapitel »Hartnäckige Gerüchte – Max und die Trinkgeldlegende«.

9 DATING UND VERWANDTSCHAFT

MAX VERLIEBT SICH

Sonntag. Freier Tag. Max kann ausschlafen. Bis ungefähr sieben Uhr, dann steht er kerzengerade im Bett, weil ein Schneepflug vor seinem Haus gegen die Kante am Gehsteig geknallt ist und dabei einen Riesenradau machte. Noch mal umdrehen. Elf Uhr. Max liebt die Snooze-Taste an seinem Wecker beziehungsweise an der Wecker-App auf seinem Smartphone. Wenn er könnte, würde er diese Funktion heiraten oder sich zumindest mir ihr verloben.

Apropos Liebe: Max ist Single. Glücklich, aber mittlerweile eher unfreiwillig und gelangweilt vom Alleinaufwachen. Ein Kollege im Tauchcenter hat ihm jedoch einen entscheidenden Tipp gegeben: »Es gibt so eine isländische Dating-App, die hat ein Guide mir empfohlen, und ich sage dir, damit findest du schnell eine nette Isländerin.« An den Namen der App kann Max sich nicht hundertprozentig erinnern, also öffnet er Google und sucht. »Island Dating App«, gibt er in das Suchfeld ein, und bekommt diverse unseriöse Seiten angezeigt. »Iceland dating« – vielleicht gibt es die App nur auf Englisch. Wieder nur seltsame Seiten und der Hinweis darauf, dass es eine App gäbe, um sicherzustellen, dass man nicht aus Versehen mit der Verwandtschaft datet. Was für ein Unfug, denkt sich Max, und kurz darauf fällt ihm der Name der gesuchten App wieder ein.

Wenige Minuten später hat er sein Profil eingerichtet. Man kann nicht viel eingeben außer dem Alter und ein paar Bildern sowie einem kurzen Text, in dem man sich den Damen vorstellt und anpreist. Max wählt ein Bild vom Fallschirmspringen, eins vom Tauchen in Afrika, eins auf dem Vulkan auf den Philippinen und das Selfie aus dem Klo, das er ein paar Tage vorher geschossen hat, weil das Licht dort so gut war. Irgendwie ist ihm dieses Bild ein bisschen peinlich, weil er ja weiß, wo es entstanden ist, doch jeder sagt, es sei eines der schmeichelhaftesten Selfies in seiner Galerie.

Max ist ein Couch-Potato: Sonntage verbringt er am liebsten damit, Kalorien in Form von Pizza in sich hineinzuschaufeln, Serien auf dem Laptop anzusehen und das Bett nur zu verlassen, wenn es unbedingt nötig ist. In seinem Dating-Profil kommt er jedoch rüber wie eine Mischung aus Reinhold Messner und Sylvester Stallone.

Genau richtig, denkt er sich und nickt seinem Profil zu. »Max. 1,87 Meter. 87 Kilogramm. Ich reise gern, bin für jedes Abenteuer zu haben und gern draußen in der Natur. Ich komme aus Deutschland, lebe in Reykjavík und arbeite hier als Tauchlehrer.« Sein Profiltext liest sich gut, findet er. Die paar Zentimeter, die er sich zu viel gegeben hat, würde ja niemand merken. Und die paar Kilo zu wenig auch nicht! So würde das rasend schnell klappen.

Kurz darauf wischt er fröhlich von links nach rechts, von rechts nach links und liest Profiltexte. Die meisten Damen auf der Plattform sind Touristinnen. Aus Amerika oder England. Das hatte der Kollege ihm schon gesagt, und damit hat Max auch kein Problem. Links. Rechts. Viele blonde Frauen, wenige rothaarige. Ab und zu ist sogar eine Isländerin dabei, die aber ihr gesamtes Profil auf Isländisch eingerichtet hat.

Irgendwann wird Max das Gewische zu anstrengend, es ist schließlich sein freier Tag, und er legt das Handy zur Seite. Mittlerweile ist es kurz nach zwölf, und Max entscheidet sich, das Mittagessen heute in seinem Lieblingsrestaurant in der Innenstadt zu sich zu nehmen. Dort hat er auch eine besonders schnelle Internetverbindung und kann sich Filme für die kommenden Abende herunterladen.

Also schnell unter die Dusche und dann ab nach Downtown. Als er aus der Dusche zurückkehrt, blinkt das kleine Lichtchen an seinem Handy weiß auf. Er kennt Rot für SMS. Grün für E-Mail und Gelb für WhatsApp. Weiß ist neu. Weiß sind Berglind und Andrea.

Berglind ist eine junge Isländerin, die Max offenbar ebenfalls interessant findet und ihn kennenlernen möchte. In ihrem Profil beschreibt sie sich als ruhige junge Frau, die gern reist, fotografiert und abends gern ausgeht. »Hi, wie geht's?«, schreibt Max und fragt sich, ob er nicht hätte kreativer sein können. Zu spät.

Andrea ist offenbar eine Deutsche, die ebenfalls in Reykjavík lebt und arbeitet. Sie hat lange braune Haare und ist Journalistin. Auf ihren Bildern zeigt sie sich an einigen der Sehenswürdigkeiten Islands. Ihr Profiltext ist leer. »Hallihallo!«, schreibt Max. »Bist du schon lange in Island?« Ein Dichter wird aus Max vermutlich nicht mehr. Doch beide Frauen antworten ihm, und es ergibt sich jeweils eine kurze Unterhaltung im Chat.

Inzwischen ist Max im Stadtzentrum angekommen und hat sich auch schon einen Platz im Café ausgesucht. Er bestellt einen Hamburger und eine Cola und klappt seinen Laptop auf. Es gibt einige neue Folgen seiner Lieblingsserien, die er hier in Windeseile herunterladen und später zu Hause anschauen kann. Dort hat er kein Internet außer über sein Handy. Das zieht er jetzt aus der Tasche und prüft seine Nachrichten. Andrea hat heute schon etwas vor und schlägt daher ein Treffen im Laufe der kommenden Woche vor. Max hat anfangs ein schlechtes Gewissen, mit zwei Frauen parallel zu flirten, findet es aber irgendwie auch ganz nett und aufregend. Berglind ist noch unterwegs, hat aber Lust, sich am Nachmittag auf einen Kaffee zu treffen. Perfekt für Max, er sagt zu und freut sich darauf, Berglind kennenzulernen.

Nachdem er den Burger aufgegessen und einige Zeit im Internet verbracht hat, macht Max sich also auf den Weg. Nahe der großen Kirche wollen die beiden sich treffen, einen Kaffee holen und je nach Wetter entweder im Café bleiben oder an der Küste entlang schlendern.

Max kann Berglind schon von Weitem sehen: relativ groß, aber Gott sei Dank immer noch kleiner als er. Die langen, hellblonden Haare unter der dicken Wollmütze fallen bis über ihre stylische Outdoorjacke in Neonfarben. Nicht gerade ein Outfit, was man zu einem klassischen Date anziehen würde, doch Max ist ja auch nicht in seinem Anzug erschienen. Er besitzt ja nicht mal einen. Je näher er kommt, desto besser kann er kleine Details erkennen wie die Sommersprossen auf ihrer Nase und die Farbe ihrer Augen. Irgendwann erkennt sie ihn offenbar und lächelt ihn an. Als Max sie erreicht hat, streckt er ihr die rechte Hand entgegen und sagt: »Hallo! Ich bin verliebt ...« und führt den Satz ohne innezuhalten mit »Max! Ich bin Max!« fort.

Berglind lacht und antwortet: »Ich bin Berglind. Schön, dich zu treffen. Das Wetter scheint sich einigermaßen zu halten, sollen wir den Kaffee im Gehen trinken?«

Max nickt, und die beiden gehen in Richtung des kleinen Cafés direkt gegenüber der Kirche. Hier ist Max sehr oft, denn die kleine hauseigene Rösterei produziert die Bohnen für den leckersten Kaffee der Stadt. Von hier aus gehen sie mit ihrem Kaffee in der Hand in Richtung Meer. Sie sprechen über dies und das, und als sie am Sun Voyager, der großen, metallenen Skulptur der Sonnenfahrt, angekommen sind, halten sie kurz an. »Ich wohne seit meiner Kindheit hier in Reykjavík«, sagt Berglind. »Aber irgendwie komme ich trotzdem immer wieder gern hierher. Die Statue hat einfach etwas von Aufbruch, von Abenteuer.«

»Ich dachte immer, es sei ein Wikingerschiff«, sagt Max, während er langsam um die Statue herumgeht.

»Nein, also zumindest ist das nicht der Hauptgedanke des Künstlers gewesen, glaube ich. Wir Isländer sind ja auch mehr als nur Wikinger!«

»Ja, und alle miteinander verwandt!«, sagt Max mit einem breiten Grinsen und hält sich in einer Imitation des kleinen Emoji-Äffchens mit den Händen die Augen zu. Er hat zwar den Eindruck, dass Berglind einen ähnlichen Humor wie er hat, doch ein bisschen versteckt er sich so tatsächlich vor ihrer Reaktion. Berglind boxt ihn als Entgegnung spielerisch auf die Brust. »Na, auf der Suche nach der Dating-App habe ich einen Artikel gefunden, in dem sie behaupten, es gäbe hier eine App für dein Handy, mit der du prüfen kannst, ob dein Date mit dir verwandt ist.« Berglind nimmt langsam, wie in Zeitlupe, ihre Hände in den dicken Wollhandschuhen nach oben und hält sie sich vors Gesicht. Sie kennt offenbar auch den kleinen Affen von der Emoji-Tastatur und will sich verstecken. Max kann trotzdem noch ein breites Grinsen auf ihrem Gesicht erkennen und lacht laut los: »Nicht dein Ernst!?« »Na ja, es gibt da tatsächlich so eine App ...«

Was ist diesmal schiefgelaufen?

Max hat eigentlich alles richtig gemacht: Daten auf Isländisch funktioniert relativ gut so, wie Max es angestellt hat – entspannt, nicht zu dick aufgetragen und mit viel Humor. Für viele Leser aus jüngeren Generationen wird das bekannt klingen. Für ältere Generationen und vor allem für Menschen aus dem nordamerikanischen Kulturkreis ist die Datingkultur in Island oft ein wenig irritierend. Sie sind es gewohnt, formaler an die Sache heranzugehen. Man trifft sich eher zum Abendessen als auf einen Kaffee, und man trägt eher einen Anzug als die Outdoorklamotten von der Wanderung am Vormittag.

Die Isländer sind in Bezug auf Dating, Liebe und Sex sehr modern und offen. Nur wenige Kinder werden innerhalb einer Ehe geboren, und viele Paare bleiben ein Leben lang zusammen, ohne jemals zu heiraten. Oder eben auch nicht: In Island sind Patchwork-Familien schon lange keine Besonderheit mehr. Das klingt jetzt vielleicht so, als legte man hier keinen Wert auf monogame Beziehungen, doch dem ist nicht so.

Im Sommer 2016 kam das Gerücht auf, Island zahle Immigranten bis zu 5.000 Dollar, wenn diese nach Island kommen, um hier eine Frau zu ehelichen. Weil dem Land angeblich Männer fehlten. Das war natürlich ausgemachter Blödsinn, und die Frauen in Reykjavík waren alles andere als begeistert. Doch trotz der Tatsache, dass es in Island sogar einen leichten Männerüberschuss gibt, hielt sich das Gerücht einige Zeit hartnäckig. Zuvor hatte schon eine Werbekampagne einer isländischen Fluggesellschaft den Wikinger-Damen das Leben schwergemacht, weil diese im Subtext suggerierte, sie seien

Touristen verschlingende Kriegerinnen, die sich schon am Rollfeld über die männlichen Besucher des Landes hermachten. Dem ist nicht so: Isländerinnen sind im Großen und Ganzen eigentlich relativ schüchtern und reserviert.

Generell sind die Isländer typisch nordisch: eher kühl, eher introvertiert, eher zurückhaltend. Ausnahmen bestätigen die Regel. Der Isländer an sich (und auch die Isländerin) taut erst mit der Zeit auf, und auch dann wippt er eher mit dem Fuß, als einen wilden Tango aufs Parkett zu legen. Das schlägt sich auch in der Dating-Kultur nieder: Man geht es ruhig an und lernt sich erst einmal in einem entspannten Umfeld kennen. Bei einem Heißgetränk im Café, bei einem Spaziergang durch die Natur oder bei einer kleinen Wanderung.

Eine Besonderheit gibt es beim Dating in Island dann aber doch. Die Íslendinga-App, die »App der Isländer«, ging im Jahr 2013 aus dem Íslendingabók (»Buch der Isländer«) hervor, einer Datenbank, in der die genealogischen Informationen nahezu aller Isländer erfasst sind An der Universität wurde zu Ehren des zehnten Jahrestags besagter Datenbank ein Projekt gestartet, um diese auch auf mobilen Geräten verfügbar zu machen. Seitdem können die Isländer ihre Telefone aneinanderhalten – in der heutigen Zeit ein sehr intimes Ritual –, um herauszufinden, in welchem Verwandtschaftsgrad sie zueinander stehen. Die Daten gehen bis zur Zeit der Erstbesiedlung zurück, und die Datenbank enthält Stammbäume, die über 1.200 Jahre zurückreichen. Wenn Sie also unwissenderweise drauf und dran sind, Ihre Cousine zu küssen, könnte die App Ihnen durchaus helfen!

Was können Sie besser machen?

Besser als Max flirten können Sie nicht, tut mir leid. Aber er gibt Ihnen folgende Tipps, um nette Männer oder Frauen in Island kennenzulernen: Versuchen Sie es mal abseits der touristischen Orte. Die meisten Isländer meiden mittlerweile die Innenstadt von Reykjavík – meist 101 oder Downtown genannt – und treffen sich lieber in den Randbezirken oder zumindest in den Cafés und Bars, die nicht ganz oben bei TripAdvisor zu finden sind.

Isländer haben viel Humor, aber wenn man sich konstant darüber lustig macht, wie klein das Land ist, wie süß die Ponys sind und dass alle Isländer an Elfen und Trolle glauben, wird das Ganze irgendwann doch langweilig. Versuchen Sie diese Themen zu meiden und sprechen Sie lieber über die ganz normalen Themen des Alltags, über das Tagesgeschehen abseits vom Tourismus oder über Kunst und Kultur.

Die Sprache kann ebenfalls ein Pluspunkt sein: Niemand erwartet perfektes Isländisch, doch wer in der Landessprache hallo sagen und einen Kaffee bestellen kann, punktet mit Sicherheit. Ansonsten gilt wohl das Gleiche wie überall sonst: nett sein, viel lächeln, die Zähne putzen und Haare kämmen! Viel Erfolg!

PS: Nicht vergessen: Es gibt kein Geld fürs Heiraten!

APROPOS FRAUEN ...

Wenn Sie eine sind: Glückwunsch! In Island haben Sie es besonders gut. Das Land ist eines der bestentwickelten Länder in Bezug auf Gleichberechtigung und Frauenrechte. Vigdís Finnbogadóttir, das isländische Pendant zu Angela Merkel, wurde bereits 1980 Präsidentin von Island. Sie hatte übrigens auch in etwa dieselbe Kondition wie unsere Bundeskanzlerin: Sechzehn Jahre bekleidete sie ihr Amt und ist damit bis heute das am längsten amtierende weibliche Staatsoberhaupt weltweit.

Im Gleichstellungsbericht des Weltwirtschaftsforums ist das Land seit Jahren auf Platz eins zu finden. Schon 1975 traten anlässlich des Internationalen Jahres der Frau 90 Prozent der Isländerinnen am 24. Oktober für einen Tag in den Streik. Heute protestieren isländische Frauen an diesem Tag regelmäßig für gleiche Löhne, indem sie vorzeitig die Arbeit niederlegen. 2018 geschah dies um kurz vor 15 Uhr, denn ab diesem Zeitpunkt werden sie rein rechnerisch im Vergleich zu ihren männlichen Kollegen nicht mehr bezahlt: Noch immer verdienen Frauen in Island im Schnitt 17 Prozent weniger als Männer.

Die Gleichstellung der Geschlechter ist in vielen Aspekten gesetzlich vorgeschrieben. Der »Act on Equal Status and Equal Rights of Women and Men« von 2008 legt beispielsweise fest, dass Männer und Frauen in derselben Position dasselbe Gehalt verdienen müssen. Die notwendige Bildung dafür beginnt bereits in der Schule, wo Kinder vom ersten Tag an lernen, dass Frauen und Männer gleichberechtigt sind.

Island ist auch eines der Länder, die schon sehr früh begannen, Familien bei der Erziehung ihrer Kinder gleichberechtigt zu unterstützen. Viele Männer nehmen hier neun statt der früheren sechs Monate Elternzeit, und auch Selbstständige werden dabei vom Staat finanziell unterstützt. Damit das alles auch umgesetzt wird, gibt es in Island ein Ministerium für Gleichberechtigung und eine offizielle Beschwerdestelle.

10 GOLDENER HANDSCHLAG

MAX GEHT ZUM ARZT

Nach einigen harten Arbeitstagen, Extra-Schichten und beständig schlechtem Wetter muss Max heute auch noch jede Menge Papierkram erledigen. Für seine Zulassung als Tauchlehrer braucht er die Bescheinigung eines Arztes, die besagt, dass er körperlich fit genug ist für diese Tätigkeit. »Wenn ich es nicht wäre, wäre ich ja längst untergegangen«, scherzte er am Vortag mit Jammi. »Richtig«, meinte der. »Oder du würdest es gar nicht erst zum Wasser schaffen.«

Jammi ist einer der Veteranen im Tauchshop. Vielleicht Mitte vierzig, sicher 1,85 Meter groß und von kräftiger Statur. Er stammt aus Bosnien, hat eine Frau und drei kleine Töchter und ist einer der herzlichsten Menschen, die Max jemals kennengelernt hatte. Auch wenn Jammi kein gebürtiger Isländer ist, so ist er es doch im Herzen, und außer seinem Akzent würde ihn auch nichts als Nicht-Wikinger verraten.

Mit der gestrigen Bemerkung spielte Jammi auf einen Vorfall an, der sich jüngst im Nationalpark ereignet hatte und bei dem eine große Eisplatte, Tauchflossen und ein tollpatschiger Tauchlehrerschüler eine Rolle gespielt hatten. »Ich bin gefallen, und es hat echt weh getan!«, sagte Max böse, während Jammi breit grinsend, aber wortlos einen großen Schluck Kaffee nahm. »Wenn der Doktor fragt, wo die blauen Flecken herkommen, sage ich ihm, dass ihr mich hier verprügelt!«, drohte Max, woraufhin Jammi nur trocken antwortete: »Das weiß der Doktor schon, die anderen Kandidaten vor dir waren doch auch alle bei ihm ...«

Max liebt den Humor in Island: wie die Luft, kalt und trocken. Als Fan von schwarzem Humor, Satire und Ironie hat man es hier wirklich leicht. Auch weil viele Briten die Insel besuchen, die ja bekanntlich Meister auf diesem Gebiet sind.

Max sucht also die Busverbindung zur Praxis des Arztes heraus und macht sich auf den Weg. Der Bus wartet schon an der Haltestelle, und Max sprintet los. Auch heute ist es eisig, und er rutscht mehrmals beinahe aus. Am Bus angekommen, merkt er, dass der Fahrer noch an der Haltestelle steht und mit seinem Handy spielt. Eine Fahrt mit dem Bus kostete 460 Kronen (knapp vier Euro). Ein dämlicher Betrag, wie Max findet, denn 100- und 50-Kronen-Münzen hat man oft, doch die 10-Kronen-Münze ist relativ groß, und ihr Gegenwert beträgt ja nur wenige Cent. Diese sortiert er also immer als Erstes aus. »Na, laden Sie sich doch einfach die App herunter!«, sagt der Busfahrer, als er sieht, wie Max seinen gesamten Rucksack nach Kleingeld durchsucht. »Die ist wirklich praktisch, und man braucht gar kein Bargeld.« Ein guter Tipp, der für Max in diesem Moment allerdings zu spät kommt. Noch im Bus sucht er jedoch nach der App, installiert sie und ist somit für zukünftige Busfahrten gerüstet. Nicht dass man in Reykjavík viel Bus fahren müsste: Beinahe alles ist zu Fuß erreichbar, wenn man gern an der frischen Luft und nicht lauffaul ist.

Auf dem Weg zum Arzt spielt Max am Handy herum: Er prüft E-Mails, schreibt den Freunden und Bekannten in der Heimat und auch an Andrea. Andrea hat er vor ein paar Tagen über eine Dating-App kontaktiert, und morgen wollen die beiden sich nach der Arbeit auf ein Feierabendbier treffen. Andrea arbeitet bei einer Tageszeitung in Reykjavík, ist schon eine ganze Weile in Island und freut sich, einen anderen Deutschen kennenzulernen.

»Das ist deine Haltestelle, oder?«, ruft der Busfahrer nach hinten, und Max schaut schnell vom Display hoch.

»Oh, ja. Danke!«, sagt er und tänzelt durch den Gang nach vorn zum Ausgang. »Tschüss!«, ruft er beim Herunterstolpern der Stufen und kann sich gerade noch fangen, bevor er wieder einmal auf den Boden knallt.

Er befindet sich nun in einer Art Industriegebiet im Osten der Stadt: viele große Gebäude, vor allem Bürokomplexe und ein paar Autohäuser. Von hier aus kann er das Mittelfinger-Hochhaus sehen: ein Bankgebäude, das aus vier Teilen besteht und an eine Hand mit ausgestrecktem Mittelfinger erinnert. Ein Sinnbild der Finanzkrise im Jahr 2008.

Max hat sich die Adresse der Arztpraxis auf einer Karte markiert und ausgedruckt. Es dauert ein paar Minuten, bis er sich orientieren und souverän verlaufen kann. Gott sei Dank hat er das bereits vorhergesehen und ist einige Minuten zu früh vor Ort, sodass er sich in Ruhe den Weg suchen kann. Einigermaßen pünktlich erreicht er dann die Praxis, die im obersten Geschoss eines der eher kleineren Gebäude liegt.

Er füllt ein Formular aus und setzt sich in das kleine Wartezimmer. Außer ihm sind nur noch eine jüngere Frau und ein älterer Herr dort, beide waren offenbar schon beim Doktor und warten nur noch auf ihre Ergebnisse.

Nach einiger Zeit kommt Max an die Reihe und darf zum Herrn Doktor. Ein großer, schlaksiger Typ mit kurzen blonden Haaren und einer großen Brille auf der Nase. »Hallo, ich bin Jon«, sagt er freundlich und reicht Max die Hand.

»Ich bin Max. Ich bin hier wegen meiner Tauchlehrerausbildung, die ich gerade mache.«

»Tauchen? In Island? Bist du sicher, dass du nicht zu einem Psychotherapeuten gehen solltest?«, fragt Jon trocken.

»Ähm. Psycho ... was?«, stottert Max.

»Ich mache Spaß!«, antwortet der Mann im weißen Kittel, während er in der Schublade seines Schreibtisches herumkramt. »Ich untersuche schon immer die Verrückten, die Tobi hierherholt, um im eiskalten Wasser zu tauchen. Für mich wäre das ja nichts, aber die Bilder sehen schon beeindruckend aus. Zieh mal dein Hemd aus, ich muss dich ein bisschen abhören.«

Jon kommt mit einem Stethoskop zu Max, legt den kalten Kopf des Geräts auf Max' Rücken und bittet ihn, tief ein- und wieder auszuatmen. Das Ganze wiederholt er danach auf der Brust. Danach macht Jon ein paar Vermerke auf einem Stück Papier und schickt Max mit einer Helferin in den Nebenraum, um Blut abzunehmen. Max hasst es, gestochen zu werden. Früher gab es dafür wenigstens einen Lutscher, als Erwachsener tut es einfach nur weh.

Nachdem er etwa zehn Minuten im Wartezimmer gesessen hat, wird Max noch einmal kurz zum Doktor gerufen: »Alles super. Du könntest ein paar Pfund abnehmen, aber sonst bist du bestens als Tauchlehrer geeignet.« »Ich war doch nicht mal auf der Waage!?«, sagt Max empört, doch der Arzt zieht nur langsam und bestimmt die linke Augenbraue in die Höhe, während er den Blick nach unten senkt. »Ja, ja ... okay!« Max nimmt den Zettel, den der Arzt ihm entgegenhält und dreht sich um. »Danke sehr!«

Wieder draußen aus dem Behandlungszimmer, zieht Max seine Jacke an und geht zur Empfangsdame. Er weiß von Tobi, dass er die Untersuchung vor Ort bar bezahlen muss. Die Frau kramt ein wenig in der Ablage herum und reicht Max ein Stück Papier. Alles darauf ist isländisch und Max versteht kein Wort. Seine Knie werden trotzdem weich, denn für eine Sache braucht er keinen Übersetzer: 40.497 ISK.

Max schaut auf die Uhr: Er war nicht einmal eine ganze Stunde vor Ort und hat eine Rechnung von über dreihundert Euro zu berappen.

Was ist diesmal schiefgelaufen?

Max hatte sich zwar informiert, dass er die Rechnung beim Arzt bar bezahlen muss, doch niemand hat ihn auf die immensen Kosten vorbereitet.

Das isländische Gesundheitssystem wird vielerorts hoch gelobt. Insbesondere Amerikaner sind begeistert von der Tatsache, dass alle Isländer vollkommen kostenfrei versorgt werden. Kostenfrei ist dabei natürlich relativ: Die Isländer zahlen, genau wie die meisten Deutschen, in eine gesetzliche Krankenversicherung ein, aus der die Ärzte bezahlt werden. Wer also isländischer Staatsbürger ist oder mehr als sechs Monate am Stück hier lebt, muss in diese Versicherung einzahlen. Dafür bekommt man eine sehr gute Rundumversorgung. Vor allem in Ballungsgebieten wie Reykjavík und Akureyri gibt es gute Krankenhäuser und ausreichend Ärzte. Auf dem Land sieht es ähnlich wie in den meisten Teilen Europas aus: Wenige Ärzte können sich hier niederlassen, und die Versorgung wird immer schwieriger.

Max aber ist kein Isländer und auch nicht länger als sechs Monate am Stück hier, entsprechend muss er die medizinische Versorgung aus eigener Tasche bezahlen. In diesem Fall knapp 350 Euro für eine Untersuchung, die weniger als dreißig Minuten dauerte. Dabei kommen zwei Faktoren zusammen: Zum einen sind alle Dienstleistungen in Island besonders teuer. Die Arbeitszeit wird aufgrund der hohen Lebenshaltungskosten gut bezahlt, und entsprechend verdienen gut ausgebildete Fachkräfte wie Ärzte, Juristen oder Dozenten besonders gut. Zum anderen musste dafür, dass Max nur so kurz auf seine Ergebnisse warten musste, einiges an Struktur in die Untersuchung gebracht werden, und dies wiederum musste Jon in einem teuren Lehrgang erlernen. Das rückt den Preis vielleicht noch mal in ein anderes Licht.

Max sollte bei einer späteren Reise noch einmal in einem isländischen Krankenhaus landen, diesmal in Akureyri. Hier wurden ihm pauschal nur dafür, überhaupt einen Arzt sprechen zu dürfen, knapp 500 Euro berechnet, zuzüglich der eigentlichen Behandlungskosten. Doch in der Zwischenzeit war Max älter und weiser geworden ...

Was können Sie besser machen?

... und hatte eine Reisekrankenversicherung abgeschlossen. Diese kostete ihn nur wenige Euro im Jahr und ersetzte die fast 1.000 Euro hohe Rechnung anstandslos. Reisekrankenversicherungen sind spottbillig und helfen im Notfall, dass aus dem Urlaub keine Tragödie wird, wenn etwas Unvorhergesehenes passiert.

Die Untersuchung für die Tauchlehrerausbildung hätte hier übrigens keine Beachtung gefunden, denn es handelt sich dabei ja nicht um einen Notfall oder eine Untersuchung, die Max nicht schon in Deutschland hätte machen können (wo man sie übrigens ebenfalls aus der eigenen Tasche bezahlt). Doch auch eine Erkältung, ein Infekt oder eine größere Wunde können es nötig machen, einen Arzt aufzusuchen, und sofort können hohe Kosten entstehen. Um sich in so einer Situation keine unnötigen Gedanken um Geld machen zu müssen, ist eine Reisekrankenversicherung manchmal Gold wert!

11 MERKWÜRDIGE MUSEEN

MAX UND DER PENIS

Max ist bester Laune: Seine Tauglichkeit zum Tauchen ist bestätigt, die ersten praktischen Tests sind für die kommenden Tage geplant, und heute ist er nur für eine einzige Tour mit wenigen Tauchern eingeteilt. Es wird also ein entspannter Arbeitstag, und er wird früh genug zu Hause sein, um am Nachmittag in die Stadt zu gehen. Am Abend trifft er sich mit Andrea, die er vor ein paar Tagen im Internet kennengelernt hat, um mit ihr ein wenig durch die Stadt zu schlendern.

Schon um zwei Uhr am Nachmittag fahren Ásgeir und Max wieder auf den Hof. Der Vormittag war wenig aufregend, fast langweilig gewesen. Die Tauchgruppe bestand aus drei Kanadiern, die alle regelmäßig im Wasser waren. Max hatte sich selten so überflüssig gefühlt und genoss ausnahmsweise einfach die Ruhe. Innerhalb von nicht einmal zwanzig Minuten entlädt und säubert er nun den kleinen Bus und bringt ihn auf den Parkplatz vorm Haus.

»Ich hau dann jetzt ab«, ruft er dem Kollegen durch die Ladentür zu und dreht sich sofort um, als er ein bestätigendes »Mhm!« vernimmt.

Er öffnet die Chat-App auf seinem Handy und sieht eine neue Nachricht von Andrea: »Huhu! Bin heute früh fertig. Wollen wir uns um vier an der Noodle Station treffen?«

Das kleine Restaurant ist Max zwar ein Begriff, jedoch ist er noch nie dort gewesen, denn es liegt ganz am Ende der Einkaufsstraße Laugavegur, auf der er relativ selten unterwegs ist. »Cool. Bin um vier da«, tippt er und schaute auf die Uhr. Genug Zeit, um in Ruhe einkaufen zu gehen und zu duschen. Er biegt kurz in Richtung Bonus ab, einem Supermarkt am alten Hafen. Es gibt vor allem zwei

Supermärkte, in denen Max üblicherweise einkauft: Kronan und Bonus. Beide sind vielleicht mit Aldi oder Rewe in Deutschland zu vergleichen und bieten relativ günstige Waren zu erschwinglichen Preisen. In Island heißt das bei den meisten Dingen, dass sie nur etwa fünfundzwanzig Prozent mehr kosten als in Deutschland. Vor allem Obst, Gemüse und dergleichen sind allerdings oft deutlich teurer. Richtig günstig sind vor allem Coca-Cola und Süßkram. Das kommt Max entgegen.

Max ernährt sich hier vornehmlich von einer sehr ausgewogenen Diät aus Toastbrot mit Salami und Käse, Fertigsuppen und Süßigkeiten. Zu Hause wäre er bei dieser Ernährung längst aus allen Nähten geplatzt, doch hier ist alles anders: Max sitzt nicht den ganzen Tag auf einem Bürostuhl, sondern rennt von morgens früh bis abends spät durch die Gegend, schleppt schwere Sachen von A nach B und räumte sie dann von B zurück nach A. Max frisst wie ein Scheunendrescher und hat in der kurzen Zeit, die er hier ist, bereits drei Kilo abgenommen. Island ist wie ein Paradies!

Mit zwei großen Einkaufstüten macht er sich auf den Weg zu seiner Wohnung. Vom Supermarkt aus sind das nicht einmal zehn Minuten, und kaum dort angekommen springt er auch schon unter die Dusche. Danach legt er sich noch eine Runde aufs Bett, um im Internet zu surfen und sich die Nachrichten anzuschauen. Die Zeit verfliegt, und bevor er sich's versieht, ist es halb vier. Von hier bis zur Noodle Station braucht man sicher nicht viel länger als die dreißig Minuten, die es bis zur vereinbarten Zeit noch sind, aber Max geht lieber gemütlich. Er springt also auf und geht schnellen Schrittes los. Immer wieder prüft er auf der Karte, ob er auf dem richtigen Weg ist. Zwischendurch schreibt Andrea, dass sie schon früher losgeht und auf ihn warten würde. Kurz bevor er vor Ort ist, schreibt Andrea, dass sie direkt am Fenster zur Straße sitzt. Als Max das Restaurant betritt, erkennt er Andrea sofort und geht zu ihr.

Die beiden umarmen sich, und Max setzt sich gegenüber von Andrea an den kleinen Holztisch. Sie unterhalten sich eine Weile, bestellen jeweils eine Nudelsuppe und tauschen Geschichten aus ihrem Alltag aus. Andrea ist für ein Jahr in Island und recherchiert für eine lokale Tageszeitung. Reykjavík und Umgebung kennt sie mittlerweile bestens, den Rest des Landes möchte sie noch erkunden, bevor sie in wenigen Wochen abreist. Max kann sich dem nur anschließen, und relativ schnell entwickeln sie die Idee, gemeinsam auf eine Rundreise entlang der Ringstraße aufzubrechen. Zusammen könnte man die Kosten für Mietwagen und Unterkünfte halbieren, und sowieso ist das Reisen zu zweit schöner als allein.

Direkt gegenüber vom Restaurant befindet sich ein kleiner Supermarkt, und Max kann immer wieder Leute davor beobachten. Irgendwann schweift sein Blick weiter nach rechts, und ihm fällt ein großer Penis ins Auge. Kurz glaubt er, nicht richtig zu sehen, und reibt sich die Augen, während Andrea von ihrer letzten Reise berichtet. Max schaut erneut nach rechts und wieder landet sein Blick auf einem großen, kerzengeraden Penis. Über einer großen Reihe von Schaufenstern ist ein Logo mit der Silhouette von Island im Hinter- und einem Penis im Vordergrund zu sehen. Stilisiert gezeichnet, aber klar und eindeutig als Penis erkennbar. Aus der Eingangstür kommen immer wieder lachende Menschen und machen abmessende Gesten mit ihren Händen.

Andrea berichtet aufgeregt von ihrer Reise entlang des Golden Circle, einer der beliebtesten Reiserouten in der Hauptstadtregion. Sie startet an Max' Arbeitsplatz, dem See Laugarvatn, wo sich die Kontinentalplatten treffen, und führt danach weiter zu einer heißen Quelle, zum Geysir Strokkur und letztendlich auch noch zum Wasserfall Gullfoss.

»An dem See gehst du tauchen, echt? Jedenfalls, normal fährt man wohl als Letztes zum Wasserfall, wir haben das aber vorgezogen und sind am Ende zum Geysir. Da konnte man wirklich die Uhr nach stellen, alle zehn Minuten hat er kochend heißes Wasser in die Luft geschleudert. Da willst du sicher nicht tauchen!«

Max schaut weiterhin aus dem Fenster auf die andere Straßenseite und antwortet abwesend: »Au ja, da mal tauchen!«

Was ist diesmal schiefgelaufen?

Max hätte sich lieber mal auf eine einzige Sache konzentriert, nämlich auf die Geschichte von Andrea. Auch wenn er den berühmten Geysir bereits selbst gesehen hat und weiß, dass dieser kochend heißes Wasser in über einhundert Meter Höhe katapultiert, wäre seine Aufmerksamkeit bei Andrea besser aufgehoben gewesen als auf dem Schild von Islands vielleicht bekanntestem Museum: das Phallologische Museum von Reykjavík. Ein Museum über Penisse.

Dieses wurde vor Jahren von dem Lehrer Sigurður Hjartarson gegründet. 2004 zog das Museum nach Húsavík, im Norden des Landes, und kehrte 2012 in die Hauptstadt zurück. Mittlerweile wird das Museum von Hjartarsons Sohn Gisli geleitet. Es umfasst eine Ausstellung von mehreren Hundert Exponaten – vom mannsgroßen Blauwalpenis bis zum wenige Millimeter kurzen Hamstergemächt sind alle Kuriositäten vertreten. Sogar die Geschlechtsteile von Elfen und Trollen sind vorhanden, in diesem Fall aber leider unsichtbar. Doch das Museum beschäftigt sich auch durchaus ernsthaft mit dem besten Teil des Mannes und trägt anatomische sowie kulturelle und künstlerische Aspekte zusammen.

Nachdem die isländische Handballmannschaft 2008 bei Olympia Silber errungen hatte, ließ man die Penisse der Teammitglieder in Silber nachbilden und stellt diese nun im Museum aus. Ob man tatsächlich Abdrücke genommen hat und wie das genau passierte, konnte der Autor bei seinen Recherchen nicht herausfinden. Seit 2011 gibt es auch ein Exemplar eines menschlichen Penis, das keine Abbildung, sondern »the real deal« ist.

Das Penismuseum in Reykjavík ist nur eines von vielen kuriosen Museen in Island. Im kleinen Ort Flateyri in den Westfjorden gibt es das Nonsense Museum, in dem es »beinahe alles« gibt. Etwas weiter südlich, ebenfalls in den Westfjorden, befindet sich das Museum für Zauberei und Hexerei (nicht zu verwechseln mit Hogwarts, das steht auf einer anderen Insel im Atlantik). In den Ostfjorden hat die Isländerin Petra Steine gesammelt und daraus ein Museum gemacht, und in Bjarnarhöfn auf der Halbinsel Snæfellsnes gibt es das Haimuseum, in dem man – unter anderem – den berühmten Gammelhai Hákarl beim Gammeln beobachten kann.

Was können Sie besser machen?

Das Penismuseum und die Tatsache, dass es sich auf der Haupteinkaufsstraße der Hauptstadt befindet, ist für viele ein Zeichen der sexuellen Aufgeschlossenheit der Isländer. Man sollte dazusagen, dass es dem Gründer durchaus einige hochgezogene Augenbrauen eingebracht hat, als er mit seiner Penissammlung in den hohen Norden zog. Doch heute ist die Ausstellung Bestandteil des kulturellen Angebots der Stadt, und selbst die Damen in der Touristeninformation werden weder rot, noch kichern sie unkontrolliert, wenn sie den Besuchern das Phallologische Museum empfehlen.

Vor allem den oft eher prüden Amerikanern fällt oft auf: Gespräche rund um das **Thema Sex** werden in Island relativ offen geführt. Homosexualität ist durch die berühmte Kiki Queer Bar in Reykjavík genauso im Alltag vertreten wie BDSM und #MeToo. Regelmäßig finden Pride Parades (CSD) und Slut Walks statt, bei denen Homosexuelle respektive Frauen für ihre Rechte einstehen. Wenn Sie zu einer Zeit in Island sind, zu der ein solches Event stattfindet, gehen Sie ruhig mal vorbei und zeigen Sie Ihre Unterstützung.

12 HARTNÄCKIGE GERÜCHTE

MAX UND DIE TRINKGELDLEGENDE

»Heute ist mein letzter Arbeitstag vorm langen Wochenende«, sagt Max auf der Fahrt in den Nationalpark zu seinem Kollegen Jammi. »Ich habe vor, ein bisschen an der Südküste entlang zu fahren und mir die Gletscherlagune anzusehen.« Jammi scheint von der Idee angetan zu sein, auf seinem großen Gesicht mit dem Vollbart zeichnet sich der Hauch eines Lächelns ab. »Klingt nach einer guten Idee. Jetzt im Frühjahr ist da unten noch nicht so viel los, und die Lagune ist voll mit großen Eisbergen und Robben. Dann müssen wir aber einen Abschiedsdrink nehmen, bevor du fährst!«

Max schaut ihn verwundert an: »Ich bin doch nur bis Montag weg?«

»Abschied ist Abschied!«, antwortet Jammi mit grimmiger Miene, die keinen Zweifel an der sarkastischen Natur seiner Aussage lässt.

Heute hat Max eine Gruppe deutscher Touristen. Das sind für ihn die schlimmsten, denn sie wissen alles besser, sind rechthaberisch und beschweren sich dauernd über irgendwas. Schon bei einer der ersten Touren hatte Max erleben müssen, wie einige aus der Gruppe sich immer wieder nach den Tauchgeräten erkundigten, nur um irgendwann rechthaberisch anzumerken, dass diese ja nicht irgendwelchen Standards entsprächen. Dass die Guides die isländischen Standards jedoch nicht nur in- und auswendig kannten, sondern auch schon seit Jahrzehnten mit genau diesen Geräten hier tauchten, schien ihnen egal zu sein. Max weiß es aber nun mal besser als seine Landsleute und mag es nicht, wenn sie das nicht einsehen. Er könnte sich den ganzen Tag über sie beschweren!

Nachdem er die junge Dame, die von ähnlicher Statur wie Max ist, also mit vereinten Kräften in einen Tauchanzug der Größe S gestopft und der ältere Herr mit dem großen Kopf die Kopfhaube der Größe M ausreichend gedehnt hat, kann es endlich zum Einstieg gehen. Wo glücklicherweise ein Kollege mit Ersatz wartet, denn das Gesicht des älteren Herren hat nach dem fünfminütigen Weg zum Einstieg dieselbe Farbe wie das Gletscherwasser angenommen.

Silfra ist ein Riss in einem der größten Lavafelder in Island und liegt am Fuß eines Vulkans. Auf diesem hat sich im Lauf der Jahre ein Gletscher gebildet, der die Quelle für das lupenreine Wasser im anliegenden See ist. Das Schmelzwasser nimmt einen jahrzehntelangen Umweg durch das Lavagestein und kommt dann in Silfra wieder zum Vorschein. Der Riss im Lavafeld befindet sich genau zwischen den Kontinentalplatten, Nordamerika auf der einen und Eurasien auf der anderen Seite. Beim Tauchen sollte man darauf achten, die Seitenwände nicht zu berühren, da hier Steine herunterfallen könnten. Und bitte nie tiefer als fünfzehn Meter tauchen und auf keinen Fall in den Taucheranzug pinkeln. In einem Nassanzug ist das nicht unüblich, beim Trockentauchen kann die Flüssigkeit jedoch nicht ablaufen, und warm bleibt sie auch nicht.

Max erklärt den Ort und den Tauchgang fünf- bis siebenmal die Woche und baut immer wechselnde, lustige Anekdoten ein. Mittlerweile verzieht er bereits keine Miene mehr, wenn er den Trockenanzug beschreibt, was die Sache für die Touristen nur noch lustiger macht.

Nach einer knappen Stunde ist der Tauchgang vorbei. Max hakt seine Flossen mit Karabinern an sein Tauchjacket, hilft den anderen Tauchern beim Ausziehen der Flossen und wirft sich zwei Gewichtsgürtel über die Schultern, damit einige Damen schneller zum Parkplatz zurücksprinten können, wo sie von den eiskalten Hauben und Handschuhen befreit werden und sich dem heißen Kakao und den Keksen widmen können.

Während die Gäste an den großen Holztischen zitternd und aufgeregt über das Erlebte sprechen, sammeln Max und Jammi die nassen Handschuhe, Hauben und Taucheranzüge zusammen. Alles wird in große Plastikkisten geräumt und im Kofferraum des kleinen Busses verstaut. Nach einer Tasse Kakao und den verbliebenen Kekskrümeln geht es zurück nach Reykjavík. Auf der Heimfahrt ist es wie so oft recht entspannt, denn nach fünf bis zehn Minuten Smalltalk werden die Gäste schlagartig müde und schlafen ein. Max ebenfalls.

In Reykjavík angekommen, wird der Bus schnell entladen, von außen sauber gemacht und vor dem Haus geparkt.

»Also dann in einer Stunde bei Coocoo's?«, fragt Jammi, während er die Tourliste ausfüllt.

»So machen wir's!«

Coocoo's Nest ist ein kleines Restaurant am alten Hafen der Stadt und nur wenige Hundert Meter vom Tauchladen entfernt. Als Max hereinkommt, ist von Jammi weit und breit nichts zu sehen. Er schaut auf seinen Tauchcomputer: Es ist exakt eine Stunde später. Sehr deutsch von ihm, so pünktlich zu sein, und sehr isländisch von dem Kollegen, ihn warten zu lassen.

Max bestellt schon mal zwei Bier, und kurz darauf trifft Jammi mit einem weiteren Kollegen ein. Es soll noch weitergehen, also werden die zwei Biere relativ schnell ausgetrunken. 1.900 Kronen soll Max bezahlen und gibt der Bedienung zwei 1.000-Kronen-Scheine. Es dauert ein wenig, doch irgendwann merkt diese, dass Max immer noch am Tresen steht, und gibt ihm eine 100-Kronen-Münze zurück.

Vom alten Hafen aus geht es in Richtung Innenstadt. Der nächste Stop ist die Microbar, eine kleine Bar im Keller eines Hotels. Hier gibt es Dutzende Biersorten, und man kann als Probierversion eine kleine Holzlatte mit mehreren Gläsern bestellen. Am Ende der Latte stellt Jammi fest, dass er sein Portemonnaie zu Hause vergessen hat: »Wird ein teurer Abend für dich, junger Mann!«, zwinkert er Max zu. Der weiß, dass er das Geld zurückbekommt, und hatte erst am Vortag Geld am Automaten geholt. 4.500 Kronen sind zu bezahlen, und Max reicht dem Kellner einen 10.000-Kronen-Schein. Dieser wartet einen Moment und schaut Max fragend an. »Ich habe es leider nicht kleiner«, sagt der und wartet auf sein Rückgeld. Der Kellner lässt sich beim Zusammensuchen Zeit, obwohl es nur ein 5.000. KronenSchein und eine 500-Kronen-Münze sind. Als Max aufsteht, um zu gehen, schauen Jammi und der andere Kollege erst Max und dann einander fragend an.

Max torkelt ein bisschen, das zu schnell getrunkene Bier im Cocoo's ist ihm doch zu Kopf gestiegen. Es geht weiter Richtung Innenstadt. Auf der Laugavegur, der bekannten Einkaufsstraße in Reykjavík, reiht sich Bar an Bar. Hier kehren die meisten Touristen ein, und es ist immer was los. Die Lebowski Bar gehört zu den beliebtesten Treffpunkten, und hier stoßen die drei auf zwei weitere Kollegen, die jeweils mit Freunden unterwegs sind. Die Runde wird größer, der Abend immer länger Alle erzählen Geschichten von der Arbeit, von der Heimat. Max berichtet von seinen Plänen fürs Wochenende und versucht verzweifelt hier und da eine Runde auszusetzen, indem er heimlich eine Cola bei der schönen Kellnerin bestellt. Jammi, der das mitbekommt, sorgt jedoch mit einem Zwinkern an die Bedienung dafür, dass die Cola im Fass bleibt.

Am Ende des Abends ist die ganze Runde gut dabei, und während Jammi und die meisten Kollegen vermutlich noch entspannt eine Decke aus Islandwolle häkeln könnten, würde es Max vermutlich schwerfallen, einen Lopapeysa, also einen dieser schönen, traditionellen Pullover aus Schafswolle anzuziehen, ohne sich dabei selbst zu verletzen.

Irgendwann ist es an der Zeit zu gehen, und die Rechnung wird bestellt. 10.480 Kronen, zu dieser Zeit gut achtzig Euro, sind zu berappen. Max hat noch die 5.500 Kronen aus der Microbar in der Hosentasche und legt noch einmal 5.000 Kronen aus seinem Portemonnaie dazu. Er bemerkt die seltsamen Blicke am Tisch nicht und gibt das Geld der Kellnerin mit den Worten: »Bitte bloß keine Ein-Kronen-Stücke zurück, ja?«

Nach einem langen Augenblick peinlicher Stille und ungläubiger Blicke nimmt einer der Kollegen die Kellnerin beiseite, flüstert ihr etwas ins Ohr und legt ihr einen Geldschein in die Hand. Danach wenden sich alle Max zu, der sie wie ein Omnibus anschaut und trocken säuselt: »Wow! Sehr unhöflich von euch. Ich wette, die Isländer finden euch sehr, sehr seltsam!«

Was ist diesmal schiefgelaufen?

Max war einem Gerücht aufgesessen, das sich in Island lange Zeit hartnäckig hielt: Es sei unhöflich, Trinkgeld zu geben.

Island ist ein sehr teures Reiseland und war vor allem in der Zeit vor der Finanzkrise im Jahr 2008 für viele Menschen nur schwer bezahlbar. Vermutlich aus dieser Zeit stammt das Gerücht, man gäbe in Island kein Trinkgeld, ja, das sei sogar unhöflich.

An dieser Behauptung ist nichts dran, und das sollte Max eigentlich aus eigener Erfahrung besser wissen: Auch wenn es in keiner Weise erwartet wird, freuen er und seine Kollegen sich immer, wenn ein Gast ihnen Trinkgeld zusteckt. Gerade in Island, wo Alkohol stark besteuert wird und entsprechend teuer ist, wird dieses nämlich nur zu gern seinem buchstäblichen Zweck zugeführt. Und da in Island heute nur noch wenige Isländer im Service arbeiten, sondern meist Zugezogene sowie Studierende aus dem Ausland, ist Trinkgeld natürlich in keiner Weise beleidigend oder ungern gesehen. Auch wenn der Mindestlohn in Island sicherstellt, dass Servicekräfte von ihrem Gehalt auch ohne Trinkgeld gut leben können, bleibt es ein Mindestlohn, und wie in den meisten anderen Ländern kommt man damit oft nicht weit.

Was können Sie besser machen?

Geben Sie Trinkgeld, egal wie viel. Üblich sind, wie in den meisten Ländern, um die zehn Prozent. Ich mache es meist so, dass ich vor allem bei teuren Angelegenheiten wie Abendessen oder in Bars bei höheren Beträgen nur fünf Prozent oder weniger gebe. Dazu sage ich dann meist etwas wie: »Wenn ich könnte, gäbe ich auch mehr, aber ich hoffe, das geht in Ordnung.« So kann man die Dankbarkeit für eine gute Dienstleistung ausdrücken, ohne das eigene Reisebudget zu sehr zu strapazieren.

Jedem hier ist bewusst, wie teuer das Land für Reisende ist, und niemand ist beleidigt, wenn das Trinkgeld dementsprechend mal nicht besonders hoch ausfällt.

Was den Mitarbeitern auch sehr hilft, ist, wenn Sie auf Bewertungsportalen wie TripAdvisor eine Bewertung abgeben und womöglich den Namen der Servicekraft erwähnen. Oft gibt es in den jeweiligen Unternehmen dann einen kleinen Bonus, oder zumindest fallen die Mitarbeiter dann positiv auf. Damit ist jedem geholfen.

Lopapeysa, das sind die wunderschönen Islandpullover, die man überall in Reykjavíks Innenstadt zum Kauf angeboten bekommt. Vorab: Einer der besten Orte, um einen solchen Pullover zu erwerben, ist wohl die Handknitting Association of Iceland, die ihr Ladengeschäft ganz in der Nähe der Hallgrímskirkja in der Skólavörðustígur 19 betreibt.

Lopapeysa werden aus einer ganz besonderen Wolle, der Lopi Wolle gestrickt und zeichnen sich durch viele praktische Eigenschaften aus: Sie sind besonders warm, bis zu einem gewissen Grad wasserabweisend, und sie nehmen Gerüche schlecht an. Dadurch kann man sie gut an der frischen Luft lüften und muss sie nicht so oft waschen. Die Pullover in der heutigen Form gibt es seit Anfang des 19. Jahrhunderts, und in den letzten Jahren erfreuen sie sich vor allem bei ökologisch orientierten Menschen großer Beliebtheit. Ein handgestrickter Lopapeysa kostet je nach Modell und Wechselkurs zwischen 150 bis 250 Euro.

13 BIS DER TOURIST EUCH SCHEIDET

MAX' VERHÄNGNISVOLLES MITTAGESSEN

Nach dem Trinkgeld-Desaster vom Vorabend macht Max sich am Morgen auf den Weg in Richtung Südosten. Den Mietwagen hat er beim Verleiher schon früh am Morgen abgeholt.

Glücklicherweise kann er den Wagen auf eine Allradvariante hochstufen, denn es liegt ordentlich Schnee, und an der Südküste pfeift der Wind oft kräftig vom Meer aufs Land, sodass er mit dem Kleinwagen, den er ursprünglich gemietet hatte, wohl nicht viel Spaß gehabt hätte. Nun ist es ein kleiner Geländewagen geworden und ein großes Versicherungspaket: Gegen Steinschlag, Sand und Asche hat Max sich versichert. Bei diesen Wetterverhältnissen sicher keine schlechte Idee, denn bei einem Schneesturm können schnell mal kleine Steinchen gegen den Wagen geschleudert werden und teure Lackschäden verursachen. Nun kann er die Reise also beruhigt antreten. Das erste Ziel ist der kleine Ort Vík an der Südküste. Auf dem Weg dorthin gibt es viele verschiedene Sehenswürdigkeiten zu bestaunen, weshalb Max auch schon so früh am Morgen unterwegs ist.

Der erste potentielle Halt für Max wäre das kleine Örtchen Hveragerði, in dessen Nähe es einen geothermal aufgeheizten Fluss gibt, in dem man selbst bei winterlichen Temperaturen baden und die Landschaft bestaunen kann. Doch die Wanderung dorthin würde zu viel Zeit in Anspruch nehmen, und so fährt Max nur eine kleine Runde durch den Ort und danach weiter entlang der Ringstraße.

Einen Ort weiter, in Selfoss, legt er einen kurzen Halt an der Tankstelle ein, um Frühstück zu kaufen. Max ist in letzter Zeit eine ausgewogene Ernährung sehr wichtig, und deshalb muss ein gesundes und nachhaltiges Frühstück her. Als er die Tankstelle mit einer Flasche Cola und einer Familienpackung Schokorosinen verlässt, ist er sicher, genug Energie für den anstehenden Trip zu haben.

Kurze Zeit später erreicht Max den ersten Stop: das brandneue Lava Centre in Hvolsvöllur. Hier kann man alles zum Thema Vulkanismus lernen, und der gesamte Aufenthalt im Museum ist ein simulierter Vulkanausbruch: Bodenplatten vibrieren, Dampf und Nebel legen sich wie Rauch in die engen Gänge, und das rote Licht aus allen Ecken und Löchern schafft eine gespenstische Stimmung. Im großen Kino gibt es Sitzsäcke, auf denen sich Max kurz niederlässt, um den Dokumentarfilm anzuschauen. Er nickt kurz nach dem Start ein und wacht auf, als die Explosion auf der Leinwand mit lautem Brummen durch die Lautsprecher tönt. Abspann.

Weiter geht es zum ersten Wasserfall auf der Reise: Seljalandsfoss ist einer der bekanntesten Wasserfälle des Landes und wird jährlich von vielen Tausend Besuchern angesteuert. Dieser Tage ist es relativ ruhig hier, denn die Hauptsaison ist noch weit weg, und die Wetterverhältnisse sind nicht gerade einladend für alle, die keine kalten Temperaturen, Wind und Schnee mögen. Max steigt aus und schaut sich den Wasserfall ein paar Minuten an, bis er bemerkt, dass ein kleiner Weg hinter das herabfallende Wasser führt. Natürlich stapft er sofort los. Hinter dem Wasserfall angekommen, bekommt er das Lächeln gar nicht mehr aus dem Gesicht. Der Anblick ist einfach unbeschreiblich schön und atemberaubend. Wenige Sekunden später ist Max patschnass: Der Wind hat für den Bruchteil einer Sekunde gedreht und das herabfallende Wasser beziehungsweise dessen Gischt in Max' Richtung geweht. Seine gesamte Kleidung, eine Jeans und ein Baumwollpullover, ist im Nu mit Wasser vollgesogen.

Glücklicherweise hat Max genug Klamotten für den Wochenendtrip dabei und kann sich in der komfortablen Geborgenheit des Kofferraums umziehen. Die Reise geht weiter in Richtung Vík mit einem kurzen Halt am Skogafoss, einem weiteren berühmten Wasserfall an der Südküste Islands. Besonders beeindruckend sind hier der Blick von der nahe liegenden Aussichtsplattform und die schiere Größe beziehungsweise Breite des Wasserfalls.

Am späten Vormittag erreicht Max den kleinen Ort Vík und fährt von der Anhöhe hinab zum Ortskern. Von hier aus will Max später den berühmten pechschwarzen Strand erkunden und die bizarren Felsformationen östlich und westlich des kleinen Ortes anschauen. Doch zuerst möchte er eine Unterkunft finden und eine Kleinigkeit essen. Ein Gästehaus mit angeschlossenem Restaurant ist schnell gefunden und die Speisekarte rasch studiert. Heute will Max jedoch nicht schon wieder Burger essen und fragt die Servicekraft, ob sie etwas empfehlen könne. Die erste Empfehlung, Lamm, sagt Max nicht zu, doch dann findet der Feinschmecker doch noch eine Option: Puffin. Puffins sind Papageitaucher, und Max erwartet einen ähnlichen Geschmack wie bei Hühnchen. Das trifft zwar nicht ganz zu, aber es schmeckt ihm trotzdem.

Nach dem leckeren Mittagessen geht Max los in Richtung Strand: beeindruckend schwarz. Die gesamte Landschaft ist von früheren Vulkanausbrüchen geprägt. Überall liegen kleine und große Gesteinsbrocken herum. Die Felsen am Wasser weisen die typischen sechseckigen Basaltformen auf, und der Sand ist von der Asche pechschwarz gefärbt.

Eine junge Frau schießt ein Foto von Max auf einer der Basaltsäulen, und Max läuft mit ihrem Mann und der kleinen Tochter noch ein paar Meter in Richtung Parkplatz. Die junge Familie kommt von den Westmännerinseln südlich von Island und ist auf dem Weg nach Osten. Max empfiehlt das Restaurant, in dem er gerade essen war, und das kleine Mädchen fragt, was es denn dort zu essen gäbe.

»Ich hatte Geflügel. Und zwar Puffin, das war superlecker!«, sagt Max, der sich leicht zu der kleinen Dame hinunterbeugt, mit strahlenden Augen und reibt sich dabei den Bauch.

Der kleine Mund klappt auf und die hellblauen Knopfaugen, die Max von unten anstarren, beginnen sich langsam, aber sicher mit Tränen zu füllen. Schnell laufen sie über, und die Tränen rollen die kleinen roten Bäckchen hinunter. Die blonden Haare wehen wild, als die Kleine sich kreischend umdreht und an das Bein ihres Vaters klammert, während sie Rotz und Wasser heult ...

Was ist diesmal schiefgelaufen?

Max hat höchstwahrscheinlich den Partner oder die Partnerin eines Papageitauchers gegessen und damit den zurückbleibenden Vogel verwitwet.

Puffins sind die kleinen, tollpatschigen Seevögel, die in Island leben und dort auch ihre Jungen bekommen. Große Kolonien gibt es zum Beispiel auf den Westmännerinseln, wo die Tiere im Frühjahr ankommen und ihre Nester bauen. Von dort kam die junge Familie, und auch wenn es zu dieser Jahreszeit noch keine Papageitaucher in der freien Wildbahn gab, konnte man damals im Naturkundemuseum von Heimaey zwei Exemplare kennenlernen, die nicht mehr ausgewildert werden konnten. Das kleine Mädchen hatte Bekanntschaft mit den beiden Vögeln gemacht und dabei viel über sie gelernt. Unter anderem, dass Puffins sich einmalig binden und dann ein Leben lang als Partner zusammenbleiben. Mehr zu den Tieren erfahren Sie im Kapitel »Vogelkinder auf Abwegen – Max geht auf Puffin-Patrouille«.

Ganz so schlimm steht es um verwitwete Puffins übrigens nicht: Diese bleiben zwar auf der Suche nach ihrem Partner eine gewisse Zeit allein. Wenn dieser sich jedoch nicht findet, verlieben sie sich neu, bauen ein neues Nest und starten eine neue Familie.

Was können Sie besser machen?

Ob man nun Puffin essen sollte oder nicht, bleibt jedem selbst überlassen. Der Bestand der Tiere war lange Zeit sehr groß und wachsend. 2015 stufte die Weltnaturschutzunion IUCN ihre Art als gefährdet ein, was vermutlich größtenteils mit dem veränderten Nahrungsnetz im Atlantik zusammenhängt. Es gibt auf jeden Fall viele Alternativen in der typisch isländischen Küche.

Sie treten sicher niemandem auf den Schlips, wenn Sie Puffin einmal probieren. Doch viele Isländer nehmen heute vom Verzehr der kleinen Tollpatsche Abstand, ebenso von Walfleisch. Da auf die etwa 350.000 in Island lebenden Menschen jährlich knapp zwei Millionen Touristen kommen, sollte man sich also schon überlegen, ob und in welcher Form man hier konsumieren möchte.

Sich mit den Papageitauchern zu beschäftigen macht jedoch in jedem Fall Sinn. Außer den Westmännerinseln gibt es noch viele weitere Orte in Island, wo man die kleinen Vögel hervorragend beobachten kann. Die Insel Grimsey ganz im Norden ist in den Sommermonaten von Puffins regelrecht besetzt. Im Osten und Nordosten finden sich viele Kolonien an der Küste, und in den Westfjorden gibt es den Látrabjarg, an dessen steilen Klippen viele verschiedene Seevögel nisten.

Apropos **Coca-Cola und Süßkram,** die Leibspeisen von Max. Wussten Sie, dass Island den höchsten Pro-Kopf-Verbrauch von Coca-Cola in der Welt hat? Dieser Fakt reiht sich nahtlos in die vielen Rekorde dieses kleinen Landes, denn wenn Isländer in einem gut sind, dann im Pro-Kopf-Vergleich.

Auch in Bezug auf Bücher sind die Isländer Rekordhalter: Pro Kopf gerechnet, lesen sie mehr als jede andere Nation auf dem Planeten. Und sie haben sogar einen Literaturnobelpreisträger: Halldór Laxness.

In Sachen Terrorismus stellt das Land einen angenehmen Negativrekord auf: Noch nie wurde in Island ein Mensch durch eine terroristische Tat getötet.

Island ist besonders weit in Sachen Gleichberechtigung der Geschlechter: Nirgendwo sonst gibt es mehr Frauen in der Regierung, und auch die erste demokratisch gewählte Präsidentin eines Landes wurde in Island gewählt.

Eine Statistik, die einem in Erinnerung ruft, dass das Ableiten von Schlüssen aus statistischen Fakten manchmal komplizierter ist, als es auf den ersten Blick scheint: Island rangiert regelmäßig auf den Top-Plätzen im Ranking der glücklichsten Nationen dieser Erde. Gleichzeitig haben die Isländer einen der höchsten Verbräuche an Antidepressiva und eine der höchsten Selbstmordraten aufgrund von Depressionen. Seinen Rang als glücklichstes Land der Welt verlor Island übrigens 2008, dem Jahr der Finanzkrise. Zufälligerweise wurde im Jahr davor der einzige Stripclub des Landes geschlossen.

Ein besonders schöner Rekord: Island ist seit mindestens zehn Jahren das friedlichste Land der Welt.

14 PONYS IN DER IDENTITÄTSKRISE

MAX BELEIDIGT ISLÄNDER

Max ist weiter unterwegs auf seiner Reise entlang der Südküste Islands nach Osten. Vorbei an den schönsten Wasserfällen des Landes und beeindruckenden Berghängen, während er zur rechten Seite immer den wilden Atlantik im Blick hat. Den isländischen Radiosender muss er schon nach kurzer Zeit durch seine Playlist ersetzen, die vom Smartphone via Bluetooth an die Musikanlage übertragen wird. Denn auch wenn er sich gerne auf Lokales einlässt - irgendwann wird es einfach zu anstrengend, einer fremden Sprache zu lauschen, die man absolut nicht versteht!

Das Wetter ist heute fantastisch, es ist milde zwölf Grad warm, und Max trägt im Auto nur noch T-Shirt. Solange die Sonne auf den Wagen scheint, ist es angenehm. Manchmal dreht Max sogar für ein paar Minuten das Fenster hinunter, um den kühlen Fahrtwind zu genießen. Dieser ist jedoch vor allem durch den nahen Atlantik mehr als frisch, und so besteht die Fahrt zu großen Teilen aus der schwierigen Entscheidung, in welchem Rhythmus er das Fenster hoch- oder wieder herunterdrehen soll.

Auf Höhe der Felsspalte Fjaðrárgljúfur, einer der beliebtesten Sehenswürdigkeiten an der Südküste, biegt Max kurz ab und hält an einer der vielen Pferdekoppeln entlang der Ringstraße. Der Landwirt ist in weiter Ferne zu erkennen und scheint Reparaturen am Zaun vorzunehmen. Max geht zu einem der Holzpfeiler, legt seine verschränkten Arme darauf ab und das Kinn obenauf. Eine Weile beobachtet er die Pferde, und sie beobachten ihn. Langsam, aber sicher scheint der Zaungast ihr Interesse zu wecken, und sie bewegen sich zögernd in seine Richtung. Bewegungslos beobachtet Max das Treiben, bis das erste Pferd, eine rotbraune Stute, zu ihm herankommt. Sie schnüffelt an seiner Mütze, dann an seiner Schulter und stubst Max dann leicht an die Stirn. Max landet fast im Graben, geht aber sofort wieder zum Zaun und streichelt der neuen Bekannten über die lange Nase, krault sie zwischen den Ohren und gibt ihr einen Klaps auf den langen, kräftigen Hals.

»Die will nur Fressi-Fressi«, brummt es von der Seite. Der Landwirt ist zwischenzeitlich bei Max angekommen, Werkzeug in der einen und eine Rolle Zaundraht in der anderen Hand. »Faxi ist die Zugänglichste von allen, aber sie will immer nur futtern!«

Max muss lachen: »Ha, ha. Das tut mir leid für dich, Faxi, ich habe leider gar kein Essen dabei für Ponys!«

Ein dumpfer Knall, dann Scheppern: Dem Bauern sind sowohl das Werkzeug als auch die Rolle mit Weidezaun auf den Boden gefallen, und er steht mit offenem Mund da. Seine Miene verzieht sich nur langsam von geschockt zu sauer, und als Max fragt, ob er helfen könne, erwidert er kühl und abweisend: »Ne, ganz sicher nicht! Und das hier ist übrigens privates Land!«

Auch ohne jegliche Menschenkenntnis würde man eine solche Ausladung verstehen, und Max begibt sich schnell und ohne Umwege zurück zu seinem Auto. So was ist ihm bisher in Island noch nicht passiert: Selbst wenn er in die größten Fettnäpfchen trat, blieben die Menschen immer sehr freundlich und zuvorkommend. Der alte Mann hat sicher nur einen schlechten Tag.

Die Fahrt geht weiter, und Max entscheidet sich am Skaftafell-Nationalpark zu halten, um sich den Wasserfall Svartifoss anzusehen. Dieser liegt mitten in den Hügeln nördlich des Besucherzentrums, wo Max seinen Wagen parkt. Nach einer knappen halben Stunde erreicht er den Wasserfall, der vor den langen Basaltsäulen im Hintergrund wie eine mit Kreide gezeichnete weiße Linie wirkt. Einige Fotos später ist Max schon wieder auf dem Rückweg zum Auto, als er bemerkt, dass sein Magen knurrt. Er entschließt sich, im Besucherzentrum einzukehren und eine Kleinigkeit zu essen.

Das kleine Restaurant ist fast vollständig besetzt. Eine große Reisegruppe strömt gerade herein, als Max noch einen kleinen Tisch am Fenster ergattern kann. Die Bedienung bringt ihm die Karte und fragt, ob er schon etwas trinken möchte. Er bestellt ein Appelsin, die isländische Variante von Fanta, und fragt, ob es ein Gericht des Tages oder eine Empfehlung gäbe. »Wir haben viele traditionelle isländische Gerichte, die Sie auf der Karte finden. Besonders empfehlen kann ich das Pferdesteak, denn das Fleisch kommt von lokalen Höfen und ist eine Spezialität unseres Kochs.«

Max denkt kurz an Faxi und erwidert: »Oh Gott, nein. Ich könnte doch niemals eines von euren süßen Ponys essen!«

Der Gesichtsausdruck der Kellnerin gleicht einem aufziehenden Gewitter, wenn das Sonnenlicht langsam verschwindet und die dunklen Wolken sich donnernd am Himmel türmen. Sie dreht sich wortlos um und verschwindet in die Küche. Als sie wiederkommt, knallt sie das Glas mit der orangenen Flüssigkeit auf den Tisch und fragt: »Und!?« Max bestellt einen Hamburger, schlingt ihn herunter und verlässt das Restaurant so schnell er kann.

Im Auto fragt er sich, was wohl heute los sei. Er schaut im Spiegel, ob er etwas zwischen den Zähnen hat, hebt die Arme und riecht kurz an seinen Achseln: alpenfrisch! Was ist denn bloß los?

Zwischen dem Nationalpark und der Gletscherlagune von Jökulsárlón, die für morgen auf seinem Programm steht, fällt Max ein Schild an einem der Höfe auf, das Übernachtungsmöglichkeiten ausweist. Er wird langsamer, biegt ab und hält vor einem großen Gehöft. An der Rezeption kann er gerade noch das letzte Zimmer ergattern. Hier treffen sich nämlich am Abend die Landwirte aus der Region zur jährlichen Zusammenkunft um über ... na ja, um über Landwirtsachen zu sprechen.

Nach einem kleinen Spaziergang durch die umliegende Gegend kehrt Max am Abend zum Hof zurück und findet den Speisesaal gut gefüllt mit vielen alten Männern und Frauen vor. Es wird viel und laut gesprochen, die Stimmung ist zwar nicht ausgelassen, aber der Abend ist ja auch noch jung. Er setzt sich an die Seite und bestellt ein Einstök, eine isländische Biersorte aus dem Norden des Landes.

Es bleibt nicht das einzige Bier an diesem Abend, und nach dem Essen kommt Max mit einer Isländerin ins Gespräch, die am Nebentisch sitzt. Sie sprechen über Musik, über ihre Hobbys und irgendwann auch über ihren Alltag. Max berichtet von seinen Tauchabenteuern und wie er regelmäßig Menschen vor dem Ertrinken rettet. Anna erzählt, dass sie in einem Gästehaus arbeitet und regelmäßig Reitausflüge mit den Besuchern unternimmt. Der Hof ihres Vaters läge zwar näher bei Reykjavík, doch das Gästehaus mit den Reitpferden nur wenige Kilometer östlich von hier.

Während sie erzählt, nimmt ein alter Bekannter von Max sein Glas in die Hand und steht auf: der Landwirt vom Vormittag! Er scheint etwas sagen zu wollen, und außer Anna und Max verstummen alle anderen Personen im Raum. Kurz bevor der Mann mit seiner Rede beginnt, kann Max noch anmerken: »Oh, wie schön. Vielleicht kann ich ja morgen noch eine Runde auf einem der Ponys drehen!«

Was ist diesmal schiefgelaufen?

Islandpferde, mit der Betonung auf Pferde, sind eine besondere Rasse und werden nicht nur von den Isländern heiß und innig geliebt. Die Tiere sind nicht besonders groß, doch dafür sehr kräftig und robust. Während Pferde in anderen kalten Teilen der Welt den Winter oft in Ställen verbringen, bleiben Isländer (die Pferde) meist ganzjährig auf der Weide. Sie entwickeln in dieser Zeit ein besonders dichtes Winterfell.

Die Unterscheidung zwischen Pony und Pferd ist eine komplizierte Angelegenheit. In jedem Fall aber bevorzugen die Isländer es, ihre Pferde als solche zu bezeichnen. Im Isländischen gibt es auch gar kein Wort für Pony. Rein biologisch handelt es sich bei den Tieren jedoch aufgrund ihrer Herkunft und Größe eindeutig um Ponys. In Deutschland gibt es noch die Bezeichnung Kleinpferd, doch diese ist eher optional. Dieses ganze Kleingedruckte hält die Isländer jedoch nicht davon ab, auf der Bezeichnung als Islandpferd zu bestehen und beleidigt auf die Bezeichnung als Pony zu reagieren!

Man ist hier dermaßen stolz auf die Islandpferde, dass es auf der ganzen Insel viele Farmen und Höfe gibt, die sich auf die Zucht der Tiere spezialisiert haben. Überall im Land kann man Islandpferde sehen, oft direkt neben der Straße, und viele Besucher halten kurz an, um ein Foto mit den Tieren zu machen, sie zu streicheln und zu füttern.

Dabei gibt es gleich drei potentielle Probleme: Zum einen halten die Fahrer oft mitten auf der Straße und gefährden so den Verkehr. Zum anderen ist das Streicheln der Tiere natürlich lieb gemeint, doch je nachdem wie diese gerade erzogen werden, kann der Kontakt zu fremden Menschen es dem Besitzer erschweren, die gewünschten Ziele bei der Erziehung zu erreichen. Und zu guter Letzt ist ungesunde Nahrung niemals förderlich für ein Tier. Auch wenn die laufenden Wollknäuel vom Keks bis zum Zuckerwürfel alles gern annehmen, heißt das nicht, dass sie das auch fressen sollten.

Islandpferde, die einmal das Land verlassen haben, dürfen zum Schutz der Pferdepopulation in Island übrigens nicht mehr auf die Insel zurückkehren. Selbst Reitgeräte wie Sättel, Stiefel und Steigeisen dürfen nicht einfach nach Island mitgebracht werden, sondern ihre Einfuhr unterliegt strengen Richtlinien. Das alles dient dem Schutz der Tiere, und die Regeln sollten daher beachtet werden.

Was können Sie besser machen?

Es ist ratsam, das Wort Pony bei der Einreise nach Island aus dem Wortschatz zu streichen. Auch wenn Isländer meist sehr freundlich reagieren und die meisten wissen, dass diese Bezeichnung keine böse Intention impliziert, gibt es doch immer wieder Menschen, denen sie negativ aufstößt. Besonders Züchter und Pferdeexperten wissen es zu schätzen, wenn man sich ein wenig mit den Tieren beschäftigt hat und einen gewissen Respekt vor der Rasse mitbringt.

Vielleicht noch wichtiger ist jedoch der Respekt vor den Tieren selbst, und dazu gehört es auch, sich hier und da etwas zurückzunehmen. Auch wenn die Tiere am Straßenrand stehen und scheinbar nur auf Besucher warten, die sie streicheln und ihnen Leckereien servieren, ist das kein Grund, diesem Drang nachzugeben. Es gibt einige Weiden, die extra für Touristen mit Futterautomaten ausgestattet sind und auf denen die Landwirte oder Züchter nur die Pferde halten, die bereits eingeritten und charakterlich gefestigt sind. Dort gibt es meist auch Parkbuchten, und entsprechend kann man sich hier mit den Tieren beschäftigen, ohne damit ungewollt Schaden anzurichten.

Zugleich schützen Sie sich so vor eigenem Schaden. Denn Islandpferde sind für ihre Vorliebe für Motorhauben bekannt. Das hat weniger mit der Wärme zu tun, die diese abgeben, als vielmehr mit dem leckeren Salz, das sich auf ihnen absetzt. Steht ein Auto nah genug an der Weide, riechen sie die Leckerei, und während sie anfangs nur an der Haube lecken, benutzen sie später gern auch ihre Zähne in der Hoffnung, mehr Salz abschaben zu können.

Viele Touristen können diese Geschichte erzählen, und sie fängt meist lustig an und endet mit einer hohen Rechnung: Gegen diese Art von Beschädigung sind Mietwagen in Island so gut wie nicht zu versichern.

15 DAS DROHNEN-DEBAKEL

MAX HEBT AB

Max wird vom Wiehern der Pferde und der langsam aufgehenden Sonne aufgeweckt. Es muss schon relativ spät am Vormittag sein, denn in den Wintermonaten geht die Sonne selbst an der Südküste relativ spät auf.

Nicht gut, denn Max wollte eigentlich früh los und einer der Ersten an der Gletscherlagune Jökulsárlón sein. Diese ist eine der beliebtesten Sehenswürdigkeiten im ganzen Land und befindet sich etwa eine Autostunde von dem Hof entfernt, von dem aus er gerade die ersten Sonnenstrahlen an den Berghängen sehen kann. Es ist ein wenig neblig, und die Sonne wirft gespenstische Schatten auf die grauen Felsen.

Nach einem ausgiebigen Frühstück, das aus Rührei, Toast und Müsli besteht, macht er sich auf den Weg zur Lagune. Weit und breit sind noch keine Touristenbusse zu sehen – vielleicht hat er ja Glück und ist trotz allem einer der Ersten vor Ort. Das würde ihm gut passen, denn er hat im Kofferraum die Drohne eines Freundes, mit der er heute ein paar schöne Aufnahmen von der Landschaft, dem See und den Eisbergen am Strand machen möchte.

Nach knapp einer Stunde erreicht Max die erste und kleinere Gletscherlagune Fjallsárlón. Er fährt jedoch direkt weiter, denn es gibt keine Zeit zu verlieren. Als er am großen Parkplatz vor der Gletscherlagune ankommt, macht sich erst mal Ernüchterung breit: Es stehen bereits einige Autos und Busse auf dem Parkplatz, und eine Menschentraube drängelt sich um das kleine Häuschen, an dem die Tickets für Bootstouren verkauft werden.

Max nimmt den Koffer mit dem kleinen Fluggerät aus dem Auto und stapft in Richtung See. Er will erst mal die Aufnahmen machen und dann vielleicht eine kleine Bootstour. Aber vom Boot aus kann man die Drohne sicher nicht gut steuern, also ist sein Plan, dies von der Seite des Sees zu tun. Er sucht sich an der Ostseite ein ruhiges Plätzchen auf einem der kleinen Hügel, von dem aus er die Lagune überblicken kann und die Drohne jederzeit im Blick hat.

Auch wenn er kein Profi ist, in einigen Flugstunden hat Max sich gut an das Gerät gewöhnt und fühlt sich sehr sicher im Umgang mit der fliegenden Kamera. Heute herrscht wenig Wind, beste Voraussetzungen also. Er baut das Gerät zusammen, steckt sein Smartphone in die Fernbedienung, versichert sich mehrmals, dass alles bombenfest sitzt, und startet die Drohne.

Zuerst fliegt er den Rand der Lagune ab – erst relativ niedrig und dann immer höher. Die Drohne bewegt sich in Richtung Mitte des Sees und von dort aus kurz zur Gletscherzunge und zurück. Nach einigen Runden sinkt die Batterie in den roten Bereich, und Max steuert das Gerät zurück zu sich. Die bisherigen Aufnahmen sind atemberaubend: das Blau des Eises, die schiere Größe des Sees und hier und da eine kleine Robbe, die ihre Nase aus dem Wasser steckt. Max ist total überwältigt und genießt den Ort für ein paar Minuten in aller Ruhe.

Dann wechselt er die Batterie und startet die Drohne erneut. Zwischenzeitlich hat das erste Boot seine Passagiere an Bord genommen und die kurze Reise hinaus aufs Wasser gestartet. Die Wasserfahrzeuge steuern bei ihrer Tour die kleinen und großen Eisberge an, die im See treiben. Danach fahren sie kurz am Rand der Gletscherzunge vorbei, von wo aus man eindrucksvoll erkennen kann, wie groß die Eiszunge ist, die hier vom Gletscher ins Land hineinragt.

Max steuert die Drohne in die Mitte des Sees und wartet auf das kleine Schiff. Als dieses in seinen Sichtbereich kommt, lässt er die Drohne langsam, aber sicher in Richtung Erde absinken. Das Schiff wird größer und größer, die Menschen sind immer besser erkennbar, und irgendwann kann Max sogar Gesten und Gesichter erkennen: Mittelfinger und Mienen wie drei Tage Regenwetter!

Was ist diesmal schiefgelaufen?

Max hatte eine relativ gute Planung für sein Drohnenabenteuer: Früh vor Ort sein, wenn noch keine anderen Menschen an der Gletscherlagune sind. Denn es ist in Island nicht erlaubt, Drohnen über Menschen zu bewegen. Egal ob mitten in Reykjavík oder irgendwo auf dem platten Land – sobald Menschen in der Nähe sind, hat die Drohne Flugverbot. Das Risiko, dass diese abstürzt, ist bei den windigen Wetterverhältnissen einfach zu hoch, und auch wenn es in einem Moment komplett windstill ist, kann sich das sekundenschnell ändern.

Außerdem fühlen sich viele Menschen einfach genervt von dem permanenten lauten Summen der Rotoren und der Tatsache, dass sie ungefragt auf Videoaufnahmen erscheinen, die vielleicht später im Internet veröffentlicht werden. Besonders in dem Moment, als Max die Drohne absenkte und die Menschen auf dem Boot das Gerät immer lauter über sich hörten und ihre Gesichter auf den Aufnahmen erkennbar wurden, hat Max sich also wirklich keine Freunde gemacht.

Zudem gibt es generelle und auch spezielle Verbote beim Umgang mit Drohnen. Grundsätzlich darf eine Drohne in Island nicht in Nationalparks bewegt werden. Die Gletscherlagune Jökulsárlón liegt zwar nicht im angrenzenden Skaftafell-Nationalpark, doch der Besitzer des Landes (mittlerweile der Staat Island) hat sich entschieden, auf dem Land ein spezielles Drohnenverbot auszusprechen. Wer nicht blinden Auges durch die Gegend am Gletschersee läuft, wird die Verbotsschilder mit durchgestrichenen Drohnen sehen, was so viel heißt wie: Die Drohne bitte im Koffer lassen.

Die Isländer haben ein gespaltenes Verhältnis zu den kleinen Fluggeräten, und während sie sich natürlich über die tollen Aufnahmen freuen, ist ihnen die schiere Anzahl der Brummer irgendwann einfach zu viel. Daneben haben auch zahlreiche Unfälle zu den oben genannten Regulierungen geführt. Im Interesse aller, der Isländer und der Besucher, sollte man sich daran halten.

Was können Sie besser machen?

Wenn Sie mit einer Drohne nach Island kommen, informieren Sie sich vorher gut aus aktuellen und offiziellen Quellen. Die Regularien ändern sich vermutlich immer wieder, und auch an Orten, an denen das Fliegen heute erlaubt ist, gilt vielleicht in naher Zukunft ein Flugverbot.

Lieber sollten Sie die Drohne einmal zu viel im Koffer lassen als einmal zu wenig. Es drohen nicht nur hohe Strafen, sondern auch der Unmut der Einheimischen und Mitreisender.

Es gibt in Island jedoch auch viele Gebiete, in denen das Fliegen von Drohnen generell keinerlei Problem darstellt. Dazu gehören vor allem Gegenden, die weniger dicht besiedelt sind und außerhalb von Nationalparks liegen, wie zum Beispiel große Teile des Ostens und des Nordens von Island.

16 SKYR IST KEIN JOGHURT

MAX UND DIE MILCHPRODUKTE

Am letzten Tag seiner Reise entlang der Südküste wacht Max in einem kleinen Hotel nahe der Gletscherlagune Jökulsárlón auf und erfreut sich an der bereits aufgegangenen Sonne. Auch wenn das heißt, dass er schon wieder viel zu lange geschlafen haben muss.

Heute soll es zurück nach Reykjavík gehen. Eine relativ lange Fahrt, die ihm bevorsteht, denn von hier braucht man schon bei besten Verhältnissen gute vier Stunden reine Fahrzeit, doch bei dem Schneetreiben vor der Tür muss er heute wohl besser noch die eine oder andere Stunde hinzuaddieren. Aber erst mal: Kaffee!

Nach der Dusche sammelt Max seine Siebensachen zusammen und legt sie fein säuberlich und ordentlich auf das Bett. Dann schiebt er alles mit einer ausladenden Geste in den kleinen Trolley, zieht den Reißverschluss zu und schnappt sich die Zimmerschlüssel. Unten verstaut Max sein Gepäck im Auto und schlendert zurück in den Restaurantbereich, um zu frühstücken. Alles ist da: Kaffee, Rührei, Bacon, Müsli. Als Max fertig ist, gleicht der Tisch einem Schlachtfeld nach einer Schießerei zweier verfeindeter Krümelmonster-Gangs. Als die Bedienung vorbeikommt und Max aus großen, erstaunten Augen anschaut, fragt er, ob noch Joghurt da sei, denn die letzte Portion hat ihm die Dame am Nebenplatz weggeschnappt. »Nein, Joghurt haben wir nicht«, antwortet die junge Frau und fängt an, Max' Schlachtfeld abzuräumen.

An der Rezeption fragt der Hotelmitarbeiter, ob alles in Ordnung gewesen sei, und gerade als Max antworten will, sieht er aus dem Augenwinkel, wie die junge Dame mehrere Schälchen mit Joghurt in die Auslage am Buffet stellt. Er sagt trotzdem, alles sei super gewesen, und fragt sich, was da wohl schiefgelaufen ist.

Die Fahrt verläuft ereignislos bis auf einige Windböen, die den Wagen bedrohlich nahe an die Leitplanke schieben. Die Südküste ist bekannt für vereiste Straßen und starke Winde, deshalb hat Max am Vorabend und kurz vor Abfahrt noch einmal die Wetterlage geprüft. Außerdem hatte er sich schon beim Anmieten des Autos vergewissert, dass gute Winterreifen mit Spikes (auf englisch: studded tyres) aufgezogen waren.

Dieses Mal macht er Halt an den heißen Quellen von Reykjadalur. Übersetzt heißt das rauchendes Tal, und diesem Namen macht die Gegend über Hveragerði alle Ehre: An allen Ecken raucht und dampft es. Überall steigt schwefeliger Geruch in die Nase, und die Landschaft ist so atemberaubend wie unwirklich. Ein großer Berg ragt hinter dem kleinen Örtchen empor. Vom Parkplatz aus führt ein schmaler Pfad schlangenlinienförmig nach oben. Nach guten zwei Stunden, die er durch den Schnee wandert, erreicht Max die Hochebene und kann den leicht dampfenden Fluss erkennen. Inzwischen hat man hier Holzwege und Umkleidekabinen errichtet, doch als Max dort ist, gibt es einfach nur eine Wiese. Mit Schnee darauf. Glücklicherweise trägt Max einen Rucksack mit Regencover auf dem Rücken. Er benutzt das Regencover als Schutz vor dem Schnee und legt seine Klamotten und das Handtuch darauf ab. Wie eine Ballerina tänzelt Max dann barfuß durch den tiefen Schnee zum Wasser und lässt sich darin nieder. Es ist warm, aber nicht heiß und gerade ausreichend tief, um flach darin zu liegen. Manchmal kommt ein Schwall heißen oder kalten Wassers und lässt Max kreischend aufspringen, denn der Fluss selbst ist eigentlich nur wenige Grad kühl, das zufließende Wasser aus den heißen Quellen jedoch fast kochend heiß. Wieder angezogen und im Auto, fährt Max zu einem kleinen Café in der Mitte des Ortes, um sich für den restlichen Rückweg zu stärken. Er studiert die Karte und schaut sich danach die Kuchentheke an. Eine Quarktorte erweckt sein Interesse, und er setzt sich wieder an den Tisch, um auf die Bedienung zu warten. Es ist geschäftig in dem kleinen Betrieb, und nachdem einige Kunden direkt an der Theke bestellt und ihren Kuchen mit nach Hause genommen haben, kann Max endlich bestellen. »Quarktorte haben wir nicht«, antwortet die ältere Frau, und als Max auf die Torte zeigen will, ist sie in der gläsernen Theke nicht mehr zu sehen. Er bestellt stattdessen einen Apfelkuchen und lässt es sich schmecken. Beim Verlassen des Cafés sieht Max, dass die Quarktorte nur ein Stück nach hinten gerutscht war, weil jemand wohl ein Stück davon gekauft hatte. Über die Hälfte der Torte ist allerdings noch vorhanden. Seltsam.

Zurück in Reykjavík nutzt Max den Mietwagen noch zu einem letzten Einkauf im Supermarkt Bonus und kauft eine Wochenration von allem: Käse, Brot, Obst, Joghurt, Tütensuppe und Schokorosinen. Vor allem Schokorosinen. Die ausgewogene Küche würde seine Mutter stolz machen, denkt er sich mit einem Grinsen auf dem Gesicht.

An der Kasse kommt es kurz zu Verwirrung, denn die alte Dame vor Max kann ihre Sachen nicht so schnell in ihre Tüten packen, wie der Kassierer die Waren von Max bereits in ihre Richtung schiebt. Als Max sieht, wie sie einen seiner Joghurtbecher fälschlicherweise in ihre Tasche steckt, macht er sie darauf aufmerksam: »Der Joghurt ist von mir.«

Die alte Dame schiebt den Becher zur Seite, lässt ihn aber in der Tüte und kramt weiter darin herum.

»Nein, der Joghurt den Sie als Letztes eingepackt haben, den meine ich«, sagt Max, und das Gesicht der alten Frau verzieht sich zu einem breiten, faltigen Grinsen.

»Skyr!«, sagt sie mit Nachdruck und reicht Max den Becher, während sie in Zeitlupe ihre Taschen vom Band nimmt und durch die große Glasschiebetür des Supermarktes in die Kälte verschwindet.

Was ist diesmal schiefgelaufen?

Max ist dem weit verbreiteten Irrglauben aufgesessen, dass der vielen bekannte und in Island überall erhältliche Skyr ein Quark oder Joghurt ist. Ist er aber nicht, und manche nehmen es da sehr genau: Skyr ist eigentlich ein Käse.

Besonders in Hveragerði, das neben Selfoss liegt, muss man damit rechnen, dass die Menschen besonderen Wert auf die richtige Bezeichnung legen, denn hier wird ein Großteil des leckeren Milchprodukts hergestellt.

Im Vergleich zu Joghurt und Quark hat Skyr einen sehr geringen Anteil an Fett, weit weniger als ein Prozent, und dafür einen sehr hohen Proteinanteil von weit über zehn Prozent. Das macht ihn nicht nur sehr gesund, sondern auch sehr sättigend. Heute ist die Nachspeise vor allem bei Sportlern beliebt und wird auch außerhalb von Island hergestellt und verkauft.

Die meisten Isländer nehmen es übrigens nicht so genau und verstehen, worauf man hinauswill, wenn man von Joghurt oder Quark spricht. Doch einen Unterschied gibt es definitiv, und tatsächlich kann man im Supermarkt im Kühlregal daneben auch Joghurt finden - oft als Trinkjoghurt, aber auch in klassischer Form.

Was können Sie besser machen?

Es macht immer etwas her, wenn man Besonderheiten in irgendeiner Weise würdigt, und entsprechend freuen sich die Isländer, wenn man von Skyr als Skyr spricht und nicht einfach Joghurt oder Quark sagt. Es zeigt einfach, dass man sich ein wenig mit dem Land auseinandergesetzt hat und sich für Details interessiert.

Kein Isländer ist Ihnen böse, wenn Sie das nicht tun, und Max hätte auch einfach mit einem Deuten auf die Leckerei ausdrücken können, was er meinte. Gott sei Dank ist er auch so nicht verhungert!

17 VERTRAUENS-VOLLES PARKEN

MAX LÄSST DEN SCHLÜSSEL STECKEN

Heute ist ein besonderer Tag, denn es geht es auf eine private Tour. Darunter versteht man die privat gebuchten Tauchtouren, an denen nur wenige Gäste teilnehmen, die noch dazu meist sehr erfahren sind und entsprechend wenig Händchenhalten benötigen. Diese Touren führen meist nicht zu den touristischen Tauchspots, sondern zu denen, die etwas verborgener liegen. Außerdem gibt es oft grundsolides Trinkgeld, was bei den Bierpreisen in Island bitter nötig ist!

Normalerweise sind bei den privaten Touren eher die erfahrenen Guides unterwegs, doch Max hat Glück und kann für einen Kollegen einspringen. Er freut sich wie ein kleines Kind auf die anstehenden Tauchgänge.

Das Equipment ist schnell zusammengesucht und im Transporter verstaut. Nur Flaschen, Gewichte, zwei Anzüge und ein bisschen Kleinkram, denn die Gäste auf diesen Touren bringen meist ihr eigenes Equipment mit. Und im Tauchsport gilt die Regel: »Fass meinen Kram nicht an!«, sodass die Guides die Sachen weder zusammenpacken noch sauber machen müssen. Heute ist also Weihnachten und Geburtstag an einem Tag!

David, der Guide, der die Tour anleitet, hat sich für heute einen besonderen Spot ausgesucht, und durch das aktuelle Wetter wird dieser sogar noch eine Portion interessanter. Direkt neben der Felsspalte Silfra, deren glasklares Wasser in den nahe gelegenen Þingvallavatn-See fließt, befindet sich eine weitere Felsspalte. Eigentlich ist diese im Winter meist nicht betauchbar, denn wenn der See einmal zugefroren ist, taut er üblicherweise bis zum Frühjahr nicht mehr auf. In den letzten Tagen waren die Temperaturen jedoch relativ hoch, und deshalb hat David eine Erkundungstour geplant. Ganz im Sinne von Max, der heute in abenteuerlicher Stimmung ist.

Die Gäste wohnen nicht weit voneinander im Stadtzentrum und sind schnell eingesammelt. Danach geht es die gewohnte Route entlang in Richtung Nationalpark, und erst am Ende der fast einstündigen Fahrt wird durch das Abbiegen nach links statt nach rechts klar, dass heute ein besonderer Tauchgang geplant ist. Nach wenigen Hundert Metern stoppt David, der mit dem trockensten Humor, den man nur haben kann, gesegnet ist, und bittet Max, die Machete aus dem Handschuhfach mitzunehmen.

Kurz darauf findet sich Max mitten im Dickicht wieder und wünschte, er hätte tatsächlich eine Machete dabei, um sich den Weg zu bahnen. Über Stock und Stein und über vor Hunderten von Jahren erkaltete Lava bahnen sich die sechs Expeditionsteilnehmer ihren Weg in Richtung Wasser, und jeder Einzelne fragt sich, wie man das mit Tauchequipment bewältigen soll. David dreht sich irgendwann um und sagt: »Keine Sorge. Ich habe ein Kartenspiel dabei, und Max kann locker zwei Taschen auf einmal tragen!« Alle lachen, nur Max ist sich noch nicht sicher ...

Einmal am Tauchspot angekommen wird schnell klar: Das wird ein Tauchgang, den man im Logbuch festhalten sollte. Der See ist immer noch komplett zugefroren, doch an den Rändern und in der Felsspalte ist das Eis weit zurückgegangen. So kann man sicher in den See einsteigen und in der Spalte und am Rand des Eises entlang tauchen. Alle Teilnehmer sind sehr erfahren, und keiner fühlt sich unfähig, in diesem Setting zu tauchen. Eine Daumen-hoch-Geste ist das Startsignal.

Zurück am Auto fällt Max ein Stein vom Herzen: Er muss das Equipment der Gäste nicht zum Einstieg tragen. Alle wollen und können dies selber tun. Guides und Gäste schlüpfen in ihre Taucheranzüge, schließen die Atemregler an und werfen sich die Tauchwesten auf den Rücken. So sehen die Gestalten alle ein bisschen wie Raumfahrer aus, und deshalb ist dies der beste Zeitpunkt für ein Gruppenfoto.

Alles, was nicht im Wasser gebraucht wird, findet einen Platz im Bus, den David daraufhin mit einem Druck auf die Fernbedienung verschließt. Dann klemmt er den Schlüssel mit der daran befestigten Kreditkarte zum Tanken unter den Scheibenwischer. »Los geht's!«, ruft David.

»Willst du den Schlüssel einfach dalassen?«, fragt Max verwundert.

»Na klar, wo denn sonst? Ich kann ihn ja nicht mitnehmen, denn wenn mir etwas passiert, kommt ihr nicht mehr ans Auto zum Sauerstoff beziehungsweise an eure Telefone und so weiter.«

»Schon klar. Aber du kannst den Schlüssel und die Kreditkarte doch nicht einfach so außen am Auto lassen?«

»Wieso nicht?«

»Was ist denn, wenn jemand hier vorbeikommt?«

»Na, für den Fall ist das doch super!«

»Wie bitte?«

»Na, wenn einer kommt und das Auto im Weg steht, kann er den Wagen schnell ein Stück wegfahren!« Damit dreht David sich um und stapft den anderen hinterher, die schon im Dickicht verschwunden sind.

Was ist diesmal schiefgelaufen?

Schiefgelaufen ist glücklicherweise nichts. Der Tauchgang war ein voller Erfolg, und das Auto stand danach noch unberührt an Ort und Stelle. Was Max nicht gewohnt war: In Island haben die Menschen weitaus weniger Angst vor Kriminalität als in den meisten anderen Teilen der Welt.

Die Kriminalitätsraten hier sind verschwindend niedrig, und das Vertrauen in die Mitmenschen, seien es Nachbarn oder Fremde, ist wesentlich größer, als wir das beispielsweise aus Deutschland kennen. In den ländlichen Gebieten ist es durchaus üblich, Häuser über Wochen oder sogar Monate unabgeschlossen leer stehen zu lassen. Wer in Urlaub fährt, bittet vielleicht den Nachbarn, hier und da einmal vorbeizuschauen, aber eher aus Höflichkeit dem Nachbarn gegenüber als aus Furcht vor Dieben.

Der Spruch, dass jemand den Wagen wegfahren könne, wenn er im Weg stehe, muss allerdings Davids Humor zugeordnet werden: Selbst einem Isländer würde das einen Schritt zu weit gehen, und gleichzeitig würde kein Isländer so respektlos mit dem Eigentum anderer umgehen.

Das alles hat sich in den letzten Jahren vor allem in der Hauptstadtregion ein wenig verändert: Durch die vielen Besucher und Fremden sieht man immer häufiger Alarmanlagen an Häusern und Geschäften. Auch wenn die Kriminalität in Island gering ist, gibt es durchaus immer wieder Fälle für die Polizei und sogar Gefängnisse im Land (siehe das Kapitel »Schuhe aus! – Max geht in den Knast«).

Was können Sie besser machen?

Mit Vertrauen sollte man respektvoll umgehen: Sollten Sie beispielsweise auf dem Land unterwegs sein und irgendwo einkehren oder etwas fragen wollen, gehen Sie nicht einfach in ein Haus hinein, selbst wenn alle Türen und Fenster offen stehen.

In der Hauptstadtregion, im Süden und im Westen werden Sie nicht oft in diese Situation kommen. In den entlegenen Fjorden im Nordwesten und im Osten ist es schon wahrscheinlicher, auch mal ein unabgeschlossenes Fahrzeug am Wegesrand zu sehen oder vermeintlich herrenlose Dinge wie Werkzeug. In den meisten Fällen ist es eine gute Idee, alles an seinem Platz zu lassen.

18 UNTERWASSER-KÜCHE

MAX KOCHT EIER IM ATLANTIK

Es ist ein relativ milder Wintertag, die Temperaturen bewegen sich knapp über null Grad, und Max ist im Norden des Landes unterwegs, um noch ein kleines Abenteuer auf seiner Bucket List abzuhaken. Schon seit seinen ersten Tagen in Island wollte er unbedingt zum Tauchen hierherkommen, denn die Kollegen in Reykjavík haben ihm von Anfang an den Mund wässrig gemacht, dass hier bei Akureyri der einzige Ort ist, an dem man in einem Fjord zu hydrothermalen Quellen unter Wasser tauchen kann. Max hat sich also ein günstiges Hotel in der Nähe der Stadt ausgesucht und dabei gleich einen Volltreffer gelandet: Das Hotel befindet sich exakt auf der Höhe des Tauchcenters. Nur leider auf der anderen Seite des Fjords. Schlimm ist das eigentlich nicht, denn von hier aus hat er gute Verbindungen und kurze Wege zu den anderen Sehenswürdigkeiten wie zum Beispiel dem Godafoss, einem der schönsten Wasserfälle des Landes. Oder zu Grotagja, einer der schönsten heißen Quellen mitten in einem großen Riss in einem Lavafeld. Auch die große Schlucht Asbyrgi und der riesige Wasserfall Dettifoss sind von hier aus einfacher zu erreichen.

Am Morgen des Tauchgangs ist jedoch klar: Wenn man schon früh aufstehen muss, dann ist es einfach nicht hilfreich, noch mal über eine halbe Stunde Fahrt draufrechnen zu müssen. Glücklicherweise ist Max ja an das frühe Aufstehen gewohnt, und so ist es weniger dramatisch als befürchtet. Es gibt sogar schon Frühstück im Hotel, und Max setzt sich an einen der kleineren Tische, direkt gegenüber der Fensterfront. Genüsslich kaut er auf seinem Toastbrot herum, während sein Blick in Richtung Meer und im Raum herumschweift.

Nach dem Frühstück sucht Max seine Sachen zusammen und macht sich auf den Weg zum Auto. Er muss eine kurze Strecke nach Süden bis Akureyri fahren und von dort wieder nach Norden in den kleinen Ort Hjalteyri. Hier betreibt der Isländer Erlendur Bogassson das Tauchcenter Strytan, das nach den Schloten am Meeresboden benannt ist, die er dort entdeckt hat. Seitdem hat Erlendur es sich zur Aufgabe gemacht, diese zu erforschen und auch zu schützen.

Erlendur ist ein großer, kräftiger Mann mit breiten Schultern und einem Gesicht wie ein Teddybär. Seine Miene ist im Normalfall eher neutral, vielleicht sogar ein wenig mürrisch, doch wenn er Menschen sieht, breitet sich ein ebenso faltiges wie liebenswertes Lächeln auf seinem Gesicht aus. An seinen Händen kann man Erlendur ansehen, dass er keinen Schreibtischjob hat, und an der Art, wie das Tauchcenter eingerichtet ist, erkennt man, dass er sich nichts aus Äußerlichkeiten macht.

Nach einem kräftigen Händedruck und dem Ausrichten von Grüßen aus dem Süden gibt es eine kleine Tour durch den Tauchladen, der sowohl Hostel als auch Museum ist. Im Erdgeschoss befinden sich die Taucheranzüge, Flossen, Gasflaschen und sonstiges Equipment. Im ersten Stock des Hauses sind derzeit Studenten untergebracht, die in Kooperation mit der lokalen Universität von Akureyri und den verschiedenen Walbeobachtungsunternehmen der Gegend an ihren Abschlussarbeiten werkeln. Max muss vorsichtig über die am Boden verteilten Schaumstoffmatratzen und Schlafsäcke steigen, um zu den einzelnen Exponaten zu gelangen, während Erlendur ihm stolz alles erklärt.

Von Muscheln über Walknochen bis hin zu prähistorischen Artefakten wie Messern und Pfeilspitzen hat der Isländer hier eine wirklich beeindruckende Sammlung zusammengestellt. Infotafeln erklären die hydrothermalen Schlote und alles, was Erlendur und die Wissenschaftler der Region über diese in Erfahrung bringen konnten. Das Wasser, das aus den Schloten strömt, ist beispielsweise über tausend Jahre alt und variiert in der Temperatur zwischen 70 und 100 °C. Gefährlich ist es nur bedingt, weil es sich blitzschnell mit dem eiskalten Meereswasser vermischt und sofort abkühlt.

Max kann es kaum erwarten und drängt, den Tauchgang zu starten. Im Keller werden also die Atemregler angeschraubt, die Kameras fertig gemacht, das Equipment wird gecheckt und alles auf das nahe liegende Boot geladen. Eine kurze Fahrt zum Tauchplatz von etwa zehn Minuten übersteht Max, ohne sich übergeben zu müssen, und ist ein bisschen stolz auf sich. Das Boot wird an einer Boje festgemacht, und Erlendur steigt zuerst ins kalte Wasser. Max übergibt ihm die riesige Kamera und will danach selbst hinabsteigen, als der Mann im Wasser ihm zuruft: »Die Eier!«

Max ist verwirrt. Er schaut sich auf dem Boot um und sieht neben dem Führerstand eine kleine transparente Dose, in der sich zwei Hühnereier befinden. Max nimmt die Dose und zeigt sie Erlendur mit einem fragenden Schulterzucken: »Genau. Nimm die mal mit.« Also reicht Max die Dose ins Wasser und steigt danach hinab. Im Wasser öffnet er die Dose einen Spalt, um Luft abzulassen, ein kurzer Check und dann geht es der Leine entlang in die Tiefe. Verschiedene Fische rauschen an den beiden vorbei, während der Tiefenmesser nach oben schnellt. In etwa 15 Metern Tiefe erkennt Max die Spitze einer Felsnadel: Strytan. Erlendur zeigt auf die Dose, und als Max sie ihm geben will, wehrt er ab und zeigt stattdessen auf die Spitze der Felsnadel. Max versteht sofort, nimmt die beiden Eier und legt sie auf einer der Öffnungen ab. Er fragt sich, was das Ganze soll, schwimmt aber sofort zurück und setzt seine Reise in die Tiefe fort.

Die Spitze wird schnell breiter, und die beiden Taucher sinken weiter schnell nach unten. In etwa 30 Meter Tiefe stoppen beide, prüfen die Tauchcomputer und geben sich gegenseitig ein Okay-Zeichen. Erlendur hat vorher schon gesagt, dass er Fotos machen wolle und Max einfach nach Lust und Laune den Turm erkunden solle. Auch wenn der Entdecker und Beschützer Strytans vermutlich Tausende Tauchgänge mehr hinter sich hat als Max, ist sein Vertrauen in die Ausbildung seiner Kollegen im Süden offenbar groß, und Max weiß, dass er ihn nicht enttäuschen wird.

Die Felsnadel ist ein magischer Ort, das wird einem sofort klar, wenn man sie zum ersten Mal sieht. Auch die Tiere im Fjord haben dies erkannt. Verschiedenste Fische, Quallen, Anemonen und Nacktkiemer haben sich die Wände von Strytan als ihr Zuhause ausgesucht und wachsen und gedeihen hier prächtig. An verschiedenen Stellen bricht der Fels auf, und heißes, klares Wasser tritt aus, um sich in einem öligen Schleier mit dem Meerwasser zu verbinden. Besonders beeindruckend ist der Anblick, wenn ein anderer Taucher hinter dem Schleier entlangschwebt.

Max verliert kurzzeitig den Überblick, während er die faszinierenden Eindrücke aufnimmt, und bemerkt nur durch einen hastigen Blick auf seinen Tauchcomputer, dass er viel zu tief gesunken ist. Er schaut nach oben, um die Silhouette von Erlendur zu suchen. Dabei steigt er langsam, aber sicher immer etwas höher, und irgendwann tippt ihm jemand auf die Schulter. Erlendur deutet mit dem rechten Daumen nach oben, und beide starten den Weg an die Oberfläche. Einen um den anderen Meter, langsam und kontrolliert.

Am Boot angekommen nimmt Max seine Tauchweste ab, hebt diese ins Boot und hievt sich kurz darauf wie eine Robbe auf die Seite des Schlauchboots. Dort bleibt er kurz liegen und will sich einen Überblick über die Situation verschaffen, um möglichst elegant ins Boot zu kommen, als dieses von einer Welle getroffen wird und Max mit der Nase voran auf den Boden rutscht. »Smooth!«, lacht Erlendur, der bereits im Boot ist, und reicht ihm eine helfende Hand. »Hast du nicht etwas vergessen?« Max weiß nicht genau, was er meint, doch als er grübelnd auf den Boden schaut, fällt ihm die transparente Dose auf. Oh nein, jetzt liegen die Eier noch stundenlang dort, bis zum nächsten Tauchgang. Aber warum eigentlich?

Erlendur hat die Eier jedoch bereits abgeholt und reicht Max eines, während er das andere kräftig auf das Metallrohr am Fahrerstand des Bootes klopft. Das Ei ist hartgekocht, und man kann die Schale Stück für Stück ablösen. Ein beherzter Biss bestätigt: durch und durch fest. Ein leicht salziges Meerwasseraroma mischt sich in den Geschmack und macht den Snack perfekt.

Was ist diesmal schiefgelaufen?

In diesem Fall ist Max nur Zeuge der magischen Natur Islands geworden, und dabei kann man eigentlich keine Fehler machen.

Island ist einer der geothermisch aktivsten Orte des Planeten, nicht umsonst nennt man es auch das Land von Feuer und Eis. Dies wird an vielen Orten deutlich: Die Geothermalgebiete auf der Insel lassen einen die Nähe zum Erdkern deutlich spüren, das heiße Wasser aus dem Erdboden zeigt klar, wie nah man sich am Erdinneren befindet. Vulkane entlang des Grabenbruchs ziehen sich in einer Linie vom Norden des Landes bis in den Süden, und genau auf dieser Linie befindet sich Max in diesem Fall.

Hier – und nur hier – kann man die hydrothermalen Schlote bewundern, von denen Forscher vermuten, dass sie die Quelle allen Lebens sein könnten. Hier sollen sich vor Millionen von Jahren die ersten Mikroorganismen gebildet haben. Im Normalfall befinden sich diese Gebilde in Hunderten oder Tausenden Metern Tiefe und sind damit für Taucher unerreichbar. Nur mit schwerem Gerät können diese Orte erkundet werden, um Informationen darüber zu liefern, wo die Lebewesen dieser Welt vielleicht entstanden sind.

Erlendur Bogasson arbeitet eng mit Wissenschaftlern aus Akureyri und auf der ganzen Welt zusammen, um Erkenntnisse über die Schlote von Strytan zu sammeln. Dabei kamen bereits beachtliche Ergebnisse zu Tage, zum Beispiel dass das Wasser hier über tausend Jahre alt sein kann und dass es Lebewesen gibt, die trotz der hohen Temperaturen darin überleben können. Außerdem wurde unweit von hier das älteste Lebewesen der Erde gefunden: eine Muschel, die weit über tausend Jahre auf dem Buckel hat.

Was können Sie besser machen?

Wenn Sie nach Island fliegen, beschäftigen Sie sich nicht nur mit den offensichtlichen Sehenswürdigkeiten und Attraktionen. Diese sind natürlich nicht von ungefähr beliebt und werden oft besucht, doch oft gibt es Nebenschauplätze, die ebenso interessant und einladend sein können.

Strytan ist ein spezieller Ort, und für Leser, die keine erfahrenen Taucher sind, ist ein Tauchgang hier nicht empfehlenswert. In Hjalteyri gibt es jedoch auch einen Anleger für Walbeobachtungsschiffe, und Erlendur bietet neben dem Tauchsport noch Stand-up-Paddling an. Dabei können regelmäßig Wale im Fjord beobachtet werden, und das ist ein ganz besonderes Erlebnis.

GEOTHERMIE IN ISLAND

Fast die gesamte Energie in Island kommt aus regenerativen Quellen und ein sehr großer Teil davon aus Geothermie.

Sollten Sie einmal nach Island kommen, wird ihre Reise Sie an geothermischen Orten vorbeiführen. Egal wie und wo, dieses Thema ist im Land aus Feuer und Eis allgegenwärtig. Doch wie kommt das?

Island ist eines der jüngsten Länder der Welt: Erst vor circa 20 Millionen Jahren floss genug Lava aus der großen Spalte in der Erdkruste, um eine kleine Insel im Nordatlantik zu formen. Entsprechend ist die gesamte Region bis heute eine der vulkanisch aktivsten, was bedeutet, dass das heiße Magma hier noch relativ dicht unter an der Erdoberfläche liegt.

An vielen Orten wie etwa den Geothermalgebieten im Golden Circle oder in anderen Teilen des Landes ist die Erde dadurch so stark aufgeheizt, dass die Folgen nicht zu übersehen sind: Kochend heißes Grundwasser blubbert vor sich hin. Beißender Schwefelgeruch steigt in die Nase, und am Geysir Strokkur formt sich alle zehn Minuten eine Wasserdampfblase, die das darüberliegende Wasser Dutzende Meter in die Höhe schleudert.

Dies machen sich die Isländer auf vielfältige Weise zunutze: In manchen Gebieten bohren sie bis zu zweitausend Meter in die Tiefe, um den unter Druck stehenden und über 100 °C heißen Wasserdampf an die Oberfläche zu bringen und damit Turbinen anzutreiben. Der auf diese Weise produzierte Strom ist so günstig, dass sich in Island verschiedene Industrien angesiedelt haben, die auf preiswerten Strom angewiesen sind - zum Beispiel die Aluminiumverarbeitung oder Rechenzentren von IT- und Kryptowährungsunternehmen.

Doch das heiße Wasser wird auch direkt genutzt, zum Beispiel in vielen Haushalten. So kommt das Wasser in der Dusche oft unmittelbar aus dem Boden und riecht deshalb nach Schwefel. Manche Hotels nutzen es, um gefiltertes kaltes Wasser aufzuheizen, damit sich die Besucher nicht an dem Geruch stören. Nachdem das Wasser seinen Zweck erfüllt hat, jedoch oft immer noch über 40 °C warm ist, fließt es in Abwasserleitungen, die dicht unter der Straßendecke liegen. So bleiben manche Gehwege und Straßen durch die Wärme frei von Schnee.

Island ist ein Eldorado für Geologen und Vulkanologen, die sich hier regelmäßig treffen und die vielen aktiven Vulkane der Insel immer gut im Blick haben. Dutzende, oft Hunderte und manchmal Tausende kleine Erdbeben werden in Island täglich registriert. Die meisten spüren nur die Sensoren der Wissenschaftler. Trotzdem kommt es regelmäßig zu kleinen oder auch mal größeren Vulkanausbrüchen, die die Wissenschaftler zwar immer besser, doch bis heute nicht mit präziser Wahrscheinlichkeit vorhersagen können.

19 SPRACHLICHE KINDEREIEN

WIE MAX BEINAHE MORDZEUGE WIRD

Max ist mal wieder auf einem Wochenendtrip unterwegs, und diesmal geht es ins Inland. Die Gegend rund um Reykholt hat er sich ausgesucht, weil es hier wirklich einiges zu sehen gibt und trotzdem viele Island-Reisende an diesem Gebiet vorbeifahren.

Von Reykjavík aus ist man in knapp zwei Stunden dort, also perfekt für einen Tagesausflug. Max hat sich aber entschieden, für eine Nacht vor Ort zu bleiben, um die Region so in Ruhe erkunden zu können. Auf seiner Liste stehen die heißen Quellen von Deildartunguhver, der Wasserfall Hraunfossar, die Lavahöhle Víðgelmir und die Eishöhle im Langjökull. Ein gutes Programm für ein Wochenende – nicht zu viel, aber es würde sicher auch keine Langeweile aufkommen.

Ein Kollege hat Max sein Auto geliehen, und damit ist Max nun auf dem Weg in Richtung Norden. Der erste Stopp sollen die heißen Quellen von Deildartunguhver sein, neben denen derzeit ein neues Spa gebaut wird. Ähnlich der Blauen Lagune im Süden des Landes soll hier eine luxuriöse Wohlfühloase entstehen für Reisende, die es sich richtig gut gehen lassen wollen. Da sich dieser Tempel jedoch noch im Bau befindet, kann Max seine gesamte Aufmerksamkeit auf die heißen Quellen lenken. Für so einen Wellnessspaß hätte er sowieso kein Geld übrig: Sein Frühstück besteht an diesem Morgen aus den Schokorosinen, die vom letzten Roadtrip noch in seinem Rucksack liegen.

Einmal angekommen fährt Max über einen kurzen Schotterweg zu einem Parkplatz und parkt den Wagen neben zwei großen Jeeps, die offenbar zum nahe gelegenen Hof gehören. Von hier aus sind die heißen Quellen bereits gut zu sehen. Ein kleiner Fluss verläuft den Hügel hinab und wird an einem kleinen Felsen mit kochendem Wasser gespeist, das einfach so aus dem Gestein herauszusprudeln scheint. Max kennt heiße Quellen, Fumarole und rauchende Steinhügel, doch eine solch extreme Variante hat er bisher noch nie gesehen: Das Wasser kocht und brodelt, es scheint fast, als würde sich hier die aufgestaute Wut der Unterwelt in explosionsartigen Ausbrüchen entladen. Das kochend heiße Wasser spritzt in alle Richtungen, und je nachdem wie der Wind steht, muss Max ein paar Schritte zur Seite treten.

Neben ihm steht ein Hund, der seelenruhig aus der Pfütze neben dem Ungetüm von Quelle trinkt und, ohne Max eines Blickes zu würdigen, schnell wieder in Richtung Hof verschwindet. Als Max sich umdreht, sieht er einen zweiten Hund. Die gleiche Bauweise beziehungsweise Rasse, ein Australian Shepherd, was in diesem Fall nur schwer zu erkennen ist, denn der Hund besteht zu gefühlt neunzig Prozent aus Fell und sieht eher wie ein dickes Plüschtier auf vier Beinen aus. Erst als Max den Wagen startet, um loszufahren, schreckt das Fellknäuel auf und schaut kurz zu ihm hinüber. Ohne aufzustehen natürlich. Bei dem Wind würde ich mich auch nicht mehr rasieren und möglichst bodennah schlafen, denkt sich Max und macht sich auf den Weg.

Von hier aus geht es weiter zur Lavahöhle. Darauf hat Max sich schon lange gefreut, und heute ist es endlich soweit. Die junge Dame, die heute der Tourguide sein soll, empfängt Max herzlich. Er bekommt einen Helm mit einer Stirnlampe darauf und den freundlichen Hinweis, sich möglichst warm anzuziehen. Auch wenn es heute relativ warm sei, in der Höhle wäre es noch recht frisch. Mit warm ist ein Grad unter Null, mit frisch ist »Oh mein Gott, wir werden alle erfrieren!« gemeint. Vor der eigentlichen Besichtigung gibt es noch warmen Tee und ein paar Infos zur Höhle.

Der Lavatunnel entstand etwa zur Zeit der Besiedlung Islands während eines Vulkanausbruchs. Über 1.500 Meter lang und etwa haushoch, schlängelt er sich durch das Lavafeld am Fuße des Langjökull-Gletschers. Schon kurz nach seiner Entstehung etwa um das Jahr 1000 herum lebten hier sogar Menschen. Bei Untersuchungen hat man eine Schlafstelle gefunden. Zu dieser Zeit muss die Höhle noch recht warm gewesen sein. Die hier lebenden Personen waren jedoch vermutlich Ausgestoßene, denn die Gemeinschaft der Wikinger hätte aus Aberglauben kein Lager an diesem Ort aufgeschlagen.

Die Tour beginnt, und für die nächsten eineinhalb Stunden soll Max aus dem Staunen kaum noch herauskommen. Los geht es mit dem Höhleneingang, der von einer riesigen Gesteinskuppel überdacht wird. Dieser Eingang war über Jahrzehnte durch einen riesigen Eisblock verschlossen, bis sich Forscher entschieden, ihn zu öffnen und die dahinterliegende Höhle zu erforschen. In der Höhle ist es eiskalt – durch die stehende Luft und weil man sich hier unter der Erdoberfläche befindet. Überall ragen seltsame Gesteinsformationen aus den Wänden, hängen von der Decke herab oder wachsen aus dem Boden nach oben. Dazwischen stehen immer wieder kleine Eisknubbel von teilweise bis zu fünfzig Zentimeter Höhe. Diese entstehen durch das Wasser, das von der Oberfläche durch das poröse Lavagestein sickert und langsam auf die Höhle des Bodens tropft. So wachsen langsam, aber sicher diese kleinen, breiten Stalagmiten aus Eis nach oben.

Irgendwann ist die Tour zu Ende und Max sehr, sehr froh, wieder an der Oberfläche zu sein. Nach einem wärmenden Tee geht es nun erst mal in Richtung Schlafplatz. Den hatte er dank einer Kollegin in Reykjavík bereits festgelegt: Ihr Onkel lebt auf einem Hof unweit des Wasserfalls Hraunfossar und hat ein Zimmer für Max frei. Dort angekommen gibt es ein herzliches Willkommen und die Einladung, sich der Familie beim Abendessen anzuschließen. Max willigt nur zu gern ein und nimmt vorher noch schnell eine heiße Dusche.

Am Esstisch drehen sich die Gespräche um alles Mögliche: das Wetter, die Lavahöhle, die Eishöhle und vieles mehr. Irgendwann erwähnt der Gastgeber Jon, dass er zwar ein klein wenig Deutsch spreche, aber sicher keine ganze Unterhaltung auf Deutsch hinbekäme. Max will wissen, wo seine Kinder sind und wie viele es denn gibt, ist aber in Gedanken noch bei der Aussage zu Jons Sprachfähigkeiten, sodass er fragt: »So, Jon, how many Kinder hast du denn?«

Bevor er den Satz korrigieren kann, antwortet Jon auf Englisch: »23 derzeit.«

Max schluckt kurz. Seine Augen öffnen sich weit, ebenso sein Mund. »Und, ähm, wo sind die alle?«

»Irgendwo draußen. Ein paar habe ich eben im Stall gesehen, aber die meisten rennen wohl noch auf der Wiese herum.«

»Okay«, antwortet Max leise und verwirrt. »Das stelle ich mir sehr anstrengend vor, vor allem hier auf dem Land, wo man ja recht abgeschnitten ist!«

»Ach, das geht wirklich gut. Aber das ist uns auch einfach genug, und deshalb werden die Kleinen regelmäßig geschlachtet. Auf deinem Teller befindet sich natürlich nur Fleisch aus unserer eigenen Herstellung!«

Was ist diesmal schiefgelaufen?

Nein, Max war nicht bei Mördern zu Gast, und den Kindern von Jon geht es gut. Jon war nur einer sehr einfachen Verwechslung aufgesessen, denn im Isländischen ist das deutsche Wort Kinder in der Aussprache sehr nah am Wort *kindur*, das Wort für Schaf.

Auf dem Land halten die meisten Menschen Schafe, und Jon ist mit dreiundzwanzig Schafen hier noch relativ gemäßigt dabei. Einige Menschen halten viel mehr, teilweise Hunderte. Und weil man hier oft und gern Lamm isst, landen die Tiere eben regelmäßig auf dem Teller.

Ein weiteres oft missverstandenes Wort ist das isländische *ha*. Die meisten Deutschen interpretieren es eher als ein Ja und nehmen an, der Gesprächspartner signalisiere sein Einverständnis. Im Isländischen ist das *ha* aber eher ein Äquivalent zu »Wie bitte?« oder »Was?«. Man drückt aus, dass man eben nicht verstanden hat.

Sprachliche und kulturelle Unterschiede sind in den jüngeren Generationen mehr und mehr unbekannt. Weil die meisten Menschen unter dreißig perfekt Englisch sprechen, ist der Austausch einfach, und durch die globale Vernetzung mithilfe des Internet sprechen sich kulturelle Unterschiede schnell herum und sind den Reisenden meist bekannt.

Was können Sie besser machen?

Halten Sie sich beim Sprechen an eine Sprache und versuchen Sie herauszufinden, welche der jeweilige Gesprächspartner am besten spricht. Meist ist dies Englisch, viele Isländer sprechen jedoch auch gut Deutsch und die meisten auch Dänisch.

Im Zweifelsfall sollten Sie lieber einmal zu viel nachfragen als einmal zu wenig. Lassen Sie sich Orte lieber auf einer Landkarte zeigen und malen Sie unbekannte Zeichen oder Verkehrsschilder im Zweifelsfall auf. Vor allem aber: Benutzen Sie Ihren gesunden Menschenverstand. Jon hätte Max doch nie im Leben ein Kind serviert – viel zu teuer!

20 GLÄNZENDE AUSSICHTEN

MAX KNEIFT DIE AUGEN ZUSAMMEN

Der nächste Morgen in der Region Reykholt ist trübe, aber trocken, und Max freut sich, als er nach dem Aufwachen feststellt, heute nicht verschlafen zu haben. Er hatte sich vorsorglich den Wecker gestellt, doch es ist hell genug, um von allein wach zu werden. Sogar vor dem Klingeln des Smartphones.

Für heute steht die Besichtigung einer Eishöhle auf dem nahe gelegenen Gletscher Langjökull an. Nachdem sich Max am Vortag eine Lavahöhle und heiße Quellen angeschaut hat, soll nun die winterliche und eisige Seite des Landes aus Feuer und Eis drankommen. Dazu hat er eine Tour zu der Eishöhle auf dem Gletscher gebucht.

Nach einem ausgiebigen Frühstück bei seinen freundlichen Gastgebern packt Max seine Siebensachen zusammen und macht sich auf den Weg zum Basecamp. Hier erhält er Equipment und eine Einweisung sowie Hintergrundinformationen zur Eishöhle. Diese ist nicht natürlich entstanden, sondern von Menschen in den Gletscher gefräst worden. So kann man Reisenden auch in den Sommermonaten die wunderschönen Eisformationen im Gletscher zeigen. Die natürlichen Eishöhlen im Süden des Landes dagegen sind meist nur wenige Wochen im Winter begehbar und für den Rest des Jahres gesperrt.

Max schaut sich um und sieht Overalls, Wanderstöcke, Seile, Stiefel und vieles mehr. Er sucht sich bereits einen passenden Overall aus, als die Dame am Empfang sagt: »Ach, den brauchst du gar nicht. Es ist ja relativ warm heute, und ihr fahrt mit dem Bus direkt an den Eingang der Höhle. Du brauchst außer einer dicken Jacke eigentlich gar nichts mitzunehmen. Stirnlampen und Cramp-ons liegen vor Ort bereit.«

Cramp-ons sind die Metallketten an Gummibändern, die man sich unter die Schuhe schnallen kann, um auch auf eisglatten Böden gehen zu können. Max kennt sie schon von den Kollegen, sehr praktisch!

Kurz darauf kommt ein junger Mann in das kleine Büro, schaut sich um und grinst über beide Ohren. Er stellt sich als Peter vor und sagt: »Das wird heute eine sehr entspannte Fahrt. Außer uns, also allen, die jetzt hier im Raum sind, kommt nämlich niemand mehr.«

Max schaut sich um, und abgesehen von einem älteren chinesischen Ehepaar und einem weiteren Mann in seinem Alter ist niemand zu sehen. Na ja, soll mir nur recht sein, denkt er sich. Das Paar aus Asien versteht wohl die meisten Sätze auf Englisch, sprechen können sie es allerdings nicht. Der junge Mann neben ihm ist Isländer und sehr ruhig.

»Na dann, alle Mann zum Bus!«, sagt Peter und öffnet mit einer Verbeugung die Tür nach draußen. Bus ist wohl die Untertreibung des Jahres, denn was Peter meint, ist ein ausrangierter Militärbus, den das Unternehmen dem Militär eines anderen Landes abgekauft hat. Um welches Land es sich dabei handelt, darf nicht verraten werden, und das Unternehmen sowie das Land Island mussten versichern, dass das Gefährt nicht zu Kriegszwecken eingesetzt würde. »Das war relativ einfach, denn wir haben gar kein Militär«, sagt Peter lachend.

Der Bus ist etwa acht Meter lang und über drei Meter hoch. Eine riesige Führerkabine, direkt dahinter Räder, die nur wenige Zentimeter niedriger sind als Max selbst, und dann ein Container, der quasi direkt auf die Achsen des Laders montiert ist. Aus den Reifen ragen kleine Leitungen, die manchmal kurz zischen und sich dabei bewegen. »Das sind Luftleitungen, mit denen wir aus dem Führerhaus den Luftdruck in den Reifen steuern können«, erklärt Peter. »Wir fahren mit bis zu einem halben Bar Reifendruck im Winter. Zum Vergleich: Euer Auto braucht wahrscheinlich mindestens 1,5 bis 2 Bar, um fahren zu können. Durch den geringen Druck können wir auf geschlossenen Schneedecken fahren und haben trotzdem mehr Traktion als die meisten Kleinwagen bei regennasser Fahrbahn.«

Über eine kleine Trittleiter steigt die versammelte Gruppe nun in den fahrenden Container, und los geht die wilde Fahrt. Tatsächlich ist diese aber sehr entspannt, denn die riesigen Reifen sorgen für großen Fahrkomfort. Peter erzählt einige spannende Dinge zum Gletscher, zu den umliegenden Vulkanen, zu Island im Allgemeinen und wie schade er es findet, dass die beiden Chinesen so rein gar nichts von dem verstehen, was er erzählt. Die beiden lachen und nicken unentwegt.

Max kneift immer mehr die Augen zusammen, und als auch die letzten braunen Felsen aus dem Blickfeld verschwunden sind und alles einfach nur noch weiß ist, kann er sie kaum noch offen halten. Irgendwann verziehen sich die Wolken, und es geht gar nicht mehr. Den Rest der Fahrt muss Max sich von Peter die Landschaft beschreiben lassen und blinzelt nur vereinzelt aus dem Fenster.

Oben am Gletscher angekommen, geht es eilig in die Eishöhle. Hier kann Max wieder problemlos sehen. Mit Stirnlampe und Kamera bewaffnet, erkundet die Gruppe die Höhle. Neben einer kleinen Kapelle, den Bohrwerkzeugen und vielen Pfützen gibt es hier auch eine Gletscherspalte zu bewundern. Max lernt viel über Gletscher – wie diese entstehen und warum sie dieser Tage eher verschwinden, warum man einen Gletscher niemals auf eigene Faust besteigen und worauf man immer achten sollte.

Nach einer guten halben Stunde ist die Führung in der Höhle vorbei, und die Rückfahrt kann beginnen. Max fragt, ob er diese in der Fahrerkabine verbringen dürfe, denn von hier aus hat man die beste Sicht. Das ist kein Problem, die Gruppe ist ja sowieso sehr klein, und der Fahrer hat auch keine Einwände.

Von der guten Aussicht hat Max jedoch wenig. Die gesamte Fahrt über muss er die Augen schließen und sogar fest zusammenkneifen. Selbst bei leicht geschlossenen Augen hat er das Gefühl, das Sonnenlicht brenne sich weiterhin in seine Augen ein. Wenn er diese kurz öffnet, bleibt teilweise minutenlang ein heller Fleck hinter seinen geschlossenen Augenlidern. Max bekommt irgendwann ein wenig Angst und zieht sich die Mütze tief ins Gesicht. Der Fahrer schaut ihn verwundert an. Um das zu bemerken, braucht Max seine Augen nicht ...

Was ist diesmal schiefgelaufen?

Max hat die isländische Sonne unterschätzt, aber nicht nur diese. Wenn die Sonne auf den Schnee oder das Eis eines Gletschers strahlt, werden die Lichtstrahlen von dort in alle Richtungen reflektiert. Für das menschliche Auge entsteht eine weiße Wand aus Licht, es ist, als sähe man direkt in eine Glühbirne.

Max hat relativ lichtempfindliche Augen wegen seiner üblicherweise in eher dunklen Räumen stattfindende Arbeit und auch durch eine Augen-OP, die er vor wenigen Jahren durchführen ließ, um endlich auf seine Kontaktlinsen beziehungsweise die Brille verzichten zu können. Seitdem ist eine Sonnenbrille sein stetiger Begleiter im Sommer.

Wer an Island als Reiseland denkt, wird nicht als erstes an Sonnenschein und Badelatschen denken. Üblicherweise kommen einem eher Regenmantel und Gummistiefel in den Sinn. Doch in Island ist die Sonnenbrille mindestens genauso wichtig. Im Sommer scheint die Sonne relativ häufig, und dabei steht sie oft sehr niedrig am Himmel. Dadurch ist sie beim Autofahren nicht selten ein großer Störfaktor und mitunter sogar gefährlich.

Im Winter ist die Sonne ebenfalls nicht dauerhaft verschwunden, und auch in dieser Jahreszeit steht sie eher tief am Himmel, sodass man im Auto immer eine Sonnenbrille bereit halten sollte. Doch zu dieser Jahreszeit – und das kam Max hier in die Quere – kommen eben die Reflexionen des Schnees hinzu. Nicht nur auf Gletschern, sondern überall im Land werden die schneeweißen Landschaften zu Spiegeln für das Sonnenlicht, und durch die vielen kleinen Kristalle wird das Licht in alle möglichen Richtungen gebrochen – eine gefährliche Mischung. Auch das Herunterklappen der Sonnenblende hilft in diesem Fall wenig, weil das Licht eben aus allen möglichen Winkeln kommt.

Was können Sie besser machen?

Zur Standardausstattung für einen Islandurlaub gehört eine Sonnenbrille, egal zu welcher Jahreszeit und egal was die Wettervorhersage sagt. Ohne Sonnenbrille nach Island zu fahren ist, wie ohne Regenmantel dorthin zu reisen – ein Anfängerfehler.

Wer etwas aufs Geld schauen muss oder möchte, sollte seine Sonnenbrille möglichst nicht vor Ort kaufen (müssen), denn wie bei den meisten Dingen ist die Auswahl in Island nicht ganz so groß, aber die Preise sind dafür umso höher. Als Mitbringsel empfiehlt sich daher eher etwas, das man nur hier erwerben kann, wie zum Beispiel ein isländischer Wollpullover, ein Lopapeysa (siehe Infokasten Seite 79).

ISLANDS TIERWELT

Eine gute Nachricht für all jene die im Urlaub von heimtückischen Moskitos ausgesaugt werden: In Island gibt es keine Mücken.

Nun, so ganz stimmt das nicht: Es gibt keine stechenden Mücken. Der Myvatn-See im Norden des Landes ist jedoch für große Mengen der kleinen fliegenden Tierchen bekannt. Sein Name bedeutet nichts anderes als Mückensee. Die Tiere sind aber vollkommen ungefährlich, und die meisten Reisenden werden ihnen vermutlich nie begegnen, denn sie leben in den ruhigeren Teilen des Sees.

In Island gibt es außerdem etwas über 450.000 Schafe - bei nur 350.000 Menschen. Island stellt hier vermutlich einen weiteren Pro-Kopf Rekord auf, denn in kaum einem anderen Land der Welt wird es mehr Schafe pro Einwohner geben, geschweige denn mehr Schafe als Einwohner!

Die wohl bekanntesten Tiere Islands sind die Isländer. Die Pferde, nicht die Menschen. Bei diesen handelt es sich zwar rein biologisch um Ponys (siehe Kapitel »Ponys in der Identitätskrise – Max beleidigt Isländer«), was wir den Isländern gegenüber aber bitte nicht erwähnen. Diese sind nämlich besonders stolz auf ihre Pferde und das aus gutem Grund: Isländer sind weltweit beliebt und werden in großen Zahlen exportiert. Vor allem auch nach Deutschland.

Während die Schafe, die Pferde und auch alle anderen in Island lebenden Säugetiere von den Menschen hierhergebracht wurden, gibt es nur ein einziges Tier, das in Island heimisch ist: der Polarfuchs. Schon vor den Wikingern tobten die kleinen weißen oder grau-blauen Fellknäuel durch die Lavafelder Islands. Sie ernähren sich größtenteils von Insekten und sind heute vor allem in den entlegenen Teilen des Landes zu finden wie den Westfjorden und dem Hochland. In dem kleinen Ort Súðavík in den Westfjorden gibt es eine Auffangstation für Polarfüchse, die heute nur noch als Museum fungiert. Dort leben zwei der prächtigen Tiere dauerhaft in einem großen Gehege neben dem Gebäude (siehe Kapitel »Zum Abschuss freigegeben – Max und die Spanier«).

21 BANANEN-REPUBLIK DES NORDENS

MAX SIEHT GELB

Es ist ein sonniger Morgen in Reykjavík. Max muss heute nur einen halben Tag arbeiten, und kann sich am Nachmittag mit Freunden in der Stadt treffen. Und in wenigen Tagen steht schon wieder ein kleiner Ausflug an, diesmal zum Wasserfall Haifoss. Es könnte kaum besser sein.

Für die kleine Tour am Morgen ist der Bus schnell beladen, nur vier Taucher und eine Hand voll Schnorchler sind heute dabei. Die Taucher sind alle sehr erfahren, sodass Max auch mal wieder einen Tauchgang für sich genießen kann und nicht dauernd Menschen vor dem Ertrinken retten muss.

Auf dem Rückweg nickt er zwar kurz ein, wacht jedoch schon nach wenigen Minuten wieder auf. Seine Kollegin Siobhan lächelt ihn an, denn normalerweise verschläft Max immer die gesamte Rückfahrt, und manchmal macht er komische Grimassen im Schlaf. Oder sogar noch Schlimmeres.

Sie reicht ihm eine Banane und fragt: »Isländische Banane?«

Max grinst, woraufhin ihm die Kollegin einen verärgerten Blick zuwirft. »Wir bauen hier die besten Bananen nördlich vom Äquator an!«

Max lacht lauthals los und weckt damit beinahe die Gäste hinten im Bus auf. »Aha!«, antwortet er mit einem spöttischen Lächeln und dem Mund voller Banane.

Vom Tauchladen aus geht es schnurstracks in Richtung Supermarkt, wo er noch kurz einkaufen muss, bevor er in die Stadt will.

Er entscheidet sich heute für den teureren Supermarkt direkt an seiner Wohnung. Dort geht er normalerweise nie einkaufen, denn die Produkte sind oft viel teurer als bei den normalen Supermärkten wie Bonus oder Kronan. In der Gemüseabteilung steuert Max auf das Obst zu und kommt an Bananen vorbei: doppelt so teuer, wie er es gewohnt ist, und mit dem Aufkleber »100 % Icelandic bananas« versehen. »Was soll das denn, fangen die jetzt schon im Supermarkt mit dem Touristen-Nepp an?«, sagt Max leise zu sich selbst und schlendert zur Kasse. Ohne Bananen.

Kurz die Einkäufe zu Hause ablegen, und auf geht es Richtung Innenstadt. Max trifft sich mit Freunden, die er aus einer Facebook-Gruppe für Expats, also Ausländer in Island kennt. Zwei Frauen aus Deutschland, ein Franzose und dessen Freundin aus Irland. Max liebt das: Multi-Kulti, immer neue Menschen und Lebensweisen kennenlernen. So muss das Leben sein.

»Ich hoffe, du hast Badesachen dabei!«, sagt Jessika, eine Deutsche, die hier studiert, und tippt dabei etwas in ihr Handy.

»Ja, immer. Gehen wir ins Schwimmbad?«, fragt Max und bekommt als Antwort nur ein Kopfschütteln.

Kurz darauf fährt Ásgeir mit seinem Auto vor. Ihn hat die Gruppe als ortskundigen Fahrer für den Ausflug gewinnen können. Durch Max kennt er mittlerweile vermutlich mehr Deutsche als Isländer. Jessika schiebt Max in den Wagen. »Sachte, sachte«, will Max noch sagen und plumpst auf die Rücksitzbank, während Jessika ihn bereits weiter in das Auto drückt und sich auf der Sitzfläche neben ihm breitmacht.

»Und die anderen?«, fragt Max.

»Kommen mit ihrem Auto hinterher!«, antwortet Ásgeirs Freundin Kristin vom Beifahrersitz. »Wir fahren zu einer ganz besonderen Badeanstalt, das wird dir sicher gefallen!«

Es wird eine relativ lange Fahrt, selbst nach über einer Stunde sind sie noch nicht am Ziel. Unterwegs unterhalten sie sich über dies und das, und Max erzählt irgendwann von seinem Vormittag und den überteuerten »isländischen« Bananen. »Du kennst noch nicht die Bananenplantage von Island?«, fragt Ásgeir neckisch und leicht ironisch. »Doch, doch, natürlich!«, antwortet Max ebenso ironisch. »Die berühmte isländische Bananenplantage. Wer kennt sie nicht?« Ásgeir grinst seiner Kollegin zu und fährt weiter die Ringstraße entlang in Richtung Süden.

Nach einer Weile erreichen sie den kleinen Ort Hveragerði, wo sie die Ringstraße verlassen und langsam in den Ort hineinfahren. Ásgeir biegt ein paar Mal ab und fährt irgendwann auf einen Parkplatz, wo er sich quer über zwei Stellplätze platziert. Max schaut aus dem Fenster und staunt nicht schlecht: Vor seinen Augen steht ein großes Gewächshaus, und hinter den nur leicht beschlagenen Fensterscheiben sieht er - Bananen.

Was ist diesmal schiefgelaufen?

Max dachte, er sei einem weiteren isländischen Witz aufgesessen, einem Touristen-Nepp oder einfach einem blöden Scherz. Doch was er wie die meisten Leute, die bei klarem Verstand sind, nicht für bare Münze gehalten hatte, ist die reine Wahrheit: In Island werden Bananen angebaut – und nicht nur das. Hier werden auch Tomaten, Gurken und sogar Orangen in Gewächshäusern herangezogen, geerntet und verkauft. Im ganzen Land kann man Obst und Gemüse aus lokalem Anbau genießen. Wegen der geringen Stromkosten und weil der Strom komplett aus regenerativen Quellen kommt, ist es möglich, die Gewächshäuser das gesamte Jahr über auf tropische Temperaturen zu bringen. Da die Pflanzen jedoch Sonne brauchen, funktioniert der Anbau trotzdem nur einige Monate im Jahr.

Neben Bananen werden wie gesagt im ganzen Land noch viele weitere Obst- und Gemüsesorten angebaut, insbesondere Gurken und Tomaten. Im Winter allerdings müssen Obst und Gemüse zu großen Teilen importiert werden, denn in der kalten Jahreszeit scheint die Sonne nur selten und teilweise tagelang überhaupt nicht.

Was können Sie besser machen?

Sich in Island vegan zu ernähren kann schwierig und vor allem kostspielig sein. Nicht nur weil die Bananen in Island relativ klein sind, sondern vor allem weil sowohl der Anbau als auch der Import von Obst und Gemüse kostspielig sind. Während typisch isländische Fleischgerichte wie Lamm und Pferd sowie Fischgerichte relativ günstig sind, schlagen Salate, Obst und Gemüse mit relativ hohen Preisen zu Buche.

Wer sich besonders gesund ernähren möchte, braucht also entweder ein höheres Reisebudget oder macht es wie viele Isländer und greift auf Nahrungsergänzungsmittel zurück. Diese gibt es sogar in vielen Supermärkten.

23 PIRATEN & CLOWNS

MAX ZU GAST BEIM BÜRGERMEISTER

Heute ist ein trauriger Tag, denn einer der Kollegen aus dem Tauchshop verlässt Island in den kommenden Tagen. Adrien geht für eine Weile zurück nach Frankreich, um sich danach in etwas wärmeren, südlicheren Gefilden niederzulassen. Nach Sri Lanka zieht es ihn. Gar keine schlechte Idee, denkt Max, während er die Haustür hinter sich zuzieht. Als er sich umdreht, weht ihm eine ordentliche Portion Schnee ins Gesicht.

Der Winter lässt mal wieder seine Muskeln spielen. Vom Gefrierpunkt ist man in Reykjavík ungefähr so weit entfernt wie von Sri Lanka: Eisige minus elf Grad zeigt das Thermometer an der Apotheke. Max geht schneller, aber angenehmer wird es dadurch leider nicht. Der Weg zum Tauchladen zieht sich wie eine Pilgerreise, und jede Schneeflocke brennt auf der Haut wie heißer Sand.

Einmal am Geschäft angekommen, reißt Max sich schnell die dicke Jacke, die Mütze und die Handschuhe vom Leib. Im Lagerraum verrichten über Nacht Dutzende Heizungen und Gebläse ihren Dienst und schaffen ein heißes, tropisch feuchtes Klima. Strom kostet hierzulande so gut wie nichts, und deshalb wird die Halle über Nacht so stark beheizt, dass die nassen Tauchutensilien am nächsten Tag wieder komplett trocken sind. Sogar die aus Neopren bestehenden Handschuhe und Kopfhauben werden auf Plastikrohre gesteckt, die hinter der Wand mit einer elektrischen Heizung verbunden sind. Die warme Luft wird die ganze Nacht über kontinuierlich in das nasse Equipment geblasen. Vermutlich könnte man hier Dschungeltiere aussetzen, und sie würden sich ganz wie zu

Hause fühlen. Allerdings nur bis das große Garagentor sich öffnet, dann würden sie einen Kälteschock bekommen und tot umfallen.

Adrien macht heute seine letzte Tour, und die Kollegen erledigen alle unangenehmen Arbeiten für ihn: Er muss nur dasitzen und zuschauen. Zum Abschied werden Kollegen bei ihrer letzten Tour wie ein VIP-Gast behandelt und können so die gesamte Tour, den Tauchgang und das Miteinander noch einmal so richtig genießen. Adrien gefällt das richtig gut, und kurz vorm Losfahren winkt er Max mit umgedrehter Hand wie bei der Queen von England zu und ruft: »Mäxchen, sei ein Schatz und bring mir ein Heißgetränk und Gebäck, ja?« Max nimmt einen pinken Plastikbecher, schenkt Kakao ein, legt einen einzelnen Keks auf einen hellblauen Teller und balanciert beides auf seiner rechten Handfläche. Mit dem linken Arm hinten auf dem Rücken geht er zu Adrien und reicht ihm mit einer Verbeugung den Imbiss: »Sehr gern, Madame! Kann ich sonst noch etwas für Euch tun?«

Das ganze Team hat seinen Spaß, obwohl es wegen des winterlichen Wetters einer der härtesten Tage des Jahres wird. Die Fahrt in den Nationalpark ist schon ein Abenteuer für sich, und auch der Tauchgang ist heute alles andere als Routine. Regelmäßig frieren die Atemgeräte zu, und die Taucher müssen immer wieder zu der großen Metalltreppe am Eingang schwimmen, wo heißes Wasser in die Geräte geschüttet wird, um das Eis zu lösen.

Auf der Heimfahrt weckt Adrien Max kurz nach dem Verlassen des Parks, um ihm zu sagen, dass am Abend eine kleine Abschiedsfeier in der WG geplant ist. Drei Kollegen teilen sich ein größeres Haus mitten in Reykjavík, und eben hier soll es noch mal einen schönen gemeinsamen Abend geben. Max nickt Adrien zu, um kurz darauf wieder einzunicken.

Am Abend geht es also los in Richtung Innenstadt. Die kleinen Straßen in 101, wie der Stadtkern Reykjavíks wegen seiner Postleitzahl oft genannt wird, sind übersichtlich. In Berlin muss Max immer auf sein Smartphone vertrauen, selbst wenn er nur in den Nachbarkiez läuft. Hier in Island geht überraschend viel ganz ohne technische Hilfe. Das kleine weiße Haus mit dem roten Dach ist schnell gefunden, und Max klingelt. Der Klingelton ist von außen nicht perfekt zu hören, doch es ist alles andere als ein normaler Türklingelton. Er hört sich eher an wie ein kleines Punkrock-Konzert, allerdings kein gutes!

Adrien öffnet die Tür und bittet Max hinein. Der zieht sich schnell die Schuhe aus und stolpert in die Wohnung. Wie üblich ist Max der Erste. Alle anderen Nationen, die im Team vertreten sind, haben es nicht so mit Pünktlichkeit wie der Deutsche. Mittlerweile geht er oft schon etwas später los, aber der Erste ist er trotzdem fast jedes Mal, wenn man sich trifft. Adrien und seine Mitbewohner haben bereits ein Bier in der Hand. Max bekommt eine Dose Cola und eine kleine Tour durch das Haus.

Es handelt sich tatsächlich um ein ganzes Haus. So wie Max das aus Deutschland vom Land kennt, wo er groß geworden ist. Fünf oder sogar sechs Zimmer, zwei Badezimmer und richtig viel Platz in allen Räumen. Was für ein Luxus, denkt Max, während er sich kurz seine kleine Bude vorstellt, in der er sich anfangs wie Harry Potter unter der Treppe vorgekommen war. Zwei Zimmer sind noch komplett als Kinderzimmer eingerichtet, mit Spielsachen und Puppen und ferngesteuerten Autos. »Die Autos sind von uns!«, merkt Adrien an.

Im größten Zimmer, das sich Adrien unter den Nagel gerissen hat, stehen ein riesiges Doppelbett und ein großer Kleiderschrank. An den Wänden hängen Fotos mit seltsamen Motiven. Es sieht aus, als wohne hier ein Zirkusclown: Auf fast allen Fotos sind Artisten zu sehen, manchmal Leute, die auf einer Bühne stehen, manchmal Bands, die Musik spielen. Alle abgebildeten Personen wirken etwas zerrissen und heruntergekommen. Max kann keine Gemeinsamkeiten ausmachen, anhand derer man den Besitzer des Hauses vielleicht identifizieren könnte.

Wieder im Wohnzimmer angekommen, schaut Max zu dem kleinen Kamin. Sein Blick wird starr, aber nicht wegen der Feuerstelle. Über dem Kamin prangt ein großes, sicherlich ein mal zwei Meter großes Bild von einem Mann, der mit heruntergelassener Hose hinter einem Ziegenbock steht und diesen bei den Hörnern packt. Max hat schon viel gesehen, ist sicher nicht prüde oder langweilig, doch der Gedanke daran, ein solches Gemälde in einem Haus aufzuhängen, in dem kleine Kinder leben, die noch mit Puppen spielen, verschlägt ihm komplett den Atem! »Was für ein Freak wohnt denn hier!?«, platzt es aus ihm heraus.

Alle im Raum lachen laut, und Ásgeir, der kurz zuvor ebenfalls eingetroffen sein muss, legt seine Hand auf Max' Schulter und sagt mit ernster Stimme: »Hey, hey! Ein bisschen Respekt vor unserem ehemaligen Bürgermeister bitte!«

Was ist diesmal schiefgelaufen?

Max befindet sich im Haus von Jón Gnarr, der tatsächlich von 2010 bis 2014 amtierender Bürgermeister der Hauptstadt Reykjavík war.

Jón wuchs als Sohn eines Polizisten in Reykjavík auf, besuchte die Schule, bis er vierzehn war – und dann nicht mehr. Er ging ohne Abschluss ab und landete danach für zwei Jahre in einem Heim für schwer erziehbare Jugendliche. Er hielt sich mit Gelegenheitsjobs über Wasser, spielte Bass in einer Punkrockband, schrieb Bücher und trat als Comedian auf. Klingt nicht unbedingt nach dem Lebenslauf eines Berufspolitikers, und niemand könnte weiter von diesem Berufsstand entfernt sein als Jón Gnarr.

Wie kam es also, dass Jón im Jahr 2010 mit seiner Partei – der »Besten Partei« – nicht nur zur Wahl antrat, sondern diese auch noch gewann? Dazu muss man vielleicht etliche Jahre zurückschauen: Im Jahr 2008 wurde Island härter als die meisten anderen Länder von der globalen Finanzkrise gebeutelt, das Land war faktisch bankrott. Die Isländische Krone verlor in wenigen Wochen dermaßen an Wert, dass die Ersparnisse vieler Isländer sich halbierten. Firmen, die ihr Geld durch Exporte verdienten wie zum Beispiel in der Fischerei, einer der größten Industrien des Landes, kamen ins Straucheln. Viele mussten den Betrieb einstellen. Menschen wurden arbeitslos, und die Frustration im Land stieg.

Jón Gnarr erfuhr irgendwann, dass Island drauf und dran war, in ein Rettungsprogramm des Internationalen Währungsfonds IMF einzusteigen. Dies hätte das Ende sämtlicher Förderungen im Kunstbereich bedeutet, also seinem täglichen Brot. Er entschied sich kurzerhand, Politiker zu werden. Anders als andere Politiker war Jón Gnarr brutal ehrlich und sagte vorher, dass er den Bürgern alles versprechen werde, was sie hören wollen. Zeitgleich versprach er, wie ein ordentlicher Politiker zu handeln und all seine Wahlversprechen zu brechen. Eines dieser Versprechen war es, kostenlose Handtücher in allen Badeanstalten des Landes bereitzustellen. Er hielt sein Wort, und deshalb müssen Sie, werte Leser, heute ein paar Hundert Kronen für Leihhandtücher bezahlen.

Außerdem versprach er einen Eisbären für den Zoo in Reykjavík, in dem sonst vor allem Haustiere zu finden sind, und dass Korruption in Zukunft vollkommen öffentlich und transparent betrieben würde statt versteckt.

Eines der bedeutendsten Dinge, die Gnarr etablierte, war die Plattform Betri Reykjavík (besseres Reykjavík) – eine Onlineplattform, die heute noch genutzt wird, um die Bevölkerung direkt an Entscheidungen teilhaben zu lassen, die ihre Stadt und das Stadtbild angehen.

Was können Sie besser machen?

Das Buch *Hören Sie gut zu und wiederholen Sie: Wie ich einmal Bürgermeister wurde und die Welt veränderte* bietet Ihnen einen guten Überblick über die Person Jón Gnarr. Die Autobiografie geht leider wenig auf die konkreten Projekte von Gnarr ein, zeigt jedoch seine Ideen und seine Weltanschauung auf.

Das Thema Finanzkrise war lange Zeit ein Reizthema in Island. In den ersten Jahren nach der Krise litt das Land sehr, und der Tourismus war noch nicht so ausgeprägt wie heute. Damals hätte ich Ihnen als Besucher davon abgeraten, das Thema anzusprechen, oder zumindest empfohlen, dies nur mit großer Umsicht zu tun. Heute ist das Land wieder auf einem guten Kurs, der Tourismusboom seit 2010 hat neue Jobs gebracht und die Wirtschaft angekurbelt. Wer das Thema heute anspricht, muss sich selten Sorgen machen, doch das Lieblingsthema der Isländer wird es ganz sicher nicht werden.

FINANZKRISE

Im Jahre 2008 gab es in Island ein Beben der besonderen Art: Die Schockwelle der internationalen Finanzkrise traf Island stärker als die meisten anderen Länder auf unserem Planeten. Von heute auf morgen verlor die Isländische Krone massiv an Wert: Die Ersparnisse von Zehntausenden Menschen hatten plötzlich nur noch einen Bruchteil ihrer ursprünglichen Kaufkraft.

Weil Island ein Land ist, das viele Dinge importieren muss, waren die Bewohner doppelt betroffen. Denn was importiert wird, kostet meist keine isländischen Kronen, sondern Euro oder Dollar. Doch auch der kleine Mann und die kleine Frau auf der Straße waren direkt betroffen: Viele hatten ihren Hausbau über Banken finanziert. Diese hatten sich immer wieder neue Möglichkeiten einfallen lassen, um ihren Kunden verlockende Angebote machen zu können, und ein Weg bestand darin, Kredite in Fremdwährungen zu gewähren. Nach dem Crash konnten viele Menschen ihre Kredite nur mühsam oder gar nicht mehr tilgen. Island stand in diesem Jahr kurz vor dem Kollaps, eine Staatspleite schien unausweichlich, konnte jedoch abgewendet werden.

In den darauffolgenden Jahren sollte sich in Island viel verändern: Banker wurden zu Haftstrafen verurteilt, progressive Parteien gewannen wichtige Wahlen und besetzten wichtige Posten mit Komikern. Wenn man einmal alles verloren hat, steht es einem frei zu tun, was man will, nicht wahr?

Im Jahr 2010 schleuderte der Vulkan Eyjafjallajökull Island zurück ins Gedächtnis der westlichen Welt: Der Ausbruch legte den Flugverkehr innerhalb Europas und auch zwischen den USA und Teilen Asiens tagelang lahm. Hunderttausende Menschen saßen an Flughäfen fest und versuchten nicht nur den Namen des Vulkans auszusprechen, sondern wollten auch herausfinden, wo dieses kleine Land lag und was es damit auf sich hatte.

Durch findiges Marketing und das geschickte Ausnutzen der medialen Aufmerksamkeit brachte man Island auf die Landkarte von Reisenden und Touristen. Es folgten ein raketenartiger Anstieg von Besucherzahlen sowie ein einzigartiger Tourismusboom – und jede Menge Probleme. Zu diesem Thema wurden mittlerweile eigene Bücher geschrieben.

Die Finanzkrise scheint in Island mehr oder weniger vergessen. Heute geht es vielen Isländern wieder gut, doch die Wunden sitzen tief. Auch wenn sich die Isländische Krone etwas erholt hat, ihren ursprünglichen Wert werden die Ersparnisse wohl nie wieder erreichen. Außerdem häufen sich die Probleme im Tourismusbereich, und viele sehen starke Parallelen zwischen den fantastischen Zahlen der Finanzkrise und der Goldgräberstimmung in der Reisebranche. Wo früher Bankentürme entstehen sollten, stehen heute Kräne und Betonmischer, um Hotels zu bauen. Es bleibt den Isländern zu wünschen, dass sie aus Fehlern gelernt haben und die neue Einnahmequelle nachhaltig zu nutzen wissen.

24 SENSIBLES MOOS

MAX KOMMT VOM WEG AB

Heute steht der Haifoss auf dem Plan. Nein, keine vergammelte Rücken- oder Schwanzflosse, sondern ein Wasserfall. Der Haifoss ist mit über 120 Metern einer der höchsten Wasserfälle des Landes und befindet sich in der Nähe des Golden Circle. Hier kennt Max sich einigermaßen aus.

Er hat sich dafür den großen Geländewagen seiner Kollegin Siobhan geliehen, die offenbar großes Vertrauen in Max' Fahrkünste hat. Diesen Bonus hat er schon öfter genießen dürfen, denn im Ausland ist man offenbar der Meinung, Deutsche könnten generell gut Auto fahren. Auf Max trifft das nicht zu, er ist kein besonders guter Autofahrer. Aber was ihm an Fahrkünsten fehlt, machte er durch Mut und Vorsicht locker wett!

Früh am Morgen geht es los, hinunter an die Südküste, vorbei an den Orten Hveragerði und Selfoss und irgendwann links auf die Straßen mit den Nummern 30 beziehungsweise 32. Auf dem Weg kommt er an Dutzenden Pferdewiesen vorbei, und bei einigen hält Max an, um Selfies mit den kuscheligen Vierbeinern zu machen. Jedesmal wenn er stoppt, dauert es nur kurze Zeit, bis ein anderes Auto anhält, dann noch eins, und schnell bildet sich ein provisorischer Parkplatz am Rande der Straße. Jedes Mal versucht Max den anderen Besuchern klarzumachen, dass das keine gute Idee ist und man nicht einfach mitten auf der Straße anhalten oder gar parken sollte. Sprachbarrieren lassen diese Nachricht jedoch selten zu den anderen Reisenden durchdringen.

Von der Ringstraße kommend, die bestens asphaltiert und in gutem Zustand ist, erscheint Max das kleine Stück der Straße 30, die ihn wieder ein Stück nach Norden führt, eher holprig. Und die 32 dann noch holpriger. Es hat ein paar Tage nicht geschneit und die

Temperaturen haben angezogen, sodass große Teile der Wiesen um die Straßen herum bereits frei von Schnee sind. Fast überall kann man das Moos auf den Felsen erkennen.

Irgendwann kommt Max dann zum Ende der Straße Nummer 32 beziehungsweise zum Anfang der Straße Nummer 332. Diese führte nun vorbei an einem Hof nach Norden in Richtung Hochland. Eine Straße würde man diesen Wald- und Schotterweg in Deutschland wohl nicht nennen. Vielleicht in manchen Teilen des Landes eine Waldautobahn. Doch Max hat schon Schlimmeres gesehen und auch befahren, sodass er sich keine großen Sorgen macht.

Auf dem Weg zum Wasserfall wird die Strecke immer unwegsamer, und teilweise hat das Schmelzwasser der letzten Tage große Rinnen in den Weg gespült. Das Fahren wird immer unangenehmer, und als der Wagen an einer Stelle mit dem Frontspoiler aufsetzt, wird Max doch etwas mulmig. Schon allein, weil er den Wagen gerne unbeschädigt und ohne Kratzer wieder zurückgeben will.

An dieser Stelle entscheidet sich Max dann also kurzerhand, auf die daneben liegende Wiese auszuweichen. Diese ist von festem Grund und damit perfekt zum Umschiffen der teilweise stark beschädigten Strecke geeignet. Auf dem gesamten Weg bis zum Wasserfall muss Max nur wenige Male auf die Wiese ausweichen. Einmal, um einem entgegenkommenden Fahrzeug Platz zu machen. Doch statt zur Seite zu fahren, zu warten und dann wieder die Strecke zu benutzen, bleibt Max einfach auf der Wiese. So können beide Fahrzeuge parallel weiterfahren und keiner muss anhalten. Der entgegenkommende Jeep blinkt wie wild mit den Lichtern, ein Signal, das Max als ein Dankeschön wertet.

Nach einer guten Stunde ist Max am Haifoss angekommen. Zu sehen ist er vom Parkplatz aus nicht, doch hören kann man ihn schon von Weitem! Wenige Meter unterhalb des Parkplatzes ist er dann zu erkennen, einer der größten Wasserfälle des Landes. Am Boden liegen noch große Eisbrocken, die sich in den letzten Monaten durch die Gischt gebildet haben und die auch bei den hohen Temperaturen der letzten Tage nicht geschmolzen sind. Von einer anliegenden

Ebene stürzt das Wasser über 120 Meter tief in die Schlucht, die sich dann nach Westen über Hunderte von Metern hinzieht und atemberaubend schön ist. Durch die Sonne, die sich heute ausnahmsweise mal zeigt, bietet sich ein Anblick wie auf einer Postkarte.

Auf dem Rückweg fährt Max immer mehr an der Straßenseite, denn bergab ist er nun mehrmals mit der Frontschürze beinahe steckengeblieben, und er will nichts riskieren. Auf der Wiese neben der Straße fährt es sich absolut angenehm. Ab und zu sind matschige Stellen dabei, und das Auto sieht mittlerweile wie ein Sumpfungeheuer aus. Doch an jeder Tankstelle liegen Säuberungslanzen bereit, mit denen man den Schlamm in Windeseile wieder entfernen kann. Gar kein Problem also.

Bis Max an den Rand des Hofs kommt, wo der Besitzer seinen riesigen Jeep mitten auf der Straße geparkt hat und bereits auf der Wiese, auf der Max fährt, diesen offenbar erwartet. Sein Gesicht ist alles andere als freundlich, und auch wenn Max nicht genau weiß, warum, ahnt er bereits, wieder irgendetwas falsch gemacht zu haben.

Was ist diesmal schiefgelaufen?

Auch wenn es für den Wagen vielleicht besser war, auf das Befahren der Straße zu verzichten und den Umweg über die Wiese zu nehmen, hat Max damit nicht nur einen Fehler, sondern sogar eine Ordnungswidrigkeit begangen: In Island ist Offroadfahren, also das Fahren abseits von gekennzeichneten Straßen, streng verboten!

Wer sich die asphaltierten Straßen des Landes anschaut, also Strecken wie die Ringstraße oder die meisten zweistelligen Straßen des Landes, versteht diese Regelung sofort. Abseits der Straßen befinden sich meist Lavaformationen, und die Reifen der meisten Fahrzeuge würden ein Aufeinandertreffen mit diesen wohl kaum überleben. Hier kämen wohl auch die Wenigsten überhaupt auf die Idee, die Straße zu verlassen.

Weniger intuitiv wird es, wenn man auf Schotterpisten oder sogar F-Straßen im Hochland unterwegs ist: Manche dieser Strecken kommen einem abschnittsweise mitunter so willkürlich vor, dass man denken könnte: »Völlig egal, ob ich jetzt auf diesem Weg bin oder ein paar Meter weiter da drüben«, und je nach Untergrund kann das sogar der Fall sein. Doch in vielen Fällen ist es alles andere als egal, denn die Spuren, die man mit dem Fahrzeug hinterlässt, können permanent sein und die fragile Pflanzenwelt des Landes für Jahrzehnte zerstören.

Besonders das Moos, das in Island meist die Lavafelder bedeckt, wächst sehr langsam. Die Geschwindigkeit als Zeitlupe zu bezeichnen wäre geprahlt. Es kann Jahre oder sogar Jahrzehnte dauern, bis sich ein Stück Land von Offroad-Fahrern erholt hat.

Davon abgesehen ist die Bodenbeschaffenheit in Island oft nicht, wie sie scheint: Besonders in Gebieten rund um Vulkane, also fast überall in Island, besteht der Boden meist aus körnigen Lavasteinchen und Sand. So lange es trocken ist, sieht ein solcher Boden stabil und fest aus. Sobald es regnet, kann man jedoch schnell erkennen, wie leicht der Boden weggespült wird. Durch den vielen Regen und das Schmelzwasser im Sommer bilden sich oft spontan kleine Rinnsale, Bäche oder sogar Flüsse, die den Boden abtragen und Rinnen hinterlassen. Wer durch das Befahren solcher Gebiete mit dem Auto bereits solche Furchen vorbereitet, sorgt dafür, dass die Folgen solcher Ereignisse gravierender ausfallen, als sie es eigentlich müssten.

Was können Sie besser machen?

Sollten Sie einen Wagen mit Allrad in Island bewegen, erkundigen Sie sich bitte beim Verleiher genau, wie und wo man diesen fährt. Wichtiger, als die Möglichkeiten eines solchen Gefährts zu kennen, ist es, genau zu wissen, wo dessen und die eigenen Grenzen liegen.

Mit den meisten Fahrzeugen dürfen Sie in Island auf beinahe allen Straßen unterwegs sein. Nur F-Straßen beziehungsweise das Hochland sind immer ausgeschlossen, wenn das Fahrzeug nicht über Allrad und genügend Bodenfreiheit verfügt. Das heißt aber nicht, dass es sinnvoll ist, jede Strecke mit einem kleinen VW Polo zu befahren. Hier kommt es vor allem auf Ihre Fähigkeiten an. Insbesondere im Winter überschätzen viele Reisende ihre eigenen Fahrkünste. Ein Winter in Island ist nicht zu vergleichen mit den drei Schneeflocken, die man jedes Jahr in Köln sieht, nicht einmal mit den Wintern in den Mittelgebirgen.

Haben Sie sich für einen Allradwagen, also einen SUV oder einen Jeep entschieden, stehen Ihnen theoretisch auch die F-Straßen offen. Hier gilt es aber zunächst zu prüfen, ob diese überhaupt freigegeben sind. Das ist oft nur im Hochsommer und auch nur für ein paar Wochen der Fall. Straßen, die nicht freigegeben sind, dürfen auch nicht befahren werden. Klingt einfach, wird aber leider sehr oft missachtet. Außerdem sollten Sie diese Straßen nur dann befahren, wenn Sie es sich wirklich zutrauen oder idealerweise schon Erfahrung im Offroadfahren haben (offroad meint hierbei das Terrain, nicht das Verlassen der Straßen). Im Hochland muss man zum Beispiel oft kleine oder auch größere Flüsse durchqueren, und dabei gibt es einige Dinge zu beachten.

Doch egal was für ein Auto Sie mieten, egal wie erfahren Sie sind und wie groß Ihre Fahrkünste: Verlassen Sie niemals die ausgewiesenen Straßen! An vielen Orten bietet es sich förmlich an, und wenn man schon mal in der Wildnis ist, möchte man sich das ja nicht entgehen lassen. Doch denken Sie immer daran, dass Sie diese Orte dadurch für alle Besucher nach Ihnen vielleicht für Jahrzehnte verschandeln und dies auch nicht wiedergutmachen können.

Das **Straßensystem** in Island ist relativ einfach und strukturiert. Dennoch macht es Sinn, sich damit vertraut zu machen, weil es durchaus einige Unterschiede zu unserem gibt. Die Straßen sind nummeriert und haben eine, zwei oder drei Stellen.

Es gibt nur eine einstellige Straße, und die trägt die Nummer 1 – es handelt sich um die berühmte Ringstraße. Diese führt auf etwa

1.300 Kilometern einmal rund um die Insel. Sie ist von der Beschaffenheit her mit einer deutschen Bundesstraße vergleichbar, fast durchgängig zweispurig und asphaltiert.

Von ihr abgehend gibt es die zweistelligen Straßen wie zum Beispiel die 41, die den internationalen Flughafen in Keflavik mit Reykjavík verbindet. Diese zweistelligen Straßen sind oft von ähnlich guter Ausbaustufe und Beschaffenheit, können aber durchaus auch mal Schotterpisten sein, wie etwa Teile der Straße 54 im Norden der Halbinsel Snæfellsnes. Bei den dreistelligen Straßen handelt es sich fast immer um kleine Nebenstraßen, die sehr oft unbefestigt und meist nur Zubringer für Hotels oder Sehenswürdigkeiten sind.

Eine Ausnahme bilden die F-Straßen. Das F kommt von dem isländischen Wort *fjallið* – Berg. Es handelt sich also um Bergstraßen, die im Inneren des Landes im Hochland liegen. Straßen kann man sie eigentlich nicht nennen, denn es sind im Grunde nur Markierungen, die einem den Weg anzeigen. Für diese Straßen benötigt man nicht nur ein Fahrzeug mit Allradantrieb und ausreichend Bodenfreiheit, sondern auch ein gewisses Fahrkönnen.

Gerade in den Fjorden gibt es außerdem oft Tunnel, die fast immer einspurig sind. Mit einem M markierte Haltebuchten bieten die Möglichkeit, den Gegenverkehr an sich vorbeiziehen zu lassen. Auch einspurige Brücken sind keine Seltenheit: Solange kein Schild vorhanden ist, hat derjenige Vorfahrt, der die Brücke als Erster erreicht.

25 TOURISTEN-LEGENDEN & IHRE URSPRÜNGE

MAX MACHT EINEN WITZ

Es ist Anfang April, und Max freut sich auf seinen nächsten Ausflug, den er schon länger geplant hat. In den nächsten Tagen warten nur noch ein paar Schichten auf ihn und dann etwas mehr als eine Woche Urlaub. Er hat jeden Tag Überstunden gesammelt und dadurch ein paar freie Tage herausholen können.

Zuerst soll es in den Süden gehen, aber diesmal ganz in den Süden: Die Westmännerinseln gilt es zu erkunden. Die kleine Inselgruppe vor der Südküste des Landes wurde ihm mehrmals von Kollegen, anderen Reisenden und Freunden empfohlen. Also war schnell klar, dass er dort hinreisen muss.

Heute geht es aber erst einmal auf Tauchtour. Routiniert ist das Equipment schnell verpackt, und es bleibt noch genug Zeit für einen Kaffee im Tauchladen. Max schaut auf die Gästeliste der heutigen Tour, und Ásgeir grinst ihn bereits über beide Ohren an.

»Da sind ja nur deutsche Namen drauf?«, fragt Max.

Ásgeir antwortet mit seinem isländischen Akzent auf Deutsch: »Jawohl, mein Herr! Nur Deutsche!«

Max rollt mit den Augen. Er genießt das Leben in diesem fremden Land mittlerweile so sehr, dass er absolut keine Sehnsucht nach Landsleuten mehr verspürt.

Ihm gefällt es, hier in Island so viele andere Nationalitäten um sich zu haben. Und weil er unheimlich gern Englisch spricht, mag er es auch, dass im Tauchladen fast niemand Deutsch spricht. Wenn deutsche Reisende bei den Touren dabei sind, versucht er zu verheimlichen, dass er ihre Sprache beherrscht, und fährt damit eigentlich ganz gut. Heute wird das schwer werden, denn Ásgeir hat beschlossen, Max heute zum »Kanzler« der Tour zu machen. Im Klartext heißt das: Max muss die Gäste bespaßen, während der Kollege mit den Damen der Konkurrenz flirtet. Auch wenn heute der erste April ist, weiß Max, dass dies kein Aprilscherz ist.

Nachdem alle Teilnehmer der Tauchtour in ihre Taucheranzüge gesteckt und mit Taucherbrillen und Schnorcheln ausgestattet sind, geht es zum Einstieg in das eiskalte Wasser. Max will eigentlich noch fragen, ob es irgendwas zu beachten gibt, ob bestimmte Gäste irgendwelche Krankheiten haben oder sonst etwas in Bezug auf die Gruppe anliegt.

Doch Ásgeir steht schon bei Inga, der schwedischen Tauchlehrerin des Mitbewerbers. Inga ist so schwedisch wie Max deutsch, dementsprechend hat er ab jetzt keine Chance mehr, den Kollegen anzusprechen.

Max watschelt also in seinem Equipment in Richtung Wasser. Die große Tauchgruppe steht schon bereit und wartet auf seine Anweisungen. Die anderen Gruppen sind noch damit beschäftigt, sich umzuziehen, weil ihre Tauchlehrerin Inga ebenfalls etwas länger braucht. Also kann Max sich Zeit lassen. Einer nach dem anderen bekommt die Flossen angezogen, einer nach dem anderen die Handschuhe, und dann geht es an die Taucherbrillen. »Bitte spuckt vor dem Tauchen einmal kräftig in die Brille und verreibt die Spucke auf dem Glas. Das verhindert, dass die Brille unter Wasser beschlägt und euch die tolle Sicht nimmt. Wenn jemand Hilfe braucht, leihe ich euch gern meine Spucke!«

Alle lachen. Das kennt Max schon, denn der Spruch mit der Spucke gehört zum Standardrepertoire der Einweisung. Dicht gefolgt von: »Ist im Wort Taucheranzug ein Pi? Nein? Auch zwei davon würden sich nicht gut machen!« Ein Spruch, der im Englischen sehr viel mehr Sinn ergibt: »Is there a p (= pee) in drysuit? No? Let's keep it that way!« Daher wird er in der deutschen Version um den Hinweis erweitert, bitte nicht in den Trockentauchanzug zu urinieren.

Bis hierher sind die Witze im Briefing selbsterklärend, und man muss niemanden darauf hinweisen, dass es sich um einen Scherz handelt. Also kommt Max zu seiner letzten Anweisung, bevor es ins Wasser geht: »Liebe Leute, jetzt noch ein Hinweis, bevor wir in das klarste Wasser der Welt eintauchen: Die Taucheranzüge, in denen wir alle stecken, sind komplett wasser- und luftdicht. Das heißt, es kann kein Wasser hineinkommen. Es kann aber eben auch keine Luft hinaus. Wir tauchen nicht sehr tief, doch eine Sache ist dabei sehr wichtig: Nicht nur kann keine Luft aus dem Anzug entweichen, auch andere Gase können nicht raus. Kurzum: Unter keinen Umständen solltet ihr in dem Anzug pupsen!«

Die Teilnehmer der Gruppe schauen einander an. Man kann ihren Gesichtern ablesen, dass sie sich nicht sicher sind, ob diese Aussage ein Scherz ist oder nicht. Die Tatsache, dass Max eine extrem ernste Miene aufgesetzt hat, deutete eher auf ein Nein hin.

»Das hat folgende Bewandtnis«, fährt Max mit ernster Stimme fort: »Zum einen ist Methan ein hochexplosives Gas, zum anderen befinden wir uns eventuell in vielen Metern Tiefe, wodurch der Anzug zusammengepresst wird, und zu guter Letzt tragen wir synthetische Thermounterwäsche. Diese reibt an der gummierten Innenseite der Taucheranzüge, und wer sich viel bewegt, generiert dabei unter Umständen genug statische Elektrizität, um einen Funken zu erzeugen. Wenn also nicht noch jemand schnell zur Toilette muss, war's das mit den Sicherheitshinweisen, und wir können abtauchen!«

Was ist diesmal schiefgelaufen?

Unter Umständen ist Max da etwas die Fantasie durchgegangen. Sollten Sie einmal in Island tauchen gehen, seien Sie beruhigt: Sie können pupsen, so viel Sie mögen. Die gesamte Geschichte mit dem Taucheranzug und den Gasen ist erstunken und erlogen!

Doch es gibt hier auch eine wahre Lektion, die vor allem geschichtlich interessierte Reisende in Island kennen sollten. Viele

Guides in Island sind keine Isländer, sondern kommen aus allen möglichen Ländern der Welt. Durch den Tourismus-Boom mussten sich viele Unternehmen in der Branche ihre Arbeitskräfte, die oft nur saisonal gebraucht werden, im Ausland suchen. Die meisten von ihnen sind in ihrer jeweiligen Disziplin gut ausgebildet und Experten auf ihrem Gebiet. In Bezug auf Equipment und Vorgehen sollte man hier also keine Sorgen haben.

In Bezug auf Geschichte, Bräuche und alles rund um das Land an sich haben sich hier im Laufe der Jahre jedoch so einige Legenden eingeschlichen, deren Wahrheitsgehalt fragwürdig bis nicht existent ist. Diese werden jedoch weiterhin am Leben gehalten, einfach weil sie schöne und lustige Anekdoten abgeben, die man bei einer langen Autofahrt erzählen und damit die Reisenden bei Laune halten kann.

Was können Sie besser machen?

Wie fast immer in Island ist Ihr bester Helfer der gesunde Menschenverstand, gepaart mit ein bisschen Skepsis und dem Verzicht auf die Goldwaage.

Fragen Sie ruhig nach, wenn Sie eine Geschichte nicht glaubwürdig finden – zum Beispiel nach Büchern oder sonstigen Quellen, in denen diese nachzulesen ist. Viele Sachen kann man durch Googeln herausfinden und andere, indem man Einheimische dazu befragt.

Sollten Sie geschichtlich interessiert sein, besuchen Sie unbedingt die vielen tollen Museen in Reykjavík, aber auch im Rest des Landes. Hier bekommen Sie Informationen rund um das Land und seiner Menschen mit dem Fokus auf Fakten und weniger auf einer amüsanten Anekdote.

26 VOLKSSPORT HÖHENFLUG

MAX TRIFFT DEN TARZAN VON HEI-MAEY

Heute geht es für Max endlich auf die Entdeckungsreise zu den Vestmannaeyjar, die Westmännerinseln, eine kleine Inselgruppe mit einer großen und spannenden Geschichte. Für das gesamte Wochenende hat er sich ein Auto gemietet. Das heißt, er muss sich nächste Woche wieder von dem Rest Schokorosinen im Rucksack ernähren, doch das ist ein kleiner Preis für das bevorstehende Abenteuer.

Früh morgens fährt er los in Richtung Süden, durch die noch verschlafene Stadt auf die Ringstraße. Vorbei an vielen Orten, die Max bereits kennt: Hveragerði, der Ort mit dem heißen Fluss, Selfoss, das kleine Örtchen an der Ringstraße. Schließlich erscheint der Wasserfall Seljalandsfoss im Blickfeld. Kurz davor biegt Max jedoch nach Süden ab, um nach Landeyjahöfn zu gelangen, denn von hier legt die Fähre zu den Vestmannaeyjar ab.

Die Überfahrt wird nur eine gute Dreiviertelstunde dauern und kostet für Max etwa zwanzig und für das Auto noch einmal vierzig Euro für Hin- und Rückfahrt. Die insgesamt sechzig Euro sind gar nicht mal so teuer, wenn man die sonstigen Preise in Island betrachtet. Max ist trotzdem ein wenig mulmig, als er die Kreditkarte zückt und der Kassiererin reicht. Nicht wegen des Geldes, sondern wegen der anstehenden Fahrt auf der Fähre. Von Tauchausflügen weiß er nämlich: Seefest ist er nicht wirklich.

Bei Tauchgängen in anderen Ländern, die oft mit einer kleinen Bootsfahrt verbunden sind, hat Max mehrfach erlebt, dass er sich an die Bewegungen eines Bootes immer erst wieder gewöhnen muss. Die ersten paar Fahrten waren immer damit verbunden, dass ihm schlecht wurde, und nicht selten hat er sich bei den ersten Ausfahrten übergeben. Große Schiffe liegen üblicherweise ruhiger im Wasser, doch schon der kleinste Wellengang macht Max jedes Mal zu schaffen.

Irgendwann ertönen Signalhörner, und alle gehen schnell zu ihren Autos. Eines nach dem anderen rollt über eine Rampe in den Bauch des Schiffes. Max sitzt im vorletzten Auto. Gut, denkt er sich. Dann bin ich drüben der Erste, der raus darf!

Vom Parkdeck geht es drei Decks nach oben ins Bordrestaurant. Hier muss Max schnell sein, denn eines hat er gelernt: Ein leerer Magen hilft auf hoher See nicht. Am besten erging es ihm auf hoher See, wenn er kräftig gefrühstückt hatte. Das hat er heute nicht geschafft, weshalb die Küche an Bord herhalten muss. Eine große Portion Pommes später geht es Max schon bedeutend besser, und er kann nach oben an die frische Luft gehen.

Die Fahrt verläuft erstaunlich ruhig. Zwar wird Max beim Hin- und Herlaufen auf dem Deck oft ein wenig mulmig, doch eher wegen der glatten Oberfläche, die seinen Wanderschuhen nur wenig Halt bietet. Aber die Einfahrt in den Hafen von Heimaey, dem Ort auf der gleichnamigen Hauptinsel der Vestmannaeyjar, lädt dazu ein, von einer zur anderen Seite des Schiffs zu wechseln, um die umgebenden Felsen und Hügel aus allen Blickwinkeln zu fotografieren.

Im Hafen angekommen macht Max sich auf den Weg zum Auto. Das Schiff hat vorwärts angelegt, sodass er nicht nur der Vorletzte beim Beladen war, sondern auch jetzt beim Ausfahren. Manchmal verliert man, und manchmal gewinnen die anderen.

Kein großes Problem, denn bis zu seiner gebuchten Rundfahrt sind es noch gute 45 Minuten, das ist genug Zeit, um aus der Fähre zu kommen, einen Parkplatz im Hafen zu suchen und ein wenig durch die Gegend zu spazieren. Viele der Gebäude, vor allem Lagerhallen, sind mit wunderschönen Bildern an den Außenwänden versehen. Besonders das Bild eines kleinen Jungen, der mit einem Boot am Wasser spielt, beeindruckt Max. Schon aus Reykjavík ist er Kunst im Hafengebiet gewohnt.

Irgendwann ist es dann an der Zeit, zum Treffpunkt der Tour zu gehen, wo Ebbi bereits auf ihn wartet. Ebbi ist der Spitzname des Tourveranstalters auf der Insel, der seinen isländischen Namen aus gutem Grund nicht verwendet: Einar Birgir Baldursson dauert einfach viel zu lange! Er ist ein großer und kräftig gebauter Mann: Auf gut 1,90 Meter verteilen sich sicherlich weit mehr als hundert Kilo, inklusive einer kleinen Wampe. Nach einer herzlichen Begrüßung, einem Kaffee und ein wenig Smalltalk kommen irgendwann auch die anderen Teilnehmer der Tour, und es kann losgehen zum Bus.

Auf dem Weg steckt sich Ebbi bereits sein Headset an, denn der Bus ist mit einem Soundsystem vom Allerfeinsten ausgestattet. Sehr angemessen, denn der Isländer ist ein wahrer Entertainer und der Bus seine kleine Bühne. »Wir fangen an beim Sprangen-Felsen, dann fahren wir zum Naturkundemuseum und dann zur Konzerthalle. Von da aus schauen wir uns den Elefanten an und fahren danach weiter nach Süden.«

Die Gruppe lacht kurz, ist sich aber nicht mehr so sicher, ob die Sache mit dem Elefanten nun ein Witz ist oder nicht. In Island kann man das ja nie wissen!

»Machst du heute auch den Tarzan für uns, Ebbi?«, fragt Max mit einem Lächeln auf den Lippen, und die anderen schauen ihn fragend an.

Was ist diesmal schiefgelaufen?

Glücklicherweise hat Ebbi Humor und fühlt sich von Max' Bemerkung nicht auf den Schlips getreten: Er ist ein Ureinwohner der Westmännerinseln und daher geschult in der Kunst des Spranga. Das ist der »Sport« der Westmännerinseln und tatsächlich relativ leicht zu verwechseln mit dem Schwingen von Liane zu Liane. An langen Seilen schwingen sich die Bewohner der Insel an den teilweise haushohen Klippen der Insel von einem Felsvorsprung zum anderen.

Tatsächlich gibt Ebbi am Trainingsfelsen im alten Hafen eine Vorführung: Ungeachtet seiner recht kräftigen Statur schwingt er sich gekonnt und sehr koordiniert von einem Vorsprung zur anderen Seite des Felsens, stößt sich ab und landete wieder auf dem Vorsprung. Dabei drehte er seinen Körper jeweils einmal komplett um seine vertikale Achse, sodass er während des Schwungs in Richtung der Gruppe blickt – eine beeindruckende Showeinlage.

Was können Sie besser machen?

Spranga ist keineswegs nur ein spektakulärer Volkssport, sondern das Ganze hat einen ernsten Hintergrund: Auf den umliegenden kleinen Inseln des Archipels sind kleine Hütten verstreut. Diese dienen im Sommer als Behausung für diejenigen, die an den Klippen der kleinen Inseln die Eier der hier brütenden Seevögel einsammeln. Dazu schwingen sie sich an Seilen von Vorsprung zu Vorsprung und sammeln ihre Beute ein. Anders als an den Trainingsfelsen befindet sich jedoch kein fester Boden unter ihren Füßen, sondern mehrere Dutzend Meter tiefer der eiskalte Atlantik. Während ein Fehler am Trainingsfelsen oft schon schwere Verletzungen und Knochenbrüche nach sich zieht, wäre ein Fehler hier vermutlich tödlich.

Glücklicherweise sind die Isländer aber gut in ihrem Sport und gewissenhaft in der Wartung ihres Equipments. Genauso gewissenhaft sind sie übrigens im Umgang mit der Natur, und deshalb entnehmen sie jedem Nest nur so viele Eier, dass sich weiterhin mindestens zwei darin befinden. So wird sichergestellt, dass die Population der Vögel hier weiterbesteht und die natürliche Selektion ebenfalls weiterhin stattfinden kann. Pro Nest überlebt zwar meist sowieso nur ein Vogel, doch dieser muss sich seinen Platz im Leben erkämpfen, indem er mehr Nahrung bei der Fütterung abgreift, damit er stärker als sein Geschwister wird und dieses irgendwann aus dem Nest werfen kann. Das klingt gemein, aber so stellt Mutter Natur sicher, dass nur die Stärksten überleben.

27 VOGELKINDER AUF ABWEGEN

MAX GEHT AUF PUFFIN-PATROUILLE

Nach der Showeinlage von Reiseführer Ebbi geht die Erkundungstour auf Heimaey, der Hauptinsel der Westmännerinseln, in Richtung Süden weiter. Erster Halt ist der Golfplatz, der zu einem der besten des Landes gehört und an der »Konzerthalle« der Insel angesiedelt ist. Dabei handelt es sich um eine Art Tal vor den Berghängen am Rande der Insel. Hier findet einmal im Jahr ein großes Festival statt, bei dem neben verschiedenen isländischen Bands auch der Bürgermeister der Inselgruppe Jahr für Jahr einen Auftritt hat. Die Kulisse kann man sich im Winter nur vorstellen, aber Max ist sich sicher: Hier muss er im Sommer noch einmal hin!

Die Reise führt danach weiter zum Südzipfel, nach Stórhöfði. Diese Region der Insel ist das Zuhause des Leuchtturmwärters und, Sie werden es erraten haben, eines Leuchtturms. Man suche einen neuen Wärter, erzählt Ebbi, und Max überlegt kurz, wie so ein Leben als Leuchtturmwärter auf einer kleinen Inselgruppe vor Island wohl aussehen würde. Schnell verwirft er die Idee wieder: Hier gibt es kein Café, also keinen Flat White!

Vom Leuchtturm aus hat man eine wundervolle Aussicht über die gesamte Insel im Norden. Ebbi erklärt ein paar Dinge über die Schifffahrt, doch Max genießt in diesem Moment einfach die Landschaft.

Danach führt die Bustour zum Vulkan Eldfell, dem wohl spannendsten Teil der Insel. Der Vulkan ist bei seinem Ausbruch im Jahr 1973 entstanden oder besser: zu dem Berg geworden, den man heute sehen und besteigen kann. Bis zu einem großen hölzernen Kreuz kann der Bus fahren, danach müssen noch ein paar Hundert Meter über loses Geröll nach oben zurückgelegt werden. Das ist anstrengender als gedacht, denn bei jedem zweiten Schritt rutscht Max wieder zurück. Einmal oben angekommen, erzählt Ebbi, der Vulkanausbruch sei noch derart frisch, dass man auch heute noch die Hitze im Erdreich spüren könne. Max grinst über beide Backen und denkt spöttisch: Na klar!, als der große Guide sich bückt, mit der Hand in eine kleine Mulde unter einem großen Felsen greift und eine Ladung Schotter hervorholt. Mit einer einladenden Geste sagt er: »Wer mir nicht glaubt, kann gerne mal seine Hand hier hineinhalten.«

Max bückt sich sofort, schaut in das Loch, und weil er nichts als lose Steinchen erkennen kann, steckt er seine Hand unter den Felsen und vergräbt sie in den kleinen roten Lavasteinchen. Die Hand wird schnell warm, und einige der Körnchen beginnen bereits an seiner Hand zu brennen. Sie müssen fünfzig, vielleicht sechzig Grad heiß sein. Schnell zieht er die Hand wieder aus dem Boden und schaute Ebbi mit offenem Mund an: »Ähm, wie sicher sind wir denn hier oben, so in Bezug auf Vulkanausbrüche, so im Generellen?«

Danach geht die Reise ungeplanterweise wieder zurück in die Stadt: Ebbi hat einen Anruf bekommen und muss die Tour leider abbrechen. Im Hafen gibt es ein Problem mit einem Schiff, und seine handwerklichen Fähigkeiten sind gefragt. Das ist kein Problem, denn alle Teilnehmer bleiben über Nacht auf der Insel und können am nächsten Tag die Tour fortführen. Perfekt für Max, so kann er heute im Gästehaus entspannen.

Im Hafen lässt Ebbi seine Gäste aus dem Bus aussteigen und wünscht einen schönen Abend: »Es ist zwar erst April und daher noch etwas zu früh, aber dieses Jahr waren die Puffins wirklich früh hier und deshalb könnt ihr ja trotzdem am Abend ein wenig auf Puffin-Patrouille gehen. Morgen besuchen wir dann Tóti!«

Was ist diesmal schief gelaufen?

Bisher ist noch nichts schiefgelaufen, doch das wird sich in den kommenden Monaten für Tóti und seine Familie ändern: Tóti ist ein Papageitaucher, auch Puffin oder Lundi genannt. Die tollpatschigen kleinen Vögel leben die meiste Zeit des Jahres auf dem offenen Meer und kehren nur zur Paarungszeit nach Island zurück. Hier treffen sie dann auch ihre Partner wieder. Denn Papageitaucher binden sich für ein Leben lang, und die Paare bekommen mehrmals Junge miteinander.

Hier kommt die Puffin-Patrouille ins Spiel: Auf den Westmännerinseln leben große Populationen von Papageitauchern, und im Sommer kehren diese vom offenen Meer zurück zu ihren Brutplätzen. An den Steilhängen der Berge rund um Heimaey werden dann Nester gebaut, Eier gelegt und Jungtiere aufgezogen. Sobald diese groß genug sind, unternehmen sie die ersten Flugversuche und segeln von den Klippen los. Leider sind einige der kleinen Abenteurer so von den Lichtern der Stadt fasziniert, dass sie diese ansteuern und in den Straßen von Heimaey landen. Weil die Vogeleltern sie hier nicht finden und die Kleinen nicht selbstständig zurückfliegen können, muss die Puffin-Patrouille helfen: Die kleinen Kinder der Insel gehen mit großen Pappkartons durch den Ort und sammeln die kleinen Vögel ein, um sie wieder zu ihren Nestern zu bringen.

Dieses Schauspiel ereignet sich alljährlich im Spätsommer, also vor allem im August. Vor einigen Jahren verirrte sich zu dieser Zeit auch Tóti in die Innenstadt. Als man ihn aufsammelte, war er patschnass, und das war ein Problem, denn Papageitaucher sind normalerweise relativ wasserfest: Das Wasser perlt am äußeren Gefieder ab, sodass es sich nicht vollsaugen kann. Bei Tóti funktionierte das mit der Imprägnierung offenbar nicht, und deshalb wurde er im lokalen Naturkundemuseum einquartiert. Er ging leider im Sommer 2018 von uns, doch bis dahin haben Tausende Islandreisende Tóti kennenlernen und ein Erinnerungsfoto mit ihm machen dürfen.

ERDBEBEN UND VULKANAUSBRÜCHE

Island liegt direkt auf der Grabenbruchzone zwischen zwei tektonischen Platten: der nordamerikanischen und der eurasischen. Nur so konnte das Land überhaupt entstehen. Die Lava suchte sich ihren Weg durch den eiskalten Ozean immer weiter nach oben, bis sie vor siebzehn bis zwanzig Millionen Jahren die Oberfläche durchstieß und eine kleine Insel bildete. Diese wurde über die Jahrhunderte und Jahrtausende immer größer.

Island ist damit einer der wenigen Orte, an dem der mittelatlantische Rücken aus dem Meer hervortritt. Die Azoren sind eine andere Inselgruppe, die in dieser Hinsicht sehr ähnlich sind.

Über dreißig aktive Vulkane gibt es in Island. Viele davon sind in den letzten hundert Jahren ausgebrochen, teilweise mehrfach. Der wohl berühmteste von ihnen, der Eyjafjallajökull, brach 2010 aus und sorgte für Chaos im Luftraum über Europa. Kurz darauf, im Jahr 2014, brach der Bárðarbunga aus und spuckte wochenlang aus einer langen Spalte glühende Lava. Er hinterließ dabei nicht nur ein brandneues Lavafeld, sondern auch eine kleine, vollkommen natürlich entstandene heiße Quelle im Hochland.

Der Unterschied zwischen Lava und Magma hat übrigens mit der Umgebung zu tun. Von Magma spricht man, wenn sich das flüssige Gestein unter der Erdoberfläche befindet; sobald es hervortritt, bezeichnet man es als Lava.

Derzeit richten sich alle Augen auf die Vulkane Hekla und Katla. Beide liegen im Süden des Landes und sind für einen Ausbruch quasi überfällig. Hekla brach zuletzt im Frühjahr 2000 aus, der ganze Ausbruch dauerte nur knapp zwei Wochen. Seitdem ist der Vulkan relativ still. Doch seit 2011 vermehrt sich die Aktivität wieder. Eine unter dem Gipfel liegende Magmakammer hat sich in den vergangenen Jahren immer mehr angehoben und aufgebläht, das konnten Wissenschaftler durch Satellitenbilder und Neigungsmesser feststellen.

Dutzende, oft Hunderte Erdbeben erschüttern Island jeden Tag. Doch fast alle sind nur messtechnisch erfassbar. Beben der Stärke vier und höher, die auch ein Mensch spüren könnte, sind vergleichsweise selten.

Einen kleinen Eindruck davon, wie Island einmal entstanden sein könnte, bekamen die Isländer und die Welt im Jahr 1963, als südlich von den Westmännerinseln ein untermeerischer Vulkanausbruch die kleine Insel Surtsey entstehen ließ. Wo vorher nur Wasser war, liegt heute eine 1,4 Quadratkilometer große Insel mit einem 154 Meter hohen Berg. Faszinierende Aufnahmen von der Entstehung sind im Internet oder auch im vulkanischen Museum auf Heimaey zu sehen. Schon heute leben auf der kleinen Insel Hunderte von Arten, die über den Luft- und Seeweg nach Surtsey kamen – manche durch Treibholz oder tote Tiere, die angeschwemmt wurden.

Wer sich für Vulkanismus interessiert, sollte dem Lava Centre an der Südküste des Landes unbedingt einen Besuch abstatten.

28 ELFENMEHR-FAMILIENHÄUSER

MAX STEIGT DEN ELFEN AUFS DACH

Am nächsten Tag auf den Westmännerinseln soll die abgebrochene Stadtrundfahrt weitergehen, und Max macht sich von seinem Gästehaus auf den Weg zu Ebbi, dem Tourguide, der sein kleines Büro im Hafen hat. Max ist der Erste am Bus und geht mit dem großen Isländer noch mal in das kleine Häuschen, auf dem der Name »Eyjatours« prangt. Die beiden unterhalten sich noch ein wenig über die Inselgruppe, über das Leben hier und trinken dabei eine Tasse Kaffee. Zusammen mit einer Gruppe sehr alter Menschen geht die zweistündige Fahrt noch einmal los: vorbei am Sprangan-Felsen, wo sich Ebbi gestern unerwartet sportlich vom Felsvorsprung zur Felsvorsprung geschwungen hatte, zum Elefantenfelsen und an der Küste entlang zum Leuchtturm am Südende der Insel.

Danach geht es an der Ostseite der Insel zurück nach Norden, über neues Land. Passender kann man es nicht beschreiben denn der Boden auf dem Max nun fährt, ist erst in den 1970er Jahren bei einem spektakulären Vulkanausbruch entstanden.

Ebbi berichtet von dem dramatischen Ereignis: Einer der Einwohner bemerkte am 23. Januar 1973 ein Leuchten in seinem Garten, öffnete die Balkontür und sah eine Fontäne glühender Lava nur wenige Hundert Meter von seinem Grundstück entfernt aufsteigen. Er rief den Bürgermeister an und sagte: »Du, ich glaube da bricht ein Vulkan hinter meiner Wiese aus.« Kurze Zeit später war das ganze Dorf in Aufruhr.

Noch am selben Abend wurde Familie Edwardsdottir gebeten, ihr Haus zu räumen, eine Bitte, der sie murrend nachkam. Der Vater packte seine Zigaretten und Streichhölzer ein, während er das daneben liegende Portemonnaie auf dem Küchentisch zurückließ. Sein Sohn packte die Schulbücher und Hausaufgaben ein, denn am nächsten Tag stand ein Test in der Schule an. Der Geldbeutel sollte nie wieder das Licht der Welt erblicken, und zur Schule konnte der Sohn für einige Wochen auch nicht mehr gehen. Denn erst am 3. Juli 1973, fast sechs Monate später, endete der Ausbruch des in der Zwischenzeit entstandenen Vulkans Eldfell, der heute über 200 Meter hoch ist und umgeben von über drei Quadratkilometern brandneuem Land, unter dem über 350 Häuser begraben sind.

Max ist begeistert von der Geschichte dieser Inselgruppe und nutzt die Zeit, die seine altersbedingt etwas gemächlicheren Begleiter benötigen, um zum Tourbus zurückzukehren, um Ebbi alles Mögliche rund um den Vulkanausbruch zu fragen. Er springt aufgeregt von Stein zu Stein, um Fotos von dieser bizarren Landschaft zu machen. Die großen Felsen bieten tolle Perspektiven auf das umliegende Land, und Max nimmt die Gelegenheit gern wahr, um ein paar Erinnerungen festzuhalten.

Auf dem Rückweg geht es am Haus eines Politikers vorbei, der sich nach seiner Karriere in der Hauptstadt hier zur Ruhe gesetzt hat. Als der Bus hält, springt Max sofort hinaus und schlendert an dem Garten vor dem Haus entlang, bis er zu einem großen Felsen kommt. Als er sich daraufsetzen will, ruft Ebbi von Weitem laut und dramatisch: »Nooooooo! Bist du verrückt!?«

Was ist diesmal schiefgelaufen?

Besagter Politiker kam nicht ohne Mitbringsel auf die Westmännerinseln: Nicht weniger als eine dreißig Tonnen schwere, dreigeschossige Elfenbehausung brachte Premierminister Árni Johnsen von der Südküste mit. Inklusive drei Generationen von Elfen, die darin leben und denen Max beinahe den Balkon zerstört hätte. Eine Geschichte gibt es dazu freilich auch:

Zum ersten Mal traf Árni Johnsen die Elfen im Januar 2010, als er bei einem schweren Autounfall wie durch ein Wunder unverletzt aus seinem vollkommen zerstörten Geländewagen kroch, der neben einem Felsen gelandet war. Schon damals war klar, dass es sich hier nicht um irgendeinen Felsen handeln konnte.

Ragnhildur Jónsdóttir, eine Spezialistin für Elfen, besichtigte den Felsen zusammen mit Árni und war begeistert. Nie zuvor hatte sie drei Generationen von Elfen in ein und demselben Felsen gesehen. Laut ihrer Aussage wohnten dort ein älteres Pärchen oben und ein jüngeres mit drei Kindern unten.

Kurz darauf sollte die Ringstraße an dieser Stelle erweitert und der Fels entfernt werden. Árni Johnsen bereitete daraufhin den Umzug der Elfen akribisch vor. Diese wollten ihren Felsen gern auf eine Wiese gesetzt bekommen, damit sie dort Schafe hüten könnten, und die Stirnseite des Felsen sollte in Richtung Meer zeigen.

Elfen haben eine lange Tradition in Island, und tatsächlich glaubt ein sehr großer Teil der Isländer an die Existenz von solchen Fabelwesen. Regelmäßig werden Straßen- und andere Bauprojekte verzögert, weil Elfen ihre Häuser auf dem Grund erbaut haben, wo die Bagger ausschachten wollen. Das mag skurril klingen, ist aber keineswegs ein Witz. Was man auch daran festmachen kann, dass Felsen für reale (und sehr große) Summen von A nach B transportiert werden. Erst im März 2015 wurde eine siebzig Tonnen schwere Elfenkirche unweit von Reykjavík an eine neue Stelle umgesetzt.

Dazu werden Experten herangezogen wie etwa Ragnhildur Jónsdóttir vom Álfagarðurinn, dem Elfengarten. Dort leben Elfen und sogenanntes Huldufólk (verborgene Menschen). Ragnhildur ist Medium und Expertin in Sachen Elfen-Angelegenheiten und berät Politiker, Kommunen und Geschäftsleute im Umgang mit diesen Geschöpfen.

HULDUFÓLK – VON ELFEN UND TROLLEN

Das versteckte Volk – *huldufólk* – ist ein wichtiger Teil der isländischen Geschichte und Folklore. Viele Mythen ranken sich sowohl um die Thematik an sich als auch um die Elfen und Trolle selbst.

Die meisten Verbindungen zu Elfen bestehen im Kontext der Weihnachts- und Neujahrsfeierlichkeiten. Die Yule Lads, dreizehn Trolle aus dem Hochland, kommen in dieser Zeit in die Städte und Orte (siehe das Kapitel »Von Trollen und Katzen – Max sucht den Weihnachtsmann«). In den isländischen Sagas kommen Elfen und Trolle ebenfalls regelmäßig vor. Während die Elfen meist namenlos bleiben, gibt es verschiedene Trolle, die eigene Charaktere und eine dazugehörige Geschichte haben.

Ein Beispiel dafür ist Bárður Snæfellsás, der zwar kein reinrassiger Troll ist, doch Trollblut in seinen Adern hat. Er besiedelte angeblich die Halbinsel Snæfellsnes und soll sich auch heute noch dort aufhalten. Er sitze im Berg beziehungsweise Gletscher Snæfellsjökull und bewache seine Schätze, heißt es.

An der Südküste, direkt am schwarzen Strand bei Vík, finden sich drei große Felsnadeln im Meer. Die Geschichte dazu besagt, es handle sich um drei riesige Trolle, die ein gekapertes Schiff vom Meer an Land ziehen wollten und dabei von der aufgehenden Sonne überrascht wurden, die sie zu Stein erstarren ließ.

Doch auch in der heutigen Zeit haben die Fabelwesen noch Einfluss. Bereits in den dreißiger Jahren sollte im Reykjavíker Vorort Kópavogur eine Straße erbaut werden. Diese sollte über den Álfhóll führen, den Elfenhügel. Beim Bau kam es zu vielen Problemen und Unfällen, weshalb er zum Erliegen kam. In den achtziger Jahren wollte man die Straße dann endlich fertigstellen. Wieder kam es zu massiven Problemen, unter anderem wurden zwei riesige Bohrköpfe zerstört. Die Arbeiter weigerten sich, an diesen Felsen weiterzuarbeiten, und so wurde der Álfhóll von der Stadt zum kulturellen Wahrzeichen erklärt. Die Straße führt weiterhin um die Elfensiedlung herum.

Es gibt weitere Bauprojekte, die wegen Bedenken in Bezug auf ökologische und das Huldufólk betreffende Aspekte eingestellt oder verlegt wurden. Dies wurde immer wieder von verschiedenen Medien aufgegriffen, sodass im Zuge der Berichterstattung der Eindruck entstand, alle Isländer glaubten uneingeschränkt an die Existenz von Elfen und Trollen.

In verschiedenen Studien wurde dies untersucht, und überraschenderweise glaubt nur eine sehr kleine Zahl von Isländern wirklich an die Existenz des Huldufólk, je nach Studie meist um die zehn Prozent. Laut einer Studie aus dem Jahr 1975 lässt sich der Glaube an Fabelwesen bei den Isländern wie folgt aufschlüsseln:

unmöglich: 10 %

unwahrscheinlich: 18 %

möglich: 33 %

wahrscheinlich: 15 %

definitiv: 7 %

keine Meinung: 17 %

Abgesehen von diesen Zahlen kann man wohl sagen, dass die Legenden um Elfen, Trolle und ihre Interaktion mit den isländischen Menschen vor allem eine schöne Anekdote für die Besucher des Landes sind. Vielleicht sollte es manchmal auch gar nicht um Fakten gehen, sondern einfach um eine möglichst schöne Sicht auf die Welt um uns herum.

29 GAMMELFISCH, SCHAFSKOPF UND WIDDERHODEN

MAX GEHT ESSEN

Am Abend seiner langen Tour durch Heimaey findet sich Max im kleinen Gästehaus wieder und hat erst mal Hunger! Die junge Dame an der Rezeption sieht vertrauenerweckend und nett aus, also fragt er nach einer Empfehlung für ein Restaurant. Es gibt erstaunlich viele für so einen kleinen Ort. Die meisten sind in der Nebensaison jedoch offenbar geschlossen, und so entscheidet sich Max für das wärmstens empfohlene Restaurant Einsi Kaldi. Hier soll ein begnadeter Koch die besten Speisen der Insel kreieren. Nicht ganz günstig, aber eine klare Empfehlung.

Max hat in den letzten Wochen genug Trinkgeld kassiert, da kann er sich auch mal einen Abend etwas gönnen. Auf geht es also in den Ortskern. Der Weg ist nicht weit, zumindest wenn man sich nicht verläuft. Max verläuft sich natürlich. Er braucht nie mehr als zwei Wege, um den falschen zu wählen. Hier auf Heimaey ist das aber nicht schlimm, denn zum einen gibt es viel zu sehen und zu entdecken, zum anderen sind die Wege sowieso kurz.

Kurz verschlägt es ihn also statt nach Norden in Richtung Osten, und er landet am Rande des großen Lavafeldes. Von hier aus kann man wirklich gut erkennen, wie der Vulkanausbruch das Land umgeformt hat. Der Ort ist nicht etwa dicht an die Lava herangebaut, wie man es von Orten an Bergen kennt, sondern der Berg hat sich ein Stück weit über den Ort gelegt, was ein faszinierendes Bild ergibt.

Von hier aus ist es dann auch nicht mehr weit zum Restaurant. Nur ein Stück nach Norden und dann zurück in Richtung Ortskern. Max muss kurz suchen, denn es gibt einige Restaurants: ein Steakhaus, eine Pizzeria. Doch im Erdgeschoss eines Hotels entdeckt er dann das kleine Restaurant. Die Ausstattung ist modern und gehoben, die Bar offen und die Tische sind leer. In der Nebensaison scheint hier nicht viel los zu sein. Außerdem ist Max relativ früh dran, wie sich später herausstellt.

Er nimmt an einem der Tische am Fenster Platz und kommt mit dem Kellner ins Gespräch. Es stellt sich heraus, dass dieser in Reykjavík nur wenige Meter von dem Haus, in dem Max nun wohnt, aufgewachsen war. Sie sprechen eine Weile über die Stadt, darüber, was den jungen Mann auf die Westmännerinseln verschlagen hat (die Liebe), und dann über das Tauchen. Der Kellner sagt: »Tauchen? Der Chef des Hauses hat da großes Interesse, vielleicht kann er dir ja ein oder zwei Fragen stellen, bevor mehr Gäste kommen und es in der Küche zu hektisch wird?« Max willigt natürlich ein, obwohl sein Magen langsam grummelt.

Kurz darauf kommt Einar Björn Árnason, der Chefkoch und Namensgeber des Restaurants, aus der Küche und setzt sich zu Max an den Tisch. Der Isländer ist Ende dreißig, relativ groß und trägt eine klassische Kochuniform inklusive Mütze, die er aber zum Gespräch absetzt. Er ist sichtlich begeistert von dem Zufall, einen Tauchexperten im Haus zu haben, denn in den kommenden Tagen will er nach Reykjavík reisen, um die berühmte Silfra-Spalte tauchend zu erkunden. Max erklärt, wie das Ganze ablaufen wird, wie und worauf er sich vorbereiten kann und gibt ein paar Geheimtipps wie: »Bloß nicht mit den Händen rudern, dann werden nur deine Finger schneller kalt!«

Einar strahlt vor Freude, steht auf und beugt sich über den Tisch zu Max: »Vielen Dank, mein Lieber, jetzt bin ich perfekt vorbereitet und freue mich noch mehr auf den Ausflug! Und was kann ich dir heute Gutes tun?«

»Ich möchte mal etwas typisch Isländisches essen. Richtig deftiges Landessen, weißt du, was ich meine? In Reykjavík bekommt man ja nur Burger und Pommes!«

Der Koch grinst und nickt wissend: »Das stimmt. Da oben ist die Küche sehr international, was auch toll ist. Aber viele Reisende vermissen es, zumindest die Option zu haben, lokales Essen zu bekommen.«

Max freut sich bereits auf deftiges isländisches Essen, darunter stellt er sich ein saftiges Steak oder Fisch vor. Auf jeden Fall irgendwas, das ordentlich satt macht.

Der Koch fährt fort: »Ich mach dir ein Probiermenü, mit allen Klassikern: Wir fangen mit fermentiertem Hai an, der wird wochenlang liegen gelassen und dann als Delikatesse serviert. Danach geht es weiter mit Schafskopf: Wir schmoren einen ganzen Schafskopf über mehrere Stunden und halbieren ihn erst kurz vor dem Servieren. Besonders das Fleisch an den Bäckchen ist richtig, richtig lecker! Weiter geht es mit Hrútspungar, einer besonderen Delikatesse: Widderhoden, die gepresst und dann in saure Molke eingelegt werden. Zum Abschluss habe ich dann auch noch Blódmör, das kennst du aus Deutschland vielleicht als Blutwurst, ist bei uns aber ein Pudding.«

Max bleibt einen Moment still. Er schaut Einar an, fängt an zu grinsen und ruft laut lachend: »Das ist aber nicht nett! Da helfe ich dir mit Tipps fürs Tauchen, und du verdirbst mir den Appetit!«

Was ist diesmal schiefgelaufen?

Max hatte bestimmte Erwartungen an die isländische Küche, doch die Realität sieht anders aus: Alle Speisen, die der (übrigens bekannte und hochgelobte) Chefkoch hier aufzählt, sind tatsächlich isländische Spezialitäten. Auch wenn den Isländern bewusst ist, dass ihre Spezialitäten etwas spezieller sind als anderswo, fühlen sie sich aber vielleicht dennoch auf den Schlips getreten, wenn man das so humoristisch kommentiert.

Warum Menschen Schafsköpfe und Widderhoden essen, erschließt sich relativ schnell aus der Geschichte Islands. Vor über tausend Jahren sah Island beinahe genauso aus wie heute, nur gab es von fast allem weniger: weniger Häuser, weniger Menschen und weniger Tiere. Damals gab es noch genug Bäume, also konnten Häuser relativ leicht erbaut werden, und mehr Menschen kamen regelmäßig mit Schiffen ins Land. Doch Tiere zu züchten dauert eben seine Zeit. Wenn man zwischendurch mal ein Tier schlachten konnte, musste man Wege finden, so viele Bestandteile wie möglich zu nutzen. Man konnte es sich nicht erlauben, verschwenderisch zu sein und beispielsweise den Kopf oder andere Körperteile einfach wegzuwerfen.

Der berühmt-berüchtigte Gammelhai Hákarl – nicht zu verwechseln mit dem Weihnachtsgammelrochen Kæst skata – wird aus dem Fleisch des Grönlandhais hergestellt. Dieses ist unbehandelt ungenießbar bis giftig, weil diese Fische Salz und Harnstoffe in ihrem Körper ansammeln. Nur durch die Trocknung und das Ausdampfen von Ammoniak über viele Wochen hinweg wird das Fleisch für den Menschen essbar (ich nehme bewusst Abstand von dem Wort genießbar). Diesen Aufwand betrieb man zur damaligen Zeit vermutlich nur, um auch in den kalten Monaten etwas zu essen zu haben. Eine Art der Konservierung, die auch in anderen Teilen der Welt genutzt wurde.

Was können Sie besser machen?

Die Isländer lachen sicher gerne mit, wenn es um das Thema Essen geht, denn ihnen ist bewusst, dass viele der traditionellen Gerichte eher eigenwillig sind. Man sollte sich trotzdem nicht lustig darüber machen, sondern einen gewissen Respekt der Tradition gegenüber an den Tag legen.

Gerichte wie Hákarl, Svidasulta oder Hrútspungar werden heute nur noch auf Wunsch in Restaurants zubereitet, und um ehrlich zu sein, muss man ein wenig suchen, um ein Restaurant zu finden, das diesem Wunsch überhaupt nachkommen kann. Trotzdem sind sich die Einwohner der kleinen Insel im Nordatlantik sehr wohl bewusst, woher diese Gerichte stammen und welche Bedeutung sie für das Land haben.

Eine Tradition, die viele Isländer immer noch praktizieren, ist das Essen von Kæst skata zum Weihnachtsfest. Bei dem fermentierten Rochen handelt es sich um ein ähnliches Geschmackserlebnis wie beim fermentierten Grönlandhai Hákarl. Wer einmal zu Weihnachten in Island ist und durch die Straßen von Reykjavík schlendert, dürfte den Geruch von Lebkuchen jedenfalls schmerzlich vermissen!

FAST FOOD IN ISLAND

Vielleicht ist es Ihnen bereits aufgefallen: Nicht einmal am Flughafen haben Sie einen McDonald's oder einen Starbucks gefunden. Fast-Food-Ketten, die in anderen Teilen der Welt zur Grundausstattung von Flughäfen und größeren Städten gehören, sind in Island weit und breit nicht zu finden. Wie kommt das?

Es gibt zu dieser Tatsache einige wilde Theorien, doch letztlich ist die Sachlage wie so oft relativ einfach: Man schätzte Island als einen zu kleinen Markt ein beziehungsweise nahm lange Zeit an, hier einfach nicht genug Geld verdienen zu können. Außerdem sind die Lohnkosten in Island im Vergleich zu anderen Ländern extrem hoch, was das Geschäftsmodell von Fast-Food-Ketten empfindlich trifft.

Das heißt jedoch nicht, dass es sie nicht gibt: Reykjavík hat mehrere Filialen der Restaurantketten Subway (Sandwiches), Domino's Pizza, Quiznos (Sandwiches) und seit kurzem auch Dunkin' Donuts. Einige dieser Marken sind Ihnen vielleicht noch nicht bekannt, doch in den USA sind sie weit verbreitet. Island ist hier in vielerlei Hinsicht näher an den USA als an Europa.

Auch einen McDonald's gab es mal in Island, doch das Restaurant schloss 2009, kurz nach Ausbruch der Finanzkrise. Der Isländer Hjörtur Smárason kaufte wehmütig ein letztes Menü und entschied sich, dieses aufzubewahren. Drei Jahre lang, in einer Plastiktüte. Als sich keinerlei Zerfall einstellte, entschied er sich, den Burger samt Fritten im Bus Hostel in Reykjavík auszustellen. Dort ist er heute noch zu bestaunen und befindet sich in einem fantastischen Zustand.

Starbucks sah nie einen guten Grund, in Island einen Laden zu eröffnen. Das Land hat eine gute Ausstattung an Cafés und eigenen Röstereien, und auch wenn Isländer gerne und viel Kaffee trinken, sah man hier wohl kein interessantes Geschäftsfeld.

Das beliebteste Streetfood in Island ist und bleibt aber sowieso – der Hotdog. An jeder Tankstelle und an vielen kleinen Buden kann man den isländischen Hotdog kaufen. Bevorzugte Version: mit allem. Das heißt auf dem Brötchen liegt ein Würstchen, auf dem Würstchen liegen drei Soßen, und auf den drei Soßen liegen geröstete und gebratene Zwiebeln und Gurken. Wer sich über den Geschmack wundert: Es schmeckt hier anders als bei Ikea, weil die Würstchen aus Lammfleisch gemacht sind. Der berühmteste Hotdog ist bei Bæjarins Beztu Pylsur in der Hafenregion zu bekommen. Der Name bedeutet so viel wie »bester Hotdog der Stadt« und verleitete Bill Clinton im Jahr 2004 zu einem Besuch.

30 DONNERBROT

MAX LÄSST DAMPF AB

Island ist teuer. Für ein Mittagessen zahlt man schnell zwanzig Euro, für einen Cappuccino gut und gerne vier bis fünf Euro; die Liste teurer Leckereien ist lang. Max, der gern leckere Sachen isst, kann davon ein Lied singen. Mit seinem mageren Einkommen von null Kronen lebt er von Ersparnissen und gönnt sich nur an seinen freien Tagen mal ein Essen auswärts. In Relation zu dem, was er verdient und wie teuer das Essengehen hier ist, ist Max durchaus oft in Restaurants. Im Vergleich zu Deutschland jedoch extrem selten.

Umso glücklicher ist Max, wenn die Kollegin aus dem Tauchladen ihm mal wieder etwas Gekochtes, Gebackenes oder sonst irgendwie lecker Zubereitetes mitbringt. Heute ist es ein Milchkarton. Max schaut etwas verdutzt und fragt, was es damit auf sich habe. »Rúgbrauð«, antwortet Maria und zieht ein kleines Gummiband vom Karton ab, das eine Lage Backpapier auf dessen oberen Ende fixierte. Darunter kommt eine Art Lebkuchen zu Tage.

»Oooh!«, strahlt Max. »Ich liebe Lebkuchen!«

»Das ist kein Lebkuchen, das ist…« Maria wird jäh unterbrochen, denn die Tour geht los und Max springt bereits die Treppenstufen hinunter: »Dankeeee!«

Weil es heute kein Frühstück gab, knabbert Max die gesamte Hinfahrt über an dem vermeintlichen Lebkuchen, der aus dem Milchkarton ragt. Oder besser: ragte, denn mittlerweile hat Max bereits fast ein Drittel davon vertilgt.

»Was isst du da eigentlich?«, fragt der Kollege, und Max zeigt ihm die Leckerei.

»Ich weiß es gar nicht so genau. Sieht aus wie Lebkuchen, schmeckt auch ein bisschen so, aber nicht so ganz. Ist auch kein Lebkuchen.«

Jammi lacht: »Danke für die Auskunft, Max. Ihr Deutschen wisst einfach alles!«

Max streckt den linken Daumen nach oben, während er einen weiteren großen Brocken des Brotes abbeißt.

Im Nationalpark wartet Anna, die Kollegin aus der Buchhaltung, bereits auf Max. »Was machst du denn hier?«, fragt Max.

»Wir hatten heute eine Golden-Circle-Tour, und ich habe zu viele Buchungen angenommen. Weil wir aber nicht genug Guides haben ...«

»... bist du jetzt hier und zeigst den Leuten dein wunderschönes Land!«, ergänzt Max. Er kann sich ein Grinsen nicht verkneifen, denn Anna mag Touristen nicht. Sie ist gebürtige Isländerin und über den Tourismusboom alles andere als erfreut. Orte, die sie als Kind in der Natur entdeckt hat, sind ihr heute fremd und zu voll mit Touristen. Oft industriell umgebaut und noch öfter durch die Massen an Wanderstiefeln komplett zerstört. Entsprechend steht sie Besuchern eher kritisch gegenüber, auch wenn sie in dieser Industrie arbeitet.

»Ironie, nennt man das!«, murmelt Max und steckt sich den letzten Krümel Rúgbrauð in den Mund.

»Das ist doch Rúgbrauð? Von Maria?«, fragt Anna verdutzt und Max antwortete schnell: »Ja. Hat sie für mich gebacken! Das lag nicht im Büro für alle!«

»Hast du das ganze Ding allein verdrückt?«

»Maria hat es für *mich* gebacken, und ich habe Jammi sogar was angeboten!«

»Du kommst mit mir, kleiner *þrumari*!«, lacht Anna und winkt Max zu ihrem kleinen Bus: »Jammi kommt hier auch allein klar, und du kennst den Golden Circle mittlerweile gut genug, um die Tour zu leiten. Außerdem will ich das Feuerwerk nicht verpassen.«

Eigentlich ist es Max ja zuwider, Anna diese Aufgabe abzunehmen. Aber eine alternative Aufgabe zum Tauchen kommt ihm, ehrlich gesagt, gerade recht, und wenn es auch noch ein Feuerwerk geben soll - super! Die beiden suchen ihre Gruppen zusammen und fahren los in Richtung Geysir. Schon auf dem Weg wird Max immer mulmiger: Sein Bauch grummelt, und er fühlt sich voller, als er es sein sollte von so einem kleinen Brot.

Am Geysir angekommen, drehte er mit den Gästen eine kleine Runde um das Gelände und wartete dann an dem kleinen Bassin auf die große Wassersäule, die alle zehn bis fünfzehn Minuten in die Höhe geschleudert wird. Das würde ihm auch Gelegenheit geben, etwas loszuwerden, das ihm deutlich auf den Darm drückt. Sobald der Geysir explodiert, sind die Umgebungsgeräusche ausreichend, dass auch Max etwas Dampf ablassen kann.

Zurück am Auto schaut Max Anna an und verzieht das Gesicht: »Irgendwie ist mir nicht gut«

»Was ist denn?«, fragt Anna und unterdrückt ein spöttisches Lächeln.

»Keine Ahnung. Mein Bauch drückt wie verrückt und ich muss dauernd ...« – er lehnt sich zu Anna und flüstert – »... pupsen!«

Anna kann kaum an sich halten und hält sich die Hand vor den Mund. Als sie sich wieder gefasst hat, startet sie wortlos den Wagen und sagt: »So, jetzt fahren wir zum Bruarfoss. Ein kleiner, aber sehr besonderer Wasserfall und eine stille, sehr stille Gegend.«

Den ganzen Nachmittag lang kämpft Max mit seinen Blähungen, sucht verzweifelt nach Toiletten oder sonstigen stillen Örtchen, die weit genug von der Reisegruppe entfernt liegen, damit die Gäste außer Hörweite sind. Eine Tortur, die gesamte Reise eine einzige große Qual!

Nachdem Anna am späten Nachmittag dann irgendwann auch den letzten Gast an seinem Hotel abgesetzt hat, steigt sie in den kleinen Bus und schaut Max an: Ein nasser Labradoodle könnte nicht armseliger dreinschauen, und Anna bekommt ihr Kichern bis zum Tauchladen nicht mehr in den Griff. Als sie dort ankommen, läuft Maria gerade die eisernen Treppen des oberen Büros herunter. Anna parkt den Bus, reißt die Tür auf und ruft ihr entgegen: »Ich habe dir Max, den kleinen *þrumari*, mitgebracht!«

Beide bekommen sich vor Lachen nicht mehr ein, während Max sich fragt, was da heute genau geschehen ist.

Was ist diesmal schiefgelaufen?

Rúgbrauð ist eine typisch isländische Speise: ein Brot aus Roggenmehl, Hefe, Milch, Salz und Zucker. Deftig, nährstoffreich und voller Energie. Das Brot wurde früher in kleinen Holzkisten verpackt direkt an heißen Quellen oder im nahe gelegenen heißen Boden gebacken. Geschmack und Konsistenz erinnern tatsächlich eher an Lebkuchen als an Brot, doch durch die Zutaten löst es bei übermäßigem Verzehr leicht Blähungen aus.

Aus diesem Grund bekam es, genau wie Max, den Spitznamen *þrumari*, frei übersetzt: der Donnerer.

Was können Sie besser machen?

Sollten Sie Rúgbrauð auf der Speisekarte sehen, zügeln Sie ihren Appetit am besten ein wenig. Das ist nicht sonderlich schwierig, denn um die Mengen zu verzehren, die einen zum »Donnerer« werden lassen, muss man schon ganz schön zuschlagen. Wenige Scheiben Rúgbrauð wird man ebenso wenig bemerken wie ein paar Scheiben Roggenbrot oder eine Portion Bohnen.

Generell ist die isländische Küche zwar gewöhnungsbedürftig, aber ungefährlich. Anders als beispielsweise in Asien wird man hier kaum mit besonderen Gewürzen oder sonstigen Zusatzstoffen in Berührung kommen. Außerdem wird allein der Geschmack Sie in vielen Fällen davon abhalten, ungesunde Mengen einer bestimmten Speise zu verzehren.

31 GROSSE ERWARTUNGEN

MAX UND DIE NORDLICHTER

Level 5. Kaum Wolken. Eigentlich gar keine Wolken. Heute ist es so weit, da ist sich Max sicher: Nordlichter!

Seit er hier ist, studiert Max jeden Tag die Wettervorhersage und prüft regelmäßig den Polarlicht-Pegel. Bisher haben die Zahlen nie gepasst, und dementsprechend ist er auch nie länger als nötig wach geblieben. Denn das ist keine leichte Aufgabe, wenn man einen Zehn-Stunden-Arbeitstag hinter sich hat, an dem man tonnenweise Equipment hin- und hergeschleppt hat, und wenn es gegen fünf Uhr abends bereits stockfinster ist.

Außerdem lebt Max ja nun mal mitten in Reykjavík und nicht auf dem platten Land: Hier gibt es so viele Lichter und Lampen, dass die Nordlichter viel aktiver sein müssen, als es für eine Sichtung im Nationalpark oder im Hochland notwendig ist. Und als wenn das noch nicht schwierig genug wäre, muss ja auch noch die Wolkendecke ausreichend offen sein, um das Spektakel überhaupt sehen zu können.

Doch heute wird das schon alles passen, beschließt Max. Es ist einer seiner freien Tage, also ist er in der Stadt unterwegs. Er sitzt in seinem Lieblingscafé, dem Reykjavík Roasters, und schlürft einen Flat White. Ein Heißgetränk, das er in Südafrika kennen- und lieben gelernt hat. Von hier aus geht er noch eine Runde an der Promenade entlang, von der metallischen Sun-Voyager-Skulptur zur großen Konzerthalle Harpa. Danach durch den alten Hafen und zum Eisladen Valdis.

Bei Valdis bekommt man zu jeder Jahreszeit und bei jeder Temperatur das beste Eis der Stadt. Man sollte meinen, von Eis hätten die

Isländer eigentlich genug. Doch der Laden brummt und ist einer der wenigen Orte der Stadt, an denen man sich öfter unter Isländern als inmitten von Touristenmassen wiederfindet.

Von hier geht Max nach Hause, um Bubu zu machen. Mittagsschlaf, für alle die das Wort nicht kennen. Der Abend kann lang werden. Die GoPro hängt am Ladekabel, das Smartphone ebenso, und die kleine Digitalkamera, die er sich aus dem Tauchladen mitgenommen hat, ist bereits geladen und mit einer leeren Speicherkarte ausgestattet. Den Wecker stellt er sich auf zwanzig Uhr, das sollte perfekt sein, um die Nacht zu starten.

Während Max schlummert, schaltet man in Reykjavík die Lichter aus. Bei guten Prognosen für Nordlichter und wenn auch die Wolkensituation vielversprechend ist, werden hier ab und an die Straßenlampen und sonstige öffentliche Lichtquellen abgeschaltet. Geschäfte machen die Reklametafeln aus, sogar das Fußballfeld wird abgedunkelt. Denn durch die Lichtverschmutzung des Nachthimmels über der Stadt können Nordlichter oft nicht wahrgenommen werden, obwohl sie da sind. Was bei gleichen Bedingungen auf dem Land ein Schauspiel wäre, bekommt man hier einfach gar nicht mit.

Um Punkt acht klingelt der Wecker. Max drückt die Schlummer-Taste. Um Punkt neun wacht er auf und ärgert sich. In Windeseile zieht er sich an, wirft seine Kameras in den Rucksack und eilt hinaus. Er geht die Straße am alten Hafen entlang, heute jedoch in Richtung Süden. Hier gibt es einen kleinen Leuchtturm, ein natürliches heißes Fußbad und vor allem: die perfekte Sicht auf das Hafenbecken. Auf dem Weg kommt Max an vielen Fotografen vorbei, die ihre Stative offenbar schon vor Stunden aufgebaut haben. Verpasst hat er aber nichts, alle sagen, bisher sei es ruhig gewesen.

Kvika ist ein in einen großen Felsen gefrästes Becken, in welches heißes Wasser aus dem Boden geleitet wird, das perfekt am Meer liegt mit Ausblick in den Fjord. Einmal am Fußbad angekommen, baut Max seine Kameras auf. Die GoPro soll eine Zeitraffer-Aufnahme vom gesamten Abend machen. Für die kleine Kamera hat er ein Stativ dabei, und das Smartphone will er für Schnappschüsse nutzen. Jetzt heißt es geduldig sein. Die Füße baumeln im warmen Wasser, die Hände stecken in dicken Wollhandschuhen, und die Augen sind stets auf den Horizont gerichtet. Irgendwann taucht eine Wolke am Himmel auf. Oh nein, denkt Max und fürchtet bereits, den Abend wieder abhaken zu können. Die Wolke verwandelt sich jedoch irgendwann in ein dünnes Band, und kurz darauf kann man einen Hauch von Grün erkennen.

Max macht einige Fotos mit der Kamera und dem Smartphone, doch er will warten, bis die Nordlichter richtig losgehen. Dann öffnet er Instagram auf seinem Handy und sucht nach Bildern in der Umgebung. Ein gutes Dutzend Fotos von Nordlichtern baut sich auf dem Display auf, eines beeindruckender als das andere. Er schaut hoch: eine große, blasse Wolke, sonst nichts. Er sieht sich um: Rechts und links von ihm sind nur vereinzelt Menschen zu sehen. Die Wenigen stehen an ihren Stativen und blicken durch die Sucher. Doch immer mehr Bilder tauchen im Feed auf, und irgendwann denkt Max: Das kann ja nicht sein! Ich stehe sicher am falschen Ort!

Er packt seine Siebensachen zusammen und geht zurück in Richtung Stadt. Auf dem Weg bleibt er bei einigen Fotografen stehen und fragt, was diese so gesehen und fotografiert haben. Einige erwidern, es sei heute nicht genug gewesen für schöne Fotos, doch andere zeigen ihm beeindruckende Bilder von einem hellgrün erleuchteten Himmel.

Zu seiner Verwirrung gesellt sich nun große Enttäuschung: Hat er einfach den richtigen Moment verpasst? Das würde er ja dann auf der Aufnahme im Zeitraffer sehen. Also schnell nach Hause, die GoPro an den Computer angeschlossen und die Videodateien auf den Computer überspielt. Jede einzelne geht er Bild für Bild durch und siehe da: nichts! Nicht einmal die hellgrüne Wolke kann man auf diesen Aufnahmen erkennen. Was für ein ernüchternder Abend!, denkt Max. Aber ich bin ja noch ein paar Wochen hier. Irgendwann werde ich sie schon sehen, die Nordlichter!

Was ist diesmal schiefgelaufen?

Max hat sie tatsächlich zu einer anderen Gelegenheit noch mal zu sehen bekommen, die Nordlichter. Das ändert aber nichts daran, dass er sie auch an diesem Abend bereits gesehen hat. Er war nur geblendet von dem, was andere über die Nordlichter berichtet hatten.

Die Bilder auf Instagram waren zu großen Teilen gar nicht von diesem Abend und auch nicht von diesem Ort. Sie waren Monate oder Jahre zuvor aufgenommen worden. Teilweise am anderen Ende der Insel und teilweise sogar in anderen Ländern. Und nur in den seltensten Fällen mit einer Handykamera! Viele Profile auf diesen Diensten leben einfach davon, möglichst viele Klicks zu bekommen, und deshalb werden die Fotos entsprechend bearbeitet, kuratiert und zum richtigen Zeitpunkt mit der richtigen Ortsangabe wiederverwertet.

Bearbeitet ist dabei ein wichtiges Zauberwort: Viele Bilder von Nordlichtern sind derart nachbearbeitet, dass man auch eine einfache Wolke grün und lila hätte einfärben können. Mehr haben diese Bilder mit der Realität auch nicht zu tun.

Denn auch wenn ein Nordlicht mit bloßem Auge kaum erkennbar ist, wird die Aufnahme mit dem richtigen Equipment und den richtigen Einstellungen an der Kamera zu einem wahren Meisterwerk. Dafür muss man das Bild nicht einmal nachbearbeiten.

Was können Sie besser machen?

Nordlichtern tritt man am besten ganz ohne Erwartungen gegenüber. Wer sich vorher bei Instagram und Facebook Fotos von dem Spektakel anschaut, wird mit sehr hoher Wahrscheinlichkeit enttäuscht. Wie bei jedem Foto steckt hinter diesen Bildern oft eine lange Geschichte: Der Fotograf hatte entweder einfach das große Glück, zur richtigen Zeit am richtigen Ort zu sein, oder im Augenblick des Abdrückens machten sich lange Recherche und Vorbereitungsarbeit bezahlt. Oft suchen Fotografen wochenlang nach dem richtigen Motiv, fahren danach regelmäßig dorthin und warten auf den einen Abend, an dem die Nordlichter in der richtigen Position am Himmel stehen.

Die Kamera sieht die Nordlichter übrigens schon, wenn das bloße Auge sie noch als grauen Wolkenschleier wahrnimmt. Dennoch werden die meisten Bilder von der Aurora borealis, wie das Nordlicht wissenschaftlich heißt, nachbearbeitet: Der Hintergrund wird etwas aufgehellt, der Kontrast angehoben, und die Lichtquellen rund um das Motiv werden bearbeitet. Mit dem visuellen Eindruck, der beim Entstehen des Bildes herrschte, haben diese Bilder oft wenig zu tun. Sie haben jedoch den Wow-Effekt und bekommen mehr Likes in den sozialen Medien.

Am besten ist es, wenn Sie ohne große Erwartungen auf die Jagd nach den farbigen Himmelserscheinungen gehen.

NORDLICHTER

Die Nordlichter faszinieren die Menschen seit jeher. Schon die ersten Siedler in Island schauten zu den Himmelserscheinungen hinauf und deuteten diese als Zeichen der Götter. Heute wissen wir zumindest ein wenig mehr über das Schauspiel am Himmel.

Die Lichter entstehen, wenn geladene Plasmateilchen von der Sonne ausgestoßen werden und in der Magnetosphäre mit den Teilchen der dort vorhandenen Gase kollidieren. Je nach Intensität der Ladung und der getroffenen Gase entstehen leuchtende Bahnen, die sich teilweise um den ganzen Planeten ziehen.

Nordlichter werden meist als grüne Bahnen wahrgenommen, die sich langsam, aber gut sichtbar durch die Luft schlängeln. Die Farbe entsteht, wenn Sauerstoffteilchen mit anderen Sauerstoffteilchen kollidieren. Das geschieht in etwa einhundert Kilometern Höhe, also etwa sechs- bis zehnmal höher, als ein Flugzeug unterwegs ist.

Werden die Teilchen noch höher getroffen, in etwa zweihundert Kilometern Höhe, wird rotes Licht freigesetzt. Dieses sieht man relativ selten, und wer es einmal zu Gesicht bekommt, kann sich durchaus glücklich schätzen.

Wie ein Sechser im Lotto sind blaue oder violette Lichter einzuordnen. Diese entstehen, wenn Stickstoffteilchen getroffen werden. Doch sogar viele Isländer haben diese Farbe noch nie am Himmel gesehen.

Unter http://en.vedur.is/weather/forecasts/aurora/ kann man eine Vorschau für die Intensität der Nordlichter sowie der Wolkendichte über Island sehen. Die Daten sind ein guter Anhaltspunkt, aber oft stimmen sie nicht: Winde sind sehr schwer vorherzusagen. Außerdem hört man immer wieder, dass Menschen die schönsten Nordlichter ihres Lebens bei relativ schlechten Vorhersagen sahen und fantastische Werte zu keinerlei Sichtungen führten.

Wenn Sie das Phänomen fotografieren möchten, sollten Sie sich nicht auf das Smartphone oder eine GoPro verlassen. Eine Kamera mit einstellbarer Belichtungszeit und einem lichtstarken Objektiv hilft ebenso wie ein Stativ.

Die beste Jahreszeit, um die Aurora borealis zu bestaunen, sind die Wintermonate. Die Saison beginnt im September/Oktober, und gegen April/Mai verschwinden die Himmelslichter. Wie die Sonne sind sie zwar dauerhaft vorhanden, doch für uns Menschen einfach nicht immer sichtbar.

Einen idealen Ort, um Nordlichter zu sehen, gibt es übrigens nicht. Überall in Island kann die Aurora borealis potentiell auftauchen, und überall kann sie sich hinter Wolken verstecken. In Städten und anderen Orten mit viel künstlichem Licht ist es allerdings generell schwieriger, die schwachen Lichter zu erkennen. Wollen Sie Ihre Chancen erhöhen, sollten Sie unbedingt aufs Land hinausfahren und eine Menge Sitzfleisch mitbringen!

32 SCHUHE AUS!

MAX GEHT IN DEN KNAST

Endlich ist es so weit: Max und Andrea starten ihren lang geplanten Roadtrip entlang der Ringstraße. Seit einigen Wochen hatten die beiden sich darüber unterhalten, zum Ende ihrer Zeit in Island zusammen eine Rundreise zu machen. Gemeinsam reisen ist schöner als allein, und beide hatten von Freunden und Kollegen so viele Tipps und Empfehlungen bekommen, dass sie zusammen eine tolle Reise zusammenstellen konnten. Heute fahren sie zunächst auf die Halbinsel Snæfellsnes. Die Region ist bekannt für ihre wunderschöne und vielfältige Landschaft und wird oft als Miniatur-Island bezeichnet.

Die Fahrt ist zwar von Reykjavík aus auch als Tagestrip machbar, doch die beiden haben ausreichend Zeit, um dort ein oder zwei Nächte zu verbringen. Daher geht es gemütlich und nicht zu früh am Morgen los. Die beiden werden sowieso eine etwas andere Route nehmen und zuerst den Norden von Snæfellsnes erkunden, weil Andrea noch einen Bekannten besuchen möchte. Im Knast.

»Keine Sorge. Thor arbeitet dort als Gärtner, er ist kein Krimineller!«, erklärte Andrea bereits, als sie Max fragte, ob sie einen kleinen Umweg fahren könnten. Nicht dass Max ein Problem damit hätte, einen Insassen zu besuchen, doch diese Erklärung beruhigte ihn trotzdem ein wenig. Andrea hatte zum Thema Gefängnis einmal einen Artikel in der Lokalzeitung geschrieben und dafür mit Thor gesprochen und daraus war eine Art Brieffreundschaft entstanden. Ohne Briefe, mit Sprachnachrichten.

Das kann Max bis heute nicht verstehen, wie Menschen in diese kleinen grauen Kistchen sprechen können, um anderen Menschen etwas zu sagen. Er arbeitet als Programmierer und schreibt viel lieber eine ellenlange E-Mail, als auch nur zehn Minuten zu telefonieren. Doch Sprachnachrichten sind für ihn eine Qual, ein absolutes No-Go! Wann immer ihm Freunde oder Bekannte Sprachfetzen schicken, antwortet er stets in Textform. Ganze Konversationen in seiner Chat-App bestehen aus dem Kopfhörersymbol für eine Audionachricht, gefolgt von langen Textpassagen und wieder dem Kopfhörersymbol. Nicht selten handeln die Sprachnachrichten dann ausschließlich davon, dass er doch bitte einen Text einsprechen soll. Max weigert sich vehement und schreibt stets zurück: »Ne!«

Auch auf der Fahrt in den Nordwesten des Landes ist dies wieder ein Gesprächsthema, neben vielen anderen wie dem Wetter, den Eigenheiten der Isländer und der Touristen, den isländischen Vorstellungen von einer Delikatesse und warum in aller Welt man auf diesen endlos langen, geradlinigen Straßen nicht schneller als 90 km/h fahren darf. Die Frage beantwortet sich nach etwas über einer Autostunde in Richtung Norden unweit von Borgarness von selbst, als eine kleine Familie Schafe auf die Straße hüpft und Max selbst bei nur knapp 90 km/h die Bremsen bis zum Anschlag ausreizen muss, um kein Familiendrama auszulösen.

Nach guten zwei Stunden Fahrt befinden sich die beiden auf Höhe der Halbinsel und nach einer weiteren Dreiviertelstunde über Schotterpisten kommen sie dann endlich am Zielort Grundarfjörður an. Hier haben die beiden sich ein kleines Gästehaus in einem ehemaligen Briefzentrum zur Übernachtung ausgesucht und wollen erst mal in Ruhe einchecken. Nachdem die großen Koffer in den Zimmern verstaut sind, geht es los in Richtung Gefängnis.

Auf dem Weg kommen die beiden am Berg Kirkjufell mit dem wohlbekannten Wasserfall Kirkjufellsfoss vorbei – eine der beliebtesten und meistfotografierten Sehenswürdigkeiten in Island. Auch heute tummeln sich hier wieder Scharen von Touristen, um ein Foto von dem Berg zu schießen, sodass es Max und Andrea nicht schwerfällt, daran vorbeizufahren, um später wiederzukommen.

»Da vorne«, sagt Andrea und deutet auf ein längliches, flaches Gebäude am Ende der Straße, direkt am Meer. Ein Haus, das ebenso gut eine Grundschule oder ein Farmhaus sein könnte. Max sucht den Horizont nach einem Wachturm ab und das Umland nach Zäunen und Stacheldraht. »Ähm, bist du sicher?«, fragt er etwas verwundert, und Andrea nickt schmunzelnd. Max parkt den Wagen direkt vor dem größeren Teil des Gebäudes, das mit einem grünen Dach versehen ist – und dessen Eingangstür sperrangelweit offen steht.

Ein großer, extrem kräftiger Mann kommt aus der Tür und lächelt. Das muss ja Thor sein, denkt Max und ist abermals verwundert, als der Fremde ihm kurz zunickt, dann aber nach rechts abbiegt und in Richtung des kleineren Gebäudes geht. Direkt danach tritt ein deutlich kleinerer Mann aus dem Gefängnis. Von normaler Statur, könnte man sagen, doch neben dem Mann von eben würde man ihn eher als schlank bezeichnen. »Andrea!«, ruft er und sieht Max fragend an. »Und Max!«, sagt Andrea, als sie ihn freundschaftlich in die Arme schließt und fest drückt. Max schüttelt dem Mann die Hand und begrüßt ihn mit *»Góðan dag!«*.

Thor bittet die beiden freundlich einzutreten und deutet auf die Tür. In dem großen Raum, der sich vor Max und Andrea auftut, befinden sich ein großer Holztisch, einige Stühle und an der Wand eine Einbauküche. Zur rechten Seite geht ein Gang ab, der offenbar zu den einzelnen Zellen führt und nur durch eine Tür mit großem Glaseinsatz abgetrennt ist.

Während Andrea und Thor sich angeregt unterhalten und Geschichten aus den vergangenen Monaten austauschen, mustert Max den Raum und die Gegend. Durch das Fenster kann er eine Art Hof sehen, der direkt am Meer endet und komplett offen ist. Keine Zäune, keine Absperrungen, kein Wachturm. Das Ganze kommt ihm vor wie ein Landheim - eher ein Hostel als ein Gefängnis.

Thor sagt auf einmal: »Du kannst auch gern zu den Zellen hinüber, wenn du diese anschauen möchtest, Max.«

»Alleine? Sind die Gefangenen denn da?«

»Nein, die sind draußen, du kannst dich gern ein bisschen umschauen!«

Max öffnet also die Tür mit dem Glaseinsatz, die dabei bereits fast aus den Angeln fällt, und betritt den langen Gang. Die meisten Türen sind verschlossen, doch am Ende des Ganges steht eine weit offen. Als Max diese erreicht, schaut er erst vorsichtig hinein und betritt dann das Zimmer, als er merkt, dass niemand hier ist. Hier stehen ein kleines Bett, ein weißer Kleiderschrank, ein Schreibtisch und ein Wasserkocher. Auf dem Nachttisch liegt ein Buch: *Harry Potter und der Halbblutprinz*, und direkt daneben auf einem Brett ein halb aufgegessener Apfel. Das ist komfortabler als meine Studentenbude!, denkt sich Max. Vor allem größer und mit besserer Aussicht!

Als sich Max umdreht, um das Zimmer zu verlassen, schreckt er zusammen. Ihm fällt ein Gegenstand ins Auge, den er beim Betreten des Raumes offenbar nicht bemerkt hat: Links neben der Tür steht ein großes, doppelläufiges Gewehr. Max bleibt kurz das Herz stehen, und er braucht einen Moment, um sich zu sammeln. Dann geht er schnellen Schrittes den Gang entlang in Richtung der Glastür, hinter der er Thor lachen sehen kann. Er öffnet die Tür, aber noch bevor er etwas sagen kann, wird er ermahnt: »Das ist übrigens sehr unhöflich in Island, Wohnräume zu betreten, ohne sich die Schuhe auszuziehen!«

Max reagiert gar nicht auf diese Aussage, setzt sich ruhig an den Tisch, lehnt sich zu Thor und flüstert: »Da steht ein Gewehr. Im vorletzten Raum, auf der linken Seite. Ein Gewehr. Direkt neben der Eingangstür, wenn man hereinkommt, rechts. Ein Gewehr!«

»Jau, jau, jau. Gustav. Der schießt gerne!«

Was ist diesmal schiefgelaufen?

Auch wenn Max sich bereits filmreife Szenen ausgemalt hatte, in denen Thor die Waffe sicherstellen, den Insassen bei der nächstbesten Gelegenheit zu Boden werfen und in Handschellen abführen würde, musste Thor ihn leider enttäuschen. Gustav, der Zellenbewohner mit dem Gewehr, war leidenschaftlicher Schütze und betrieb diesen Sport auch während der letzten Wochen seiner Haft. Die offenen Türen waren ebenfalls kein Zufall oder situationsbedingt: In diesem Gefängnis geht jeder, wann und wie er möchte – jedenfalls fast.

Das Gefängnis in Kvíabryggja ist eines für Insassen, deren Resthaft weniger als zwei Jahre beträgt und die keine besondere Aufsicht benötigen, wie das etwa bei Suchtkranken der Fall ist. Das Haus war tatsächlich einmal eine Farm und wurde Mitte der fünfziger Jahre umgebaut. Von den Insassen erwartet man, dass diese sich selbst beschäftigen – entweder durch Arbeit oder durch Bildung. Sie befinden sich quasi im letzten Abschnitt der Resozialisierung, in dem von den Insassen keine Gefahr mehr ausgehen soll und die Integration in die Gesellschaft ansteht.

Für die gut zwanzig Insassen stehen knapp über zehn Beschäftigte bereit, die sich um diese kümmern. Inklusive eines Kochs.

Bei dem vermeintlich doppelläufigen Gewehr war wohl die Fantasie mit Max durchgegangen: Es handelte sich um ein Luftgewehr, und außer kleinen Vögeln kann man damit niemandem ernsthafte Verletzungen beifügen. Selbst den Versuch traute man dem Insassen offenbar nicht zu und hielt es daher offenbar für vertretbar, dem Gefangenen den Besitz einer solchen Waffe zu erlauben.

Das ist jedoch selbst in Island nicht gang und gäbe: Kvíabryggja ist ein Sonderfall und, wie gesagt, ausschließlich für Insassen gedacht, von denen keine Gefahr zu erwarten ist. Solche Einrichtungen gibt es übrigens tatsächlich in vielen Ländern.

Im Süden Islands, vor allem in der Hauptstadtregion, gibt es auch herkömmliche Gefängnisse, diese sind den unseren deutlich ähnlicher. Denn auch wenn man es sich nicht so recht vorstellen kann: Auch in Island gibt es Straftäter und Verbrecher – vom Dieb bis zum Mörder. Die Kriminalitätsrate hier ist zwar bedeutend geringer als in den meisten Ländern dieser Welt, doch sie ist eben nicht ganz bei Null.

Man mag es kaum glauben, doch sogar Autodiebe gibt es in Island. Man könnte meinen, Autodiebstahl auf einer Insel fliegt ziemlich bald auf, doch es gibt einen florierenden Schwarzmarkt für die teuren Ersatzteile. Die gestohlenen Fahrzeuge werden also nicht im Ganzen, sondern in Teilen weiterverkauft. Das macht es relativ schwer, die Täter zu finden beziehungsweise zuzuordnen.

Was können Sie besser machen?

Auch im Gefängnis bitte die Schuhe ausziehen!

33 ZUM ABSCHUSS FREIGEGEBEN

MAX UND DIE SPANIER

Heute geht es für Max und Andrea in eine der entlegensten Regionen Islands: die Westfjorde.

Während der Westen und die Südküste des Landes heute sehr viele Besucher haben und in der Hauptsaison unter den Massen an Touristen leiden, ist es in den Westfjorden relativ ruhig geblieben. Das liegt vermutlich vor allem daran, dass die Ringstraße nicht durch diese Region führt, und sie daher nicht nur geografisch, sondern auch verkehrstechnisch etwas abgelegen ist. Für einen Abstecher muss man sich ein bisschen Zeit nehmen, denn die Fjorde sind zahlreich und es gibt keine Brücken. Auch wenn die Strecke vom Anfang der Fjorde bis nach Ísafjörður per Luftlinie nur knappe fünfzig Kilometer beträgt, werden auf der Straße gute 170 Kilometer daraus.

Max und Andrea genießen die Fahrt und bestaunen abwechselnd die Hügel zu ihrer Linken oder den Atlantik zu ihrer Rechten. Auch wenn es viel zu bereden gäbe zu den letzten und den bevorstehenden Tagen der Reise, schweigen beide und genießen die Stille. Auf dem Weg gibt es nicht viel zu sehen, keine heißen Quellen, keine Wasserfälle und auch keine Tiere. Die Fjorde sind zwar wunderschön anzusehen, doch im Vergleich zur Südküste oder zu Snæfellsnes auf den ersten Blick eher spärlich bestückt mit Sehenswürdigkeiten.

Nach etwas über einer Stunde Fahrt biegt Max in den vorletzten Fjord vor dem heutigen Tagesziel ein: Hestfjörður. Auf dem Weg ins Landesinnere unterhalten sich die beiden Entdecker über den anstehenden Besuch im Polarfuchs-Center in Súðavík.

»Zwei Exemplare kann man da sehen. Zwei behalten sie immer und wildern sie erst wieder aus, wenn zwei neue da sind. Glaube ich«, sagt Max.

Andrea schaut ihn fragend an: »Und was ist, wenn sie lange Zeit keine Jungen finden? Sollen die dann ewig da bleiben?«

Max fährt durch die Kurve im inneren Fjordende und dann wieder in Richtung Atlantik hinaus. »Na ja, also ...« beginnt er und wird jäh unterbrochen. Bei dem Geräusch von entweichender Luft denkt er den Bruchteil einer Sekunde an einen geplatzten Reifen, doch sein Blick ist in Richtung Wasser gerichtet, und die aufsteigende Fontäne von Sprühwasser kennt er bereits.

»Wal!«, schreit er, und Andrea dreht schlagartig den Kopf in Richtung Wasser. »Was, wo!?«

»Da, da ... direkt neben uns. Oh mein Gott! Ich muss sofort anhalten.« Max tritt auf die Bremse, erinnert sich aber daran, dass man ja mitten auf der Straße nicht anhalten soll.

Nach wenigen hundert Metern findet er eine kleine Ausbuchtung an der Straße und stellt den Wagen vorsichtig so nah wie möglich an die Felsen. Sofort steigt er aus, greift seine Kamera und sprintet in Richtung Wasser. Andrea schlendert gemütlich über die Straße und sagt: »Ach, komm. Das hast du dir doch nur ausgedacht. Die kommen doch nie im Leben ...«

Direkt vor den Beiden, keine zwanzig Meter Luftlinie entfernt, bricht plötzlich der große schwarze Rücken eines Wals durch die Wasseroberfläche. Mit bloßem Auge kann man das Atemloch erkennen - wie es sich öffnet und die feuchte Atemluft druckvoll nach oben bläst.

Klick, klick, klick ... Max schießt ein Foto nach dem anderen. Andrea hält zwar ihr Smartphone in der Hand, verschwendet aber keinen Gedanken daran. Der Wal taucht kurz ab, kommt wieder an die Oberfläche und taucht nach einem ausgiebigen Atemzug wieder ab. Diesmal offenbar für längere Zeit, denn kurz erscheint die Schwanzflosse an der Oberfläche – ein Zeichen, dass das Tier mit einem kräftigen Flossenschlag in Richtung Meeresgrund beschleunigt. Max schießt Dutzende weitere Fotos und schaut danach mit einem triumphierenden Lächeln zu Andrea: »Wal!«

Von ihrem Halt aus sind es noch etwas über neunzig Minuten bis zu den Polarfüchsen, und die beiden erfreuen sich bester Laune. In Súðavík angekommen, finden sie das kleine Häuschen mit dem Polarfuchs-Center schnell, und da es gerade zu regnen beginnt, klopfen sie sich gegenseitig für ihr gutes Timing auf die Schulter.

Im Inneren des Gebäudes befindet sich auf der rechten Seite ein kleines Café mit großen Büchern auf den Tischen und mit Bildern von Polarfüchsen an den Wänden. Links gibt es einen kleinen Empfangsbereich, hinter dem ein großer, stämmiger Isländer steht. Midge hat rote Haare und rote Augen, in denen er ständig herumreibt. Wenn er spricht, klingt er so, wie man sich die Stimme eines betrunkenen Bernhardiners vorstellen würde.

Sofort entschuldigt er sich für sein Auftreten: »Herzlich willkommen in Súðavík! Tut mir leid, ich sehe aus wie ein drogenabhängiger Braunbär und sollte eigentlich gar nicht hier sein, sondern im Bett liegen. Aber unsere Aushilfe konnte heute nicht kommen, und deshalb stehe ich nun hier. Wie kann ich euch helfen?«

»Na, da kannst du aber froh sein, kein weißes Fell zu haben! Ich bin Max, das ist Andrea, und wir möchten gerne etwas über die Polarfüchse lernen und, wenn es geht, auch welche sehen!«

Midge schaut Max verwundert an: »Weißes Fell? Na ja, die Ausstellung kostet fünfzehn Euro, und ihr könnt euch in Ruhe alles über die kleinen Füchse anschauen. Hier unten und oben im ersten Stock ist die Ausstellung, es gibt einen Film und viele Infotafeln. Wenn ihr Hunger oder Durst habt, kann ich euch gern noch etwas Leckeres hier im Café anbieten. Unsere zwei lebenden Füchse sind draußen im Gehege. Ich würde euch empfehlen rauszugehen, wenn es wieder aufgehört hat zu regnen, dann sind sie zutraulicher.«

»Super. Dann nehmen wir zwei Kaffee und zwei Eintrittskarten. Das mit dem weißen Fell meinte ich, weil mir gesagt wurde, in den Westfjorden könne und solle man Eisbären, die von Grönland aus auf Eisschollen herkommen, sofort erschießen«, sagt Max und deutet mit einem Lachen an, dies natürlich nicht ernst zu meinen.

»Ne. Das gilt für Spanier!«, brummt Midge, ohne eine Miene zu verziehen, dreht sich herum und trottet – sich die Augen reibend – langsam in Richtung Küche.

Was ist diesmal schiefgelaufen?

In den Fjorden im Norden des Landes, wozu trotz ihres Namens auch die Westfjorde zählen, tummeln sich alle möglichen Wale. Zwar sind sie im Sommer zahlreicher und öfter an der Oberfläche zu sehen, doch auch im Frühjahr kann man sie hier antreffen. Einen Wal zufällig beim Durchfahren der Fjorde zu sehen ist relativ selten, denn üblicherweise bleiben die Tiere im tiefen Wasser weit abseits der Küste. Insofern können Andrea und Max sich tatsächlich wegen ihres guten Timings auf die Schultern klopfen.

Neben kleinen Walen wie den Zwergwalen kann man hier vor allem Buckelwale, selten auch Finn- oder sogar Blauwale sehen. Besonders in der Region rund um Snæfellsnes finden sich zudem immer wieder Schwertwale, auch als Orcas bekannt.

Polarfüchse findet man in Island vor allem im Hochland oder in sehr abgelegenen Gebieten wie der nördlichen Spitze der Westfjorde: Hornstrandir. Oder eben in Súðavík, im Polarfuchs-Center. Hier leben tatsächlich zwei Exemplare in einem kleinen Gehege und erfreuen sich der guten Bedingungen. Ursprünglich wurden hier jedes Jahr kleine Polarfüchse, die in freier Wildbahn nicht überlebt hätten, aufgepäppelt und danach wieder in die Natur entlassen. Aufgrund einer Gesetzesänderung der letzten Jahre ist es in Island jedoch nicht mehr erlaubt, Tiere, die von Menschenhand großgezogen wurden, wieder auszuwildern. Dabei geht es vor allem darum, den Einfluss des Menschen auf die Tierwelt möglichst gering zu halten.

Doch zurück zu den Spaniern: Max war dem Irrglauben aufgesessen, dass man in den Westfjorden Eisbären aus Grönland sofort erschießen dürfe oder sogar solle. Tatsächlich entspricht es der

Wahrheit, dass Eisbären ab und zu ihren Weg vom großen Nachbarn Grönland nach Island finden: Die großen Bären werden oft in den Westfjorden oder im Norden angespült und sind meist von der langen Reise so ausgehungert, dass sie einerseits sehr schwach, aber andererseits eben sehr hungrig sind. Letzteres ist ein gefährlicher Zustand, und daher werden diese Tiere erschossen, wenn man sie sichtet. Es gibt allerdings keine Empfehlung, dies zu tun.

Warum darf beziehungsweise soll man nun aber Spanier in den Westfjorden erschießen? Hierbei handelt es sich um einen Scherz, allerdings mit ernstem historischen Hintergrund. Bis zum Jahr 2015 galt in den Westfjorden tatsächlich noch ein altertümliches Gesetz, das es den Einwohnern gestattete, Basken auf der Stelle zu erschießen.

Die Basken hatten Anfang des 17. Jahrhunderts in der Region eine Walfangstation aufgebaut und mit den Isländern eine Vereinbarung getroffen, dass diese für beide Nationen zugänglich und nutzbar sein solle. Im Jahr 1615, einem besonders harten Jahr, kenterten einige der spanischen Boote bei dem Versuch, zurück ins Baskenland zu gelangen, und einige Seemänner konnten sich an Land retten. Aufgrund von Streitigkeiten kam es kurz darauf zu Islands einzigem Massenmord, nämlich an 32 baskischen Walfängern. Nur ein einziger von ihnen überlebte. Der damalige Landrat der Westfjorde, Ari Magnússon, erließ die Anordnung zur Ermordung und eben dieses Gesetz.

Was können Sie besser machen?

So lange Sie weder Spanier sind noch wie ein Eisbär aussehen, sind Sie in den Westfjorden herzlich willkommen!

ISLAND UND DIE WALE

Isländer haben eine besondere Vorliebe für große Meeressäuger, und damit ist nicht der Verzehr gemeint.

Während Island eines der wenigen Länder ist, in denen aktiv Walfang betrieben wird, und viele Touristen die Möglichkeit nutzen, Walfleisch zu probieren, schauen die Isländer den Tieren lieber beim Schwimmen in den Fjorden zu.

Es gibt im Grunde nur ein einziges Unternehmen in Island, das Walfang betreibt, und der Mehrheit der Isländer ist es ein Dorn im Auge. Fälschlicherweise wird oft behauptet, die Isländer würden schon seit Generationen Wale fangen und verspeisen, doch das stimmt nicht. Erst seit wenigen Jahrzehnten wird in Island industrieller Walfang betrieben, und der größte Teil des Fangs wird nach Japan exportiert. In Island wird meist nur das Fleisch der Zwergwale verkauft, und auch dies beinahe ausschließlich an Touristen. Isländer selbst haben kein Interesse daran.

2018 machte das Unternehmen Schlagzeilen, als es einen besonders seltenen Hybrid aus Finn- und Blauwal fing. Offiziell stehen diese Mischlinge nicht unter Naturschutz, im Gegensatz zum Blauwal. Die Isländer mussten sich erneut anhören, wie grausam sie sind, obwohl die Mehrheit der Nation dem Walfang ausgesprochen negativ gegenübersteht und das Weiterführen dieser Praxis offenbar primär politisch und wirtschaftlich getrieben ist.

Während mit dem Walfang an sich nur wenig Geld verdient wird, machen viele Isländer große Umsätze mit Walbeobachtungen: In Reykjavík, aber auch an vielen anderen Orten in Island haben sich mehrere Unternehmen darauf spezialisiert, die Besucher hinaus auf die hohe See zu befördern, um sie dort so nah wie möglich an die Tiere heranzuführen. Die meisten Unternehmen tun dies nicht nur, um den Menschen zurück zur Natur zu führen, sie achten zugleich auf Umweltschutz: Statt Motorbooten werden Segelschiffe verwendet, und im Norden des Landes fährt mittlerweile sogar ein elektronisches Boot zu den Futtergründen der Wale – komplett emissionsfrei und fast lautlos, was für die Tiere deutlich entspannter ist.

34 NUR MIT NUMMER

MAX TANKT IM NIRGENDWO

Heute soll es zu einem der schönsten und größten Wasserfälle des Landes gehen, dem Dynjandi. Andrea hatte diesen bereits ganz am Anfang der Planung, als noch nicht einmal feststand, ob sie Zeit für die Westfjorde haben würden, ganz oben auf die Liste gesetzt: »Den musst du gesehen haben!«

»Also hast du ihn schon mal gesehen?«

»Ne. Ich muss den auch gesehen haben!«

Max freut sich sehr, dass er einen Jeep fahren kann. Die Strecke im südlichen Teil der Westfjorde ist holprig und mit vielen Schlaglöchern gespickt. Immer wieder kommen ihnen Kleinwagen und sogar Campervans entgegen, und Max kann die Verzweiflung in den Gesichtern der Fahrer sehen.

»Junge, Junge, in der Kiste rappelt es jetzt vermutlich ordentlich!«, sagt Max lachend, als ein großes Wohnmobil an den beiden vorbeischleicht.

»Mit Wohnmobil wäre so ein Trip sicher noch cooler!«, schwärmt Andrea.

Max verdreht die Augen: »Dann müsstest du aber fahren!«

Etwa auf halber Strecke fällt Max ein, dass sein Portemonnaie noch auf dem Küchentisch der Unterkunft lag. »Mist!«, flucht er. »Dann müssen wir wohl noch mal zurück.«

»Wieso, kostet der Wasserfall Eintritt?«, ärgert Andrea ihren sichtlich genervten Chauffeur.

»Ne. Aber an der Tankstelle bezahlt es sich so schlecht mit Luft und Liebe: Der Tank wird vermutlich nicht ganz für Hin- und Rückfahrt ausreichen.«

»Oh, ach so. Kein Problem, ich habe meinen Geldbeutel dabei.«

»Super!«, freut sich Max. »Das wäre jetzt echt ärgerlich gewesen bei dieser Buckelpiste hier!«

Die Fahrt geht weiter nach Süden, und neben wunderschönen Fjorden gibt es immer mal wieder eindrucksvolle Berge und kleinere Wasserfälle zu sehen. Die beiden halten an einem wunderschönen Schwimmbad, von dem aus sich ein atemberaubender Blick in einen großen Fjord hinein bietet und an das auch noch ein kleiner, natürlicher Hot Pot angeschlossen ist. Diese Region Islands ist die bislang schönste, die Max gesehen hat. Er fragt sich, ob der Norden und Osten genauso schön sein werden.

Nach einigen Stunden Fahrt fahren die beiden um eine Ecke und können in der Ferne schon den riesigen Wasserfall erkennen. Von hier aus wirkt er nur wie ein heller Streifen auf der braunen Felswand, doch Max und Andrea wissen ja bereits von Bildern wie der Wasserfall aussieht. Je näher sie kommen, desto klarer wird seine trapezartige Form. Am Meer entlang fahren sie geradeaus auf den Dynjandi zu, und auf halber Strecke macht der Wasserfall seinem Namen langsam Ehre. »Der Donnernde« heißt er übersetzt, und donnern tut er tatsächlich. Durch seine enorme Breite und Höhe erzeugt er eine Lautstärke, die man schon aus beträchtlicher Entfernung wahrnimmt.

Am Parkplatz springen die beiden schnell aus dem Auto und laufen gemeinsam die vielen kleinen Wege und Stufen hinauf. Auf dem Weg zum Wasserfall selbst kommen sie noch an den vielen kleinen Wasserfällen vorbei, in die sich das Wasser verteilt, bevor es dann am anderen Ende der Straße ins Meer fließt. Oben angekommen, halten beide inne und schauen mit großen Augen und offenen Mündern hinauf. Das Wasser ergießt sich über viele Dutzend Meter in der Breite und in der Höhe wie ein riesiger weißer Schleier über den Felsen. Es wirkt, als stünden sie vor einer riesigen Wand aus weißem Stoff, der sich wie von Zauberhand bewegt. Das Sprühwasser weht je nach Windrichtung zu den Seiten und bei starken Windstößen auch mal nach vorn.

Beiden haben ihre Kamera mit Stativ mitgenommen und machen jede Menge Fotos. Vom Wasserfall, von sich, vom jeweils anderen. Zwischendurch müssen sie die Linsen immer wieder vom Sprühwasser reinigen, und damit sie nicht sofort wieder beschlagen, bedecken sie die Kameras so lange wie möglich mit irgendetwas.

Nach einer Weile sind beide patschnass, doch das stört sie nicht weiter. Es wird jedoch langsam dunkel und kühler, und so machen sie sich auf den Weg zum Auto. »Wow, das war toll«, schwärmt Andrea. »Absolut. Gut, dass wir hier waren, der Weg hat sich absolut gelohnt!«

Die beiden machen sich auf den Weg zurück nach Norden, wo sich ihre Unterkunft und Max' Geld befinden. Max schaut auf die Tankanzeige, die Nadel steht bereits fast auf Null.

»Oh, oh! Kannst du mal in der Island-App schauen, wo die nächste Tankstelle ist?«

»Sekunde«, antwortet Andrea und kramt in ihrem Rucksack. Kurz darauf hat sie ihr Handy in der Hand, tippt ein paarmal auf den Bildschirm und sagt: «Da vorne links abbiegen, dann noch ein paar Kilometer geradeaus.«

»Da steht aber kein Ortsname auf dem Schild und auch kein Tanklogo«, zweifelt Max.

Andrea entgegnet: »Na ja, hier in der Island-App wird da eine Tankstelle angezeigt. 214 Kronen pro Liter Benzin.«

»Dann wird das schon stimmen.«

Wenige Kilometer später erreichen Max und Andrea tatsächlich eine Tankstelle. Diese besteht aus einem großen Tank mit einer daran angeschlossenen Zapfsäule.

»Ah, das kenne ich: Die Tankstellenketten stellen manchmal solche Stationen in der Nähe von Höfen auf. Sehr praktisch für uns!«, freut sich Max. »Gibst du mir deine Kreditkarte, damit ich zahlen kann?«

Andrea schaut Max verdutzt an: »Wieso zahlen? Hier ist doch niemand, und zahlt man nicht normalerweise, nachdem man getankt hat?«

»Die Stationen hier sind natürlich nicht besetzt, man kann aber mit der Kreditkarte zahlen: Man gibt den Betrag an, für den man tanken möchte, steckt die Karte hinein, gibt den PIN-Code ein und dann kann man tanken.«

»Ähm, PIN-Code?« Andrea schaut Max wie ein Omnibus an.

»Nicht dein Ernst, Andrea!?«

Was ist diesmal schiefgelaufen?

Gleich zwei Dinge sind hier schiefgelaufen, fangen wir also mal bei Nummer eins an: Max und Andrea hätten die Fahrt besser planen sollen. Die Westfjorde sind ein eher dünn besiedeltes Gebiet Islands, und dementsprechend findet man hier im Vergleich zur Hauptstadt relativ wenige Tankstellen. Mit Betonung auf relativ, denn selbst hier gibt es im Umkreis von fünfzig, höchstens hundert Kilometern eine Tankstelle. Im Hochland können das schnell mehrere hundert Kilometer sein. Während ein Liegenbleiben bei gutem Wetter bestenfalls unangenehm ist, kann es bei Frost oder Sturm sogar gefährlich werden. Immer wieder unterschätzen Reisende in Island das Wetter, und ein leerer Tank macht es im Fall des Falles nicht einfacher.

Nummer zwei ist, dass Max nicht daran gedacht hat zu fragen, ob die Kreditkarte von Andrea mit einem PIN-Code funktioniert und ob sie diesen kennt. Die Lesegeräte der unbemannten Zapfsäulen funktionieren komplett autark, also ohne Mobilfunknetz und teilweise sogar ohne Strom. Sie können daher nur mit Kreditkarten mit PIN-Code benutzt werden.

Gerade in Deutschland waren jahrelang Kreditkarten verbreitet, die gar keinen PIN-Code besaßen und durch die Lesegeräte hindurchgezogen wurden. Die Tankstellen in Island nutzen den kleinen Metallchip auf der Karte und eben den PIN-Code. Manche Karten können auf beide Arten benutzt werden, aber weil die Besitzer dies nicht wissen beziehungsweise den PIN-Code nie brauchen, kennen sie diesen nicht und sind an der Zapfsäule aufgeschmissen.

Was können Sie besser machen?

Um ein Liegenbleiben zu vermeiden, sollten Sie möglichst immer genug Benzin im Tank haben, um von A nach B zu kommen und im Zweifelsfall auch wieder zurück nach A. Tankstellen sind in Island eigentlich alles andere als Mangelware, und allein schon, um hier und da eine Pause vom Fahren einzulegen, kann es sich lohnen, bereits aufzutanken, wenn der Tank noch halb voll ist.

Um an der Tankstelle nicht aufgeschmissen zu sein, wenn es darauf ankommt, würde ich Ihnen empfehlen, Ihre Kreditkarte an einer Tankstelle zu benutzen, an die ein Shop angeschlossen und die geöffnet ist. Hier kann man meist trotzdem mit der Karte an der Zapfsäule zahlen. Sollte dies nicht funktionieren, hat man sofort jemanden an der Hand, der weiterhelfen kann.

Sollten Sie keine Kreditkarte besitzen, sei Ihnen sehr ans Herz gelegt, für die Islandreise eine zu beantragen. Hier können Sie alles mit Karte bezahlen, und sie wird Ihnen das Leben enorm erleichtern. Sollten Sie dennoch keine haben (wollen), oder Sie können ihren PIN-Code nicht finden, oder es gibt sonst einen Grund, aus dem eine Kreditkarte keine Option für Sie ist, können Sie an Tankstellen Pre-Paid-Karten zum Tanken kaufen. Diese sind jedoch auf die jeweilige Kette festgelegt, und wenn die Zapfsäule, die Sie gerade finden, einer anderen Kette gehört, nutzt Ihnen diese Karte leider nichts.

Eins immerhin haben Andrea und Max richtig gemacht: Das Herunterladen der Island-App ist eine gute Sache. Diese und andere Apps helfen bei der Reise und auch schon bei der Vorbereitung. Sie sollten grundsätzlich darauf achten, dass die Apps, die Sie benutzen, Offline-Funktionalitäten haben und dadurch auch dann funktionieren, wenn Sie sich außerhalb des Empfangsbereichs befinden. Das Mobilfunknetz in Island ist zwar exzellent, es gibt jedoch auch hier noch das ein oder andere Funkloch!

35 VOLLES RISIKO

MAX UND DIE TEILZEITLEBENSRETTER

Ein weiterer Tag auf der großen Rundreise von Andrea und Max. Es geht weiter in Richtung Nordosten. Nach den Westfjorden und der eher ruhigen Region westlich von Akureyri soll es heute endlich mal wieder etwas zu erleben geben.

»Wir fahren von Akureyri aus bis zum Godafoss-Wasserfall, dann nach Norden zur Asbyrgi-Schlucht und danach runter am Dettifoss vorbei zum Mývatn-See zur heißen Quelle von Game of Thrones«, sagt Max beim Einsteigen in den Wagen, und man hört schnell heraus, dass er sich fest vorgenommen hat, diesen Plan exakt umzusetzen.

Andrea hat ihr Smartphone in der Hand, tippt ein paarmal auf den Bildschirm, wischt von links nach rechts und von oben nach unten und sagt trocken: »Okay.«

Wie immer schauen beide während der Fahrt wortlos auf die wunderschönen Landschaften. »Lava, Lava, Lava …«, sagt einer von ihnen, wenn sie an einem der riesigen Lavafelder vorbeifahren. Und immer wenn ein Superjeep in Sichtweite ist, gewinnt derjenige, der zuerst »Smart!« ruft und auf das riesige Gefährt zeigt.

Nach einer Weile kommen sie am Godafoss an - einem nicht sehr hohen, aber sehr breiten Wasserfall, der einen Halbkreis formt. Hier hätte man am besten bereits zum Morgengrauen ankommen sollen, denn bei Sonnenauf- oder auch -untergang ist dieser Ort wirklich magisch. Für die beiden Langschläfer allerdings keine Option. Sie haben trotzdem einigermaßen Glück und können den Ort lange allein genießen, bevor die ersten großen Busse mit anderen Reisenden ankommen.

Die weitere Fahrt führt ein kleines Stück zurück nach Westen und dann in Richtung Norden. Im kleinen Ort Husavík halten sie kurz an, um sich umzusehen. Der kleine Fischerort lebt heute von großen Meeressäugern: Überall gibt es Whale-Watching-Unternehmen, die in den Fjord hinausfahren. Von den kleinen und großen Booten aus kann man die riesigen Schwimmer perfekt beobachten, und hier im Norden liegt die Sichtungsquote bei nahezu hundert Prozent.

Andrea und Max haben eigentlich nicht vor, an diesem Tag hinauszufahren, doch die junge Dame am Infostand sagt, am Morgen seien nicht nur mehrere große Buckel-, sondern auch ein Blauwal gesichtet worden. Max braucht nicht einmal seinen Hundeblick, um Andrea zur Fahrt zu überreden.

Wenige Minuten später sind beide in dicke, wasserfeste Overalls verpackt und stapfen wie Michelinmännchen auf das Schiff. Es handelt sich um ein großes Segelschiff, das mit viel Liebe restauriert wurde. Auf dem Aussichtsturm sitzt eine junge Dänin, die in Akureyri Meeresbiologie studiert und hier einen Teil ihrer Forschung betreiben kann. Sie hält Ausschau nach den Walen, identifiziert die Tiere und macht die Touristen über Lautsprecher auf sie aufmerksam. Das Boot ist relativ gut gefüllt, es gibt jedoch noch viele freie Plätze an allen Seiten.

Kaum sind sie in die Bucht hinausgefahren, geht alles viel schneller als erwartet: »Auf neun Uhr sehen Sie einen kleinen Zwergwal«, ruft die Dame vom Krähennest aus und kurz darauf: »Auf drei Uhr ein kleiner Buckelwal!« Die Angaben sind natürlich keine Uhrzeit, sondern beziehen sich auf die Richtung. Man kann sich ein riesiges Zifferblatt unter dem Boot vorstellen, wobei dessen Bug auf zwölf Uhr und das Heck auf sechs Uhr liegt, entsprechend wäre links (Backbord) neun Uhr und rechts (Steuerbord) drei Uhr.

Jedes Mal, wenn eine Sichtung auf der anderen Seite des Schiffes durchgesagt wird, stürzen alle Passagiere dorthin. Von oben muss es herrlich komisch aussehen, wie alle von links nach rechts und wieder von rechts nach links laufen. Andrea und Max sind immer ganz vorn mit dabei und schon nach wenigen Minuten völlig aus der Puste.

Doch der Einsatz lohnt sich: Innerhalb von nicht einmal einer halben Stunde sehen sie sicher zwanzig Wale. Einige kommen sehr nah an das Boot heran, und einer taucht sogar direkt darunter durch. Der Blauwal hat sich wohl bereits zurückgezogen, zumindest wird er bis zur Rückfahrt in den Hafen leider nicht mehr gesichtet. Dafür gibt es Zimtschnecken und heiße Schokolade.

Zurück am Auto geht es sofort weiter nach Norden. Der fast dreistündige Halt in Husavík war zeitlich nicht einkalkuliert, und deshalb gilt es jetzt keine Zeit zu verschwenden.

Der nächste Stopp ist die Schlucht Ásbyrgi, die etwas über dreißig Kilometer von hier entfernt liegt. Die Schlucht entstand vermutlich vor 10.000 Jahren und wurde gegen 1.000 v. Chr. noch einmal von einem starken Strom Gletscherwasser ausgespült. Vor Ort können Max und Andrea nicht fassen, welche Kräfte das Wasser hier auf den Felsen ausgeübt haben muss: Zu allen Seiten ragen riesige Felswände nach oben, teilweise hundert Meter hoch. In der Schlucht selber ist es grün, überall stehen kleine und große Bäume herum. Man könnte es fast als Wald bezeichnen.

Während die beiden auf die große Felswand in der Mitte zugehen, beginnt es auf einmal zu schneien. »Lass uns umkehren und nach Hause fahren«, sagt Andrea und zupft Max am Ärmel. »Ich glaube, für heute Abend war schlechtes Wetter gemeldet, und wir sind ja schon relativ spät dran.«

Max dreht sich um und sagt: »Aber von so einem bisschen Schnee lassen wir uns doch jetzt nicht aufhalten? Ich will auf jeden Fall noch den Dettifoss sehen. Bis dahin scheint wahrscheinlich wieder die Sonne, du weißt doch, was man über isländisches Wetter sagt!«

»Wenn es dir nicht passt, dann warte fünf Minuten …«, antwortet Andrea augenrollend und ergibt sich in ihr Schicksal: »Na gut. Dann lass uns aber beeilen!«

Zurück am Auto schaue sich Max die Karte an. Von hier bis zu dem großen Wasserfall sind es nur knapp 45 Minuten. Von dort aus bis zum Gästehaus noch einmal knapp zwei Stunden. Es ist zwar schon etwas später als gedacht, doch sie würden auf jeden Fall noch früh genug ankommen, um eine Runde im Hot Pot relaxen zu können. Er fährt also entspannt los und steuert den größten Wasserfall Islands an.

Auf der Fahrt nimmt der Schneefall zuerst etwas zu, dann wieder ab. »Siehst du!«, sagt Max stolz und grinst. Andrea traut dem Braten nicht so recht und öffnet die Webseite des isländischen Wetterdienstes. Eine Wetterwarnung für den Nordosten Islands ist das Erste, was ihr angezeigt wird.

»Schwere Winde und Schneefall!«, sagt sie besorgt und zeigt Max den Handybildschirm.

»Jaaa, aber das ist ja im Osten.«

»Nordosten!«, keift Andrea, die mittlerweile genervt ist von Max.

»Okay, okay. Also zum einen sind wir ja eher im zentralen Norden, und zum anderen kann ich gut im Schnee fahren. Wir haben einen bestens ausgestatteten Wagen, Reifen mit Spikes, und ich habe Erfahrung aus mehreren Wochen als Guide. Wir halten nur ganz kurz am Dettifoss und fahren dann sofort zum Gästehaus. Deal?«

Andrea dreht sich wortlos weg. Ihr ist nicht wohl bei dem Gedanken, in einen Schneesturm hineinzufahren. Sie würde am liebsten zurück nach Norden fahren, wo sie an einem kleinen Gästehaus vorbeigekommen sind.

Als die beiden am Dettifoss ankommen, hat das Schneetreiben so zugenommen, dass selbst Max keine Lust hat, zum Wasserfall zu gehen, und nach einer Runde über den Parkplatz sofort die Reise zum Gästehaus antreten will.

Die Straße, die bei gutem Wetter grau und mit Schotter bedeckt ist, unterscheidet sich kaum noch von den Lavafeldern rundherum. Der Schneefall wird stärker, doch für Max stellt das noch kein Problem dar: Er fährt langsam und orientiert sich an den gelben Pfählen am Straßenrand. Diese haben Markierungen, die dem Fahrer die Straßenseite anzeigen: Zwei weiße Streifen bedeuten, dass man sich auf der Gegenfahrbahn befindet, ein Streifen zeigt die korrekte Fahrbahn an.

Max fühlt sich sicher und freut sich bereits auf das Bad im Hot Pot. Als sie die Ringstraße erreichen, schaut er zu Andrea und sagt: »So, das Gröbste haben wir geschafft, von hier aus wird es super easy!«

Auf die ersten fünf Kilometer trifft diese Aussage auch zu, doch schlagartig wird die Sicht schlechter, und einen Augenblick später sieht Max nicht einmal die gelben Pfähle an der Straßenseite, wenn er nicht direkt davorsteht. Im Schritttempo manövriert er den Wagen von Pfahl zu Pfahl. Auf einmal ruft Andrea: »Wir sind auf der falschen Seite!«, und im selben Moment realisiert Max, dass der gelbe Stab, auf den er zusteuert, tatsächlich zwei Markierungen hat.

Erschrocken reißt er das Lenkrad nach rechts und steuert das Auto zurück, nur um kurz darauf festzustellen, dass er zu weit gefahren ist. Er tritt fest auf die Bremse, Andrea schreit kurz auf, und kurz darauf steckt der Wagen in einer großen Schneewehe direkt neben der Straße. Alle vier Rädern drehen beim Versuch weiterzufahren durch. Die Fahrt ist zu Ende.

Max schaut zu Andrea: »Alles gut bei dir?«

»Ja. Aber beim Bremsen hab' ich mir weh getan, irgendwie zieht es in der Brust.«

Max ist besorgt und greift zu seinem Handy: »Ich rufe den Notdienst, mal schauen, welche Optionen wir haben.«

Es dauert nur etwa eine Stunde, bis ein riesiger Jeep neben den beiden hält. Die Reifen des Superjeep sind größer als Max, und der Wagen selbst hat mehr Quadratmeter, als seine Studentenwohnung einst hatte. Ein Mann steigt aus und kommt ihnen: »Hey, ich bin Jón. Alles okay bei euch?«

»Ja«, antwortet Max und zeigt zu Andrea. »Das ist Andrea, sie hat ein bisschen Schmerzen in der Brust, nachdem ich scharf gebremst habe. Ich glaube, es ist aber nichts Schlimmes. Ich bin Max.«

Andrea nickt dem Retter zu: »Ja, geht schon viel besser. Vermutlich nur der Schreck!«

Im Jeep setzen Andrea und Max sich auf die Rücksitzbank und kuscheln sich in die Decken ein, die Jón für sie bereitgelegt hat. Die eine Stunde im eiskalten Auto war anstrengender, als Max gedacht hat. Eine ganze Nacht hätten sie so sicherlich nicht überstanden. »Danke für die Hilfe!«, sagt Max und nimmt Andrea in den Arm, um zu wärmen. »Solange Rettungsaktionen so angenehm wie diese hier sind, ist dein Job doch im Grunde echt entspannt, oder?«

»Buchhaltung ist selten wirklich stressig, das stimmt«, antwortet Jón, und sieht ihn im Rückspiegel irritiert an.

Was ist diesmal schiefgelaufen?

Max hat einen Fehler gemacht, den man in Island leider nur zu leicht und schnell machen kann: Er hat das Wetter unter- und seine eigenen Fähigkeiten überschätzt.

Das Wetter in Island kann tückisch sein. Die Isländer sind daran gewöhnt und sprechen oft in einer Weise darüber, die auf Touristen eher verharmlosend wirkt. Das liegt jedoch daran, dass sie sich an dieses Wetter über Jahre und Generationen gewöhnen konnten. Wenn man in Island von einem Schneesturm spricht, wissen die meisten Besucher des Landes diese Aussage kaum richtig einzuschätzen, weil sie einfach noch nie in einem richtigen Schneesturm waren.

Max kommt aus einer Region in Deutschland, die regelmäßig starken Schneefall im Winter sieht, und deshalb würde er sich selbst, ähnlich wie vermutlich viele andere Autofahrer, als erfahren im Umgang mit Schnee bezeichnen. Doch zwanzig Zentimeter Neuschnee in den Mittelgebirgen auf einer perfekt ausgebauten Landstraße mit wenig Wind sind keinesfalls mit dem Schneetreiben zu vergleichen, das viele Regionen in Island in den Wintermonaten heimsucht. Einheimische wissen in diesen Fällen, dass es einfach sicherer ist, zu Hause zu bleiben beziehungsweise nur mit schwerem Gerät auf die Reise zu gehen. Superjeeps haben zum Beispiel riesige Reifen, die mit niedrigem Luftdruck fahren und dadurch selbst im Tiefschnee ausreichend Grip haben, um sicher unterwegs zu sein.

Ein weiterer fatalere Fehler von Max ist die Annahme, Jón arbeite hauptberuflich im Rettungsdienst: Die ICE-SAR (Icelandic Association for Search and Rescue), also der isländische Rettungsdienst, ist ein Verein aus gut 10.000 Freiwilligen. Er finanziert sich ausschließlich aus Spenden, und die Mitglieder sind fast ausnahmslos normal berufstätig. Das heißt, dass sie für einen eventuellen Einsatz von ihrem Job freigestellt werden, Zeit mit ihren Familien opfern und die Rettungstätigkeit unentgeltlich leisten.

Das tun sie auch gern, denn sie helfen Menschen aus Passion. Doch durch den anhaltenden Boom im Tourismus gerieten die Helfer in den letzten Jahren oft selbst an ihre Grenzen. Einmal im Jahr ein liegengebliebenes Fahrzeug zu bergen ist sicher kein Problem. Einmal im Monat verschollene Wanderer einzusammeln kann man ebenfalls gut verkraften. Ärgerlich wird es, wenn Menschen unnötig Risiken eingehen und trotz Warnungen und Verboten sich und andere – eben die Rettungskräfte – in Gefahr bringen.

Was können Sie besser machen?

Der Einsatz von Jón wäre vollkommen vermeidbar gewesen, hätte Max sich nicht überschätzt und wäre im Norden geblieben. Im Vergleich zu riesigen Rettungsaktionen wie der Bergung einer Wandergruppe auf dem Gletscher Langjökull vor einigen Jahren mag der Aufwand in diesem Fall überschaubar gewesen sein. Doch es geht weniger um die Einzelfälle als um die Summe solcher Vorkommnisse und darum, wie vermeidbar sie eigentlich sind.

Egal ob sie zum Entspannen in Island sind oder auf Abenteuerurlaub: Machen Sie sich unter www.safetravel.is mit den Besonderheiten des Landes bekannt. Halten Sie sich an Absperrungen. Auch wenn sie auf den ersten Blick sinnfrei erscheinen - niemand in Island wird jemals eine Absperrung oder einen Zaun aufstellen, der nicht eine bestimmte Aufgabe hat! Lassen Sie den Wagen stehen, wenn es eine Wetterwarnung gibt: Schneefall in Island ist eine andere Hausnummer als in der Eifel, und Stürme auf einer Insel im Nordatlantik haben andere Ausmaße als Stürme in Deutschland!

Die bestens ausgebildeten und immer hilfsbereiten Retter vom ICE-SAR sind immer gerne für Sie da, aber sie freuen sich noch mehr, wenn sie es gar nicht erst sein müssen!

ICE-SAR

Island ist zu einem beliebten Urlaubsland geworden, vor allem für Naturliebhaber: Wandern, Klettern und Entdecken sind Aktivitäten, die hoch im Kurs stehen. Oft werden diese von Besuchern auf eigene Faust geplant und durchgeführt, man will ja schließlich der Wildnis trotzen. Dabei wird nur allzu schnell vergessen oder übersehen, dass Island kein Abenteuerspielplatz ist. Es gibt keinen Gummiboden, der einen Fall abfedert, der Schneefall hört meist nicht nach ein paar Minuten auf, und die Strömungen im Meer sind stärker, als sie vom Strand aus wirken. Regelmäßig verunglücken Touristen, in den letzten Jahren tragischerweise oft tödlich – egal ob beim Bergsteigen auf Snæfellsnes, beim Strandspaziergang in Vík oder beim Erkunden von Wasserfällen im Norden.

Eine kanadische Familie fuhr sogar mit einem kleinen Geländewagen auf einen Gletscher. Auf die Frage der Aufseher, was sie hier tun, antwortete der Fahrer: »Wir schauen uns nur um. Keine Sorge, ich bin aus Kanada und gewohnt, auf Schnee zu fahren!«

Dass Besucher dieses Land und seine Natur unterschätzen, war schon immer so, doch durch die große Menge an Touristen häufen sich die Vorfälle, sodass die Rettungskräfte kaum zur Ruhe kommen.

Das ist in vielerlei Hinsicht tragisch, denn - und das ist den meisten Touristen unbekannt - der isländische Rettungsdienst ICE-SAR besteht zu fast hundert Prozent aus freiwilligen Helfern. Diese erhalten keinerlei Lohn für ihre Arbeit, bei der sie sich regelmäßig selbst in Lebensgefahr bringen. Die Gesellschaft hat sich vor Jahrzehnten zu diesem solidarischen System entschieden. Arbeitgeber helfen mit, indem sie den Angestellten des ICE-SAR im Fall von Rettungseinsätzen freie Zeit gewähren. Gleiches tun die Familien, denn vermutlich mussten schon einige Abendessen und Familienfeiern ohne Mama oder Papa stattfinden, weil diese damit beschäftigt waren Leben zu retten - ohne Bezahlung und auf eigenes Risiko!

Immer wieder wird in den Medien angeregt, Geretteten die Kosten für ihre Bergung in Rechnung zu stellen. Während die meisten Betroffenen dem sogar zustimmen, lehnt der Verein dies ab. Man möchte unter allen Umständen vermeiden, dass Menschen sich zu spät oder gar keine Hilfe holen, weil sie Angst vor den Kosten haben.

Das typische Equipment eines ICE-SAR Helfers kostet jedoch oft Hunderte, manchmal Tausende von Euro, und in manchen Gegenden stehen keine Fahrzeuge zur Verfügung, sodass die Helfer auf eigene Kosten größere Autos anschaffen. Von den Kosten der Ausbildung und der Logistik ganz zu schweigen.

Wie also finanziert sich der ICE-SAR? Durch Spenden: Regelmäßig stellen große Unternehmen und vermögende Privatpersonen größere Summen zur Verfügung. So konnten die Kosten bisher gut gedeckt werden, wenn man einmal davon absieht, dass die Retter nicht entlohnt werden.

Außerdem hat der Verein quasi ein Monopol auf den Verkauf von Feuerwerkskörpern in Island: Vor allem zum Neujahrsfest zeigen sich Touristen oft überrascht von den scheinbar verrückten Mengen an Böllern und Raketen, die in der Hauptstadt in den Himmel geschossen werden. Doch die Isländer leisten auf diesem Wege ihren Beitrag zur guten Sache.

36 VON TROLLEN UND KATZEN

MAX SUCHT DEN WEIHNACHTSMANN

Die große Rundreise geht weiter nach Osten, in den kleinen Ort Borgarfjörður Eystri. Diesen hatte ein Kollege von Max wärmstens empfohlen. »Wundervoll! Ein bisschen abseits der Ringstraße und nur über eine Schotterpiste zu erreichen. Man muss über einen Bergkamm fahren und dann zurück hinunter ans Meer. Es ist wunderschön dort, ruhig, und man kann toll wandern!«, hatte Jammi gesagt und Max damit schnell überzeugt.

»Willst du denn viel wandern gehen?«, fragt Andrea, während sie auf dem Smartphone herumwischt.

»Ne, aber ich mag es ruhig!«, antwortet Max und fügt hinzu: »Tinderst du schon wieder!? Meinst du echt, hier im Nirgendwo findest du auf Tinder den Mann fürs Leben?«

»Ne, aber ich hab Lust auf Abenteuer.« Andrea grinst Max schelmisch von der Seite an. Der seufzt: »Gut swipe!«

Seit etwas über einer Stunde sind die beiden nun auf der Ringstraße unterwegs. Als Max links abbiegen will, ruft Andrea: »Was machst du? Wir müssen doch nach Egilsstaðir, das ist weiter die Ringstraße entlang!«

»Das ist eine Abkürzung. Vertrau mir.«

»Willst du mich ver... Ach, mach ruhig, wir haben ja Zeit.« Andrea hat keine Lust zu diskutieren und ergibt sich in ihr Schicksal. Ausnahmsweise hat Max recht, denn von Westen kommend ist dieser Weg schneller. Auf dem Rückweg werden sie durch Egilsstaðir fahren, wenn es entlang der Ostküste nach Süden gehen soll.

Nach einer weiteren guten Stunde erreichen sie dann die Straße 94, die nach Borgarfjörður führt. »Siehste!«, prahlt Max.

»Ich hab' die ganze Zeit Google Maps auf. Hätte dir schon gesagt, wenn du dich mal wieder verfahren hättest ...« Andrea ist mittlerweile zu einer tiefenentspannten Mitfahrerin geworden, und keine von Max' Eskapaden kann sie mehr aus der Ruhe bringen.

»Ich brauche nicht mal Google Maps um ... Oh, da, wow!« Max tritt unvermittelt auf das Bremspedal, womit Andrea nicht gerechnet hat, sodass sie ruckartig in Richtung Windschutzscheibe gepresst wird, bevor der Gurt blockiert und sie im Sitz hält. »Was!? Bist du bekloppt?«, schnauzt Andrea und schaut in dieselbe Richtung wie Max. Ein altes, verfallenes Farmhaus steht ein paar hundert Meter abseits der Straße. »Oh!«, entweicht es ihr kurz und knapp.

Beide haben eine große Schwäche für verlassene Orte, sogenannte Lost Places. Nicht mehr genutzte Gebäude, die der Natur überlassen wurden, ziehen sie magisch an und haben eine besondere Wirkung auf sie. Nicht nur als Motiv zum Fotografieren, sondern auch als Zeuge vergangener Zeiten.

Jammi hat Max erzählt, dass noch weiter im Nordosten viele verlassene Farmen vor sich hingammeln. In den Westfjorden gibt es eine verlassene Fischereifabrik und im beschaulichen Siglufjörður eine Heringsfabrik, die mittlerweile zu einem wundervollen Museum umgebaut worden ist. Das ganze Land steckt voller verlassener Orte, die es zu erkunden gilt.

Max fährt also schnell an den Straßenrand und parkt das Auto. Beide stapfen durch das hohe Gras in Richtung des bereits in sich zusammengefallenen Hauses. Im Inneren kann man noch einzelne Dielen erkennen, kleine Ställe, und in der Decke stecken große Ölfässer. Weil es drinnen nach Schweinemist riecht und zudem die eine Seite des Dachs komplett eingestürzt ist, begnügen Max und Andrea sich mit Blicken von außen. »Hier kann man sicher fantastische Fotos von Nordlichtern machen!«, sagt Max, und Andrea nickt. »Weiter nach Borgarfjörður?« Andrea nickt erneut.

Die Straße machte kurz nach dem Hof einen Bogen nach rechts und führt die Küste entlang in Richtung Berge. Der Wind peitscht immer wieder von der See in Richtung Land. Max muss oft ein wenig gegenlenken, um nicht auf die andere Fahrbahn geschoben zu werden. Nicht dass hier irgendein anderes Auto in Sichtweite wäre, aber man weiß ja nie. Am Fuß des Berges wird erst deutlich, wie hoch dieser ist. Die Straße führt in Serpentinen über mehrere Kilometer nach oben. Dort angekommen halten die beiden kurz an einem Aussichtspunkt und schauen sich das Tal von oben an. Der kleine Hof ist von hier kaum erkennbar, und das Meer sieht vollkommen ruhig aus, mit nur wenigen weißen Flecken darauf.

Hinunter geht es relativ flott, die Straße ist zwar holprig, aber in einem sehr guten Zustand. Max kann fast durchgängig zügig fahren, und Andrea genießt die Aussicht. Nach einigen Kehren direkt an der Küste können sie den kleinen Ort endlich erkennen. Hier haben sie ein Zimmer in einem Gästehaus gebucht, das ebenfalls eine Empfehlung und gleichzeitig ein Volltreffer ist.

Die Herrin des Hauses empfängt die beiden herzlich, zeigt ihnen das Zimmer und empfiehlt sofort, an das andere Ende der Bucht zu fahren: »Dort landen gerade die ersten Papageitaucher. Sie verbringen die meiste Zeit des Jahres auf dem offenen Meer und kehren zur Paarung hierher zurück. Wenn ihr jetzt losfahrt, könnt ihr vermutlich einige sehen.«

Sie hat nicht zu viel versprochen: Der gesamte kleine Felsen am Hafen ist voll mit den kleinen Tollpatschen. Andrea und Max kommen aus dem Lachen kaum heraus, denn die meisten Puffins fliegen so ungestüm auf den Felsen zu, dass sie auf dem Bauch landen müssen. Dann rutschen sie ein paar Zentimeter, bis sie Halt finden und sich aufrichten können – oder eben nicht. In diesem Fall rutschen sie einfach weiter und fallen vom Felsen ins Wasser. Sie könnten hier Stunden zubringen, doch mittlerweile haben beide ordentlich Hunger und wollen zurück ins Gästehaus.

Dort angekommen treffen sie auf eine kleine Reisegruppe von Isländern und setzen sich zu ihnen. Die Gruppe hat sich Nudeln gekocht und kleine Stücke Würstchen mit hineingeschnitten, dazu gibt es Kartoffelsalat. Das erinnert Max an Weihnachten, denn in vielen Haushalten von Freunden und Bekannten gibt es genaue diese Kombination am Heiligabend zu essen. Keine Nudeln, aber Würstchen mit Kartoffelsalat.

»Habt ihr also zu Weihnachten alle eine große Portion Kartoffeln bekommen?«, lacht Max. Um ihn herum wird es still, und alle schauen ihn fragend an.

»Wir waren alle relativ brav. Kein Grund für Grýla, uns Kartoffeln zu bringen«, lacht die jüngste Dame am Tisch irgendwann los.

Was ist diesmal schiefgelaufen?

Max hat sich offenbar nicht mit den isländischen Weihnachtsbräuchen vertraut gemacht. Kein Wunder, schließlich ist er erst nach Weihnachten in Island angekommen und würde zum kommenden Fest bereits wieder in Deutschland sein. Im Verlauf des Abends erfahren Andrea und Max jedoch alles Wissenswerte über die Weihnachtskatze, über Grýla und ihren Mann Leppalúði und die dreizehn Söhne der Familie, besser bekannt als die Jólasveinar oder auch Yule Lads, die Weihnachtskumpel.

In Island werden zu Weihnachten keine Rentiere erwartet. Der Nikolaus und das Christkind sind zwar bekannt, aber die lokalen Bräuche drehen sich vor allem um die dreizehn Trolle. Diese leben in den Lavafeldern im Norden des Landes bei Mývatn in den »dunklen Burgen« von Dimmuborgir. Das Oberhaupt der Familie ist die böse Riesin Grýla, die einen kaum zu sättigenden Appetit auf unartige Kinder hat. Hilfreich ist dabei ihre Gabe, diese von artigen Kindern unterscheiden zu können, und dementsprechend findet sie regelmäßig böse Exemplare, die sie mit Vorliebe zu Gulasch verarbeitet.

Grýla ist verheiratet mit Leppalúði, ihrem dritten Mann. Über ihn ist weniger bekannt, er scheint ein eher ruhiger Zeitgenosse zu sein und tut, was seine Frau ihm aufträgt. Dazu gehört vor allem, die Kinder in Jutesäcke zu verpacken und bis zur Zubereitung zu bewachen.

Während Andrea und Max nur mit Wissen über den Weihnachtsmann und seine Rentiere aufwarten können, worüber die Isländer natürlich bestens informiert sind, können die Tischnachbarn ihnen sogar die Geschichte von jedem Einzelnen der dreizehn Jólasveinar erzählen.

Ab dem 12. Dezember kommen diese der Reihe nach in die Dörfer und Städte und streunen durch die Straßen mit nichts als Missetaten im Sinn:

Als erstes kommt Stekkjastaur, der Schafsmilch aus den Ställen stiehlt. Giljagaur kommt einen Tag später und vergeht sich an der Kuhmilch. Stúfur ist am Tag darauf auf der Suche nach Resten in Pfannen, und wieder einen Tag später sucht Þvörusleikir Kochlöffel, die er abschlecken kann. Um die Kochtöpfe selbst kümmert sich Pottaskefill, und Askasleikir macht sich über die Essnäpfe der Tiere her. Am 18. Dezember kommt Hurðaskellir dazu und knallt offen gelassene Türen zu. Am Tag darauf macht Skyrgámur sich auf die Suche nach seiner Leibspeise, dem isländischen Skyr, und Bjúgnakrækir angelt am Folgetag die Würstchen aus den Rauchfängen. Gluggagægir ist vergleichsweise harmlos, späht er doch nur durch die offenen Fenster, und auch Gáttaþefur schnüffelt lediglich herum. Der gefährlichste der dreizehn – es sei denn man ist Veganer – dürfte Ketkrókur sein, denn er stiehlt Teile des Weihnachtsbratens. An Heiligabend erreicht mit Kertasníkir der letzte Weihnachtskumpel die Zivilisation und macht sich auf die Suche nach Kerzen. In den folgenden dreizehn Tagen kehrt einer nach dem anderen zurück in die Höhlen im Norden.

Mit der Zeit wurden die Geschichten immer weiter angepasst. So variierte die Zahl der Yule Lads über die Jahrzehnte immer etwas, und während sie früher traditionelle Kleidung trugen, sind sie heute oft in rote Mäntel gehüllt. Abbildungen von Grýla und ihrem Mann Leppalúði kann man im ganzen Land finden, die berühmtesten sind vermutlich die beiden Figuren in der Innenstadt von Reykjavík. Die lebensgroßen Figuren aus Pappe stellen ein beliebtes Fotomotiv dar.

Nicht zu vergessen ist die Weihnachtskatze, das isländische Pendant zu Rudolph dem Rentier. Sie frisst in der Vorweihnachtszeit jeden, der keine neue Kleidung trägt. Die Geschichte der Jólakötturinn, wie die Weihnachtskatze heißt, wurde in früheren Zeiten von

Status als Nobelpreisträger, sondern auch die Anschaffung eines Jaguars. Angeblich durfte Laxness einreisen, weil Kommunisten keine Sportwagen kaufen.

Im heutigen Island sind Bücher weiterhin ein wichtiger Teil des Alltags, und die Isländer lieben es nicht nur zu lesen, sondern sind auch aktive Schreiber: Um die 1.500 neuen Titel werden jedes Jahr in Island herausgebracht.

Dass unterm Weihnachtsbaum alljährlich vor allem Bücher liegen, ist historisch bedingt. Jólabókaflóð heißt diese Tradition, die ihren Ursprung im Zweiten Weltkrieg hat. Damals war Island von den Alliierten besetzt, und weil es kaum andere Quellen zur Unterhaltung gab, kurbelte man die Buchproduktion an. Wann immer man ein Geschenk brauchte, griff man zum Buch.

Im Winter haben die Bücherwürmer dann Hochkonjunktur. Bereits Anfang Dezember wird die Branche aktiv und verleiht die jährlichen Preise. Und die zu Weihnachten verschenkten Bücher werden dann zwischen den Feiertagen und dem Beginn des neuen Jahres verschlungen.

Was können Sie besser machen?

Sollten Sie zur Weihnachtszeit in Island sein, können Sie sich schon vorher mit den Bräuchen und Traditionen vertraut machen. Einige davon finden Sie ja bereits hier im Buch. Den Isländern ist Familie sehr wichtig, und dementsprechend ist das Weihnachtsfest ebenfalls eine bedeutsame Zeit. Auch wenn viele große Anbieter und touristische Unternehmen das ganze Jahr über ihre Dienste anbieten, sollte man während der Weihnachtsfeiertage noch einmal nachfragen beziehungsweise sicherstellen, dass die Attraktion, die man besuchen oder die Tour, die man unternehmen möchte, auch angeboten wird.

Gerade kleine Betriebe machen in dieser Zeit auch mal Urlaub oder fahren das Angebot herunter. Das hat wiederum den Vorteil, dass man zu dieser Zeit an vielen Orten weniger Reisende antrifft als sonst.

37 INSTAGRAM STATT PISTOLEN

MAX MACHT SELFIES MIT DER POLIZEI

Es ist der letzte Tag ihres gemeinsamen Roadtrips durch Island, und Max und Andrea sind auf dem Weg zurück nach Reykjavík. Die Zeit ist – wie immer bei Reisen – viel zu schnell vergangen, und beide schauen wehmütig aus dem Fenster.

An einer Straßenkreuzung sieht Max dank seiner Adleraugen schon von Weitem ein Polizeiauto stehen. Reflexartig tritt er auf die Bremse, und als sein Blick auf den Tacho fällt, zeigt dieser immer noch knapp über 100 km/h an. Auf diesem Teil der Ringstraße darf man maximal 90 km/h fahren, und daher ist Max sich sicher: Jetzt wird es teuer. »Mist!«, ruft er laut aus und lehnt sich zu Andrea. »Du musst uns da jetzt rausflirten!« Andrea lacht laut auf.

Max fährt mit gemäßigtem Tempo auf den weißen Wagen am Straßenrand zu und rechnet jeden Moment damit, aus dem Verkehr gezogen zu werden. Erst als er auf Höhe des Polizeiwagens ist, sieht er, dass der eine Polizist auf einem Klapphocker sitzt und die Füße auf die Stufe an der Beifahrertür abgelegt hat. Er spielt mit einer großen Laserpistole herum und hat dabei sein Handy in der Hand.

»Puh, da habe ich wohl noch mal Glück gehabt!«, seufzt Max und lehnt sich zurück. Andrea winkt den Polizisten dynamisch und breit lächelnd zu, als sie an ihnen vorbeifahren.

»Na toll, mach sie noch auf uns aufmerksam!«, zischt Max ihr zu.

»Hm? Oh! Tschuldigung ...«, entgegnet Andrea und fügt schulterzuckend hinzu: »Männer in Uniform!«

»Die scheinen es hier nicht so genau zu nehmen, die Gendarmen!«, sagt Max. »Erinnerst du dich noch an den Polizisten in Akureyri?«

Andrea erinnert sich nicht, denn bei diesem Ereignis war sie gar nicht dabei gewesen. Doch Max hatte ihr davon erzählt. In der Stadt im Norden hatten sie direkt im Stadtzentrum geparkt, und zwar direkt vor einer Bank. Hier konnte Andrea Geld abheben, und es war auch nicht weit zum Café Berlin, wo beide einen Happen essen wollten. An diesem Tag regnete es ein wenig, und so kam die örtliche Nähe gerade recht. Während des Essens fiel Max auf, dass er sein Handy im Auto liegen gelassen hatte, und da es gerade nicht regnete, lief er schnell hinüber, um das Gerät zu holen.

Am Auto angekommen sah er einen Polizisten einen Zettel unter den Scheibenwischer klemmen. »Ach Mist!«, rief er laut und hatte keine Hoffnung, der Strafe noch entgehen zu können. Aus Deutschland wusste er, dass ein einmal gedruckter Strafzettel im System war und nicht rückgängig gemacht werden konnte.

In Island schien dies nicht der Fall zu sein, denn der Polizist fragte Max, ob dies sein Auto sei. Als dieser die Frage bejahte und hinzufügte, dass das Auto erst seit Kurzem hier stünde und er kein Verbotsschild gesehen habe, nahm der Beamte den Zettel wieder in die Hand und zerknüllte ihn. »Hier ist kein Parkverbot, nur eine begrenzte Haltezeit. Sie müssen eine Parkuhr in die Windschutzscheibe legen und einstellen, seit wann Sie hier stehen.« Das Bußgeld musste Max an diesem Tag also nicht zahlen – und gönnte sich dafür noch einen Nachtisch.

»Nun, irgendwann hast du vielleicht kein Glück mehr!«, warnt Andrea, während sie verträumt auf die Schatten der Wolken an den Berghängen schaute.

»Papperlapapp!«, entgegnet Max voller Überzeugung. »Ich glaube, ich habe eine Glückssträhne für meine Zeit in Island.«

In Reykjavík angekommen soll diese auf die Probe gestellt werden, denn bevor es zurück nach Hause geht, will Max noch einen Kaffee in der Innenstadt trinken. Dazu sucht er sich das Café Vinyl aus, das in einer der eher vielbefahrenen Straßen im Stadtkern liegt. Hier gilt ein Park- und Halteverbot, sodass man auf die Nebenstraßen ausweichen und dort eine Parkscheibe im Auto auslegen muss.

Max parkt also in der Straße direkt neben dem Café. Weil er keine Parkscheibe im Auto hat und zu faul ist, die Uhrzeit auf ein Stück Papier zu schreiben, aber vor allem, weil er eben auf sein Glück vertraut, gehen er und Andrea einfach in das Café nebenan und gönnen sich ein ausgiebiges Frühstück. Das Café Vinyl ist besonders für Veganer ausgerichtet und somit ein Paradies für Andrea. Max dagegen sucht lange vergeblich nach einem Salamibrot und begnügt sich daraufhin mit einer Frühstücksbowl.

Als die beiden satt und glücklich in die Seitenstraße abbiegen, sieht Max seine Glückssträhne enden: Ein großer, stämmiger Polizist klemmt gerade einen Strafzettel unter seine Windschutzscheibe und macht dabei ein grimmiges Gesicht. Am Auto argumentiert Max, dass er doch nur kurz weg gewesen und das doch wohl kein Problem sei. Doch der große Wikinger vor ihm lässt sich nicht beirren.

Andrea steht still daneben, die Hände hinter dem Rücken verschränkt, das linke Bein leicht angewinkelt, und bewegt den Oberkörper nervös von links nach rechts, während sie den Polizisten aus großen Augen anschaut wie einen Weihnachtsbaum.

Max ist genervt und sagt: »Na dann. Aber dann bekommen wir wenigstens ein Foto mit Ihnen, ja? Meine Freundin hier steht nämlich auf Männer in Uniform, Sie würden ihr damit eine große Freude machen!«

Andrea steht auf einmal kerzengerade. Eine leichte Röte steigt ihr ins Gesicht, und sie dreht sich zu Max: »Das stimmt doch gar ...«

»Am besten mit Ihrer Pistole. Wie Sie mich festnehmen oder so!«, sagt Max laut, mittlerweile begeistert von seiner Idee für ein tolles Instagram-Foto, und schaut strahlend zu Andrea hinüber. »Oder?«

»Klingt gut. Ein Foto können wir gern machen«, sagt der Beamte und kramt sein großes Smartphone aus der Hosentasche. »Wir freuen uns immer sehr, Fans auf unser Instagram-Profil zu bekommen. Die Pistolen haben sie uns aber letzte Woche wieder abgenommen. Wenn ihr also keine dabeihabt, muss das Foto ohne Pistole sein ...«

Was ist diesmal schiefgelaufen?

Max hat sich nicht an geltende Gesetze gehalten und nur durch viel Glück und guten Willen zweimal keine Strafe dafür zahlen müssen. Das Übertreten der Höchstgeschwindigkeit wird in Island zwar selten, dafür aber recht hart geahndet. Durch die große Fläche des Landes kann die Polizei nicht permanent alle Straßen überwachen. Die wenigen fest installierten Blitzer sind mittlerweile recht bekannt oder kurz davor warnen Schilder die Fahrer, zu schnell zu fahren. Dementsprechend sind die Strafen, wenn man einmal erwischt wird, deutlich höher, als wir das aus Deutschland kennen.

Dies hat einen guten Grund: Auch wenn die schier endlosen Straßen in Island einen geradezu einladen, schneller als die vorgeschriebenen 90 km/h (80 km/h auf Schotterpisten) zu fahren, ist dies meist keine gute Idee: Durch die harten Winter sind die Straßen oft in einem ziemlich schlechten Zustand: Große Schlaglöcher bilden sich, die Flanken der Straßen brechen ab, und hier und da liegen auch kleine Steine oder Felsbrocken von den Hügeln herum. Im Sommer kommen dann noch die Tiere dazu, allen voran die vielen Schafe. Sie scheren sich relativ wenig um Zebrastreifen und überqueren die Straße, wann und wo es ihnen gerade passt. Gern auch einmal hinter einer Biegung oder an einer Brücke, wo man sie bei zu hohem Tempo erst zu spät sieht.

Das Parken ist ebenfalls so eine Sache: Auch wenn Stadtmenschen Orte wie Reykjavík und Akureyri eher klein vorkommen werden, ist die Verkehrsdichte hier recht hoch, und vor allem durch die vielen Touristen mit Mietwagen entsteht schnell Parkplatzknappheit. Daher sollte man sich an die Park- und Halteverbote halten. Nicht nur, um den hohen Strafen zu entgehen, sondern eben auch, um ein guter Gast zu sein.

Außerdem hat Max angenommen, isländische Polizisten hätten – wie ihre Kollegen in Deutschland – Schusswaffen bei sich. Das ist nicht der Fall. Die Polizei in Island ist im normalen Streifendienst nicht mit Schusswaffen ausgestattet und trägt daher keine Pistolen. Polizeiwagen haben in der Regel einen Safe mit Waffen, sodass die Beamten im Notfall wenig Zeit benötigen, um diese zu erreichen, und natürlich sind die Polizisten im Umgang mit verschiedensten Pistolen und Gewehren geschult. Im Alltag sind sie jedoch nur mit Schlagstöcken und Pfefferspray bewaffnet, was in der Regel bei der Bewältigung von Konflikten offenbar ausreicht.

Weil die Kriminalitätsrate in Island so niedrig ist und man so wenig herumschießen muss, hat sich die Polizei einem anderen Hobby verschrieben: dem Fotografieren. Der Instagram-Account der Lögreglan, wie die Polizei in Island heißt, hat es mittlerweile auf über 150.000 Abonnenten gebracht und wurde von großen internationalen Medien vorgestellt. Er besteht vor allem aus lustigen Fotos von Polizisten im Dienst, Selfies, Hundewelpen und Katzenbabys.

Auch bei der Verwaltung des Fundbüros setzt die Polizei übrigens auf moderne Medien: Fundsachen werden bei Pinterest veröffentlicht.

Was können Sie besser machen?

Die langen, weit einsehbaren Straßen mögen zum Schnellfahren einladen, doch dein Eindruck ist trügerisch. Auch wenn man ein entgegenkommendes Fahrzeug schon von Weitem sehen könnte - Schlaglöcher tarnen sich meist erstaunlich gut. Schafe und andere Tiere ebenso. Es macht durchaus Sinn, sich an das für uns gefühlt sehr niedrige Höchsttempo zu halten, denn die Isländer wissen schon, warum sie dieses bestimmt haben.

Allerdings werden Sie vermutlich schnell merken: Wer sich an die Vorgaben hält, wird in überraschender Regelmäßigkeit überholt. Oft sogar von offensichtlich Einheimischen. Das ist aber keine Einladung, selbst aufs Gaspedal zu drücken. Viele Isländer kennen die Strecken, die sie fahren, in- und auswendig und fühlen sich deshalb sicher, auch bei erhöhter Geschwindigkeit.

CATS OF 101

Reykjavík ist die Hauptstadt der Katzen. Wer durch die engen Gassen der Stadt wandert, wird ihnen immer wieder begegnen: Sie sitzen vor den kleinen Häusern, streunen durch die Vorgärten und schmiegen sich an die Beine der Besucher. Es gibt keine offiziellen Zahlen, doch man geht von etwas mehr als 20.000 Katzen in Reykjavík aus. Damit käme auf jeden zehnten Einwohner eine Katze.

Wie es kommt, dass man in Reykjavík so viele Katzen sieht? Ihre Erzfeinde hatten hier lange keine Einreiseerlaubnis: Hunde waren in Reykjavík bis 1984 komplett verboten, und noch bis 2006 brauchte man eine besondere Erlaubnis für die Hundehaltung. Erst seitdem können die Vierbeiner hier ohne Probleme mit und neben den Haustigern leben.

38 DIE WUNDERSAME REISE DES MR. NOEL

MAX TRIFFT ISLANDS BERÜHMTESTEN TOURISTEN

Heute ist wieder einer der schönen Tage, an denen Max eine private Tour von Tauchern durch Island führen darf. Das heißt zwar früh aufstehen, um die Gäste am Flughafen abzuholen, doch dafür wird der Tag sicher wieder besonders ereignisreich.

In diesem Kapitel soll es allerdings gar nicht um Max gehen, sondern um Mr. Noel. Diesen trifft Max nämlich am Flughafen und ahnt gar nicht, dass er einem Amerikaner die Hand schüttelt, der bald landesweit bekannt und auch über die Grenzen Islands hinaus berühmt sein wird.

Mr. Noel betritt heute zum ersten Mal isländischen Boden und freut sich bereits sehr auf seine Reise. Er hat einen Mietwagen reserviert und plant, vor allem die Hauptstadtregion rund um Reykjavík zu erkunden. Als er aus dem Flugzeug steigt und die Wartehalle des Flughafens betritt, sieht er einen jungen Mann mit einem Schild, auf dem mehrere Namen und die Silhouette eines Tauchers zu sehen sind. Er geht zu ihm, stellt sich kurz vor und fragt: »Ist es denn weit von hier bis Laugavegur?« Dort hat er nämlich ein Hotel für die ersten Nächte gemietet.

»Nein, das ist nicht so weit von hier. Eine schöne Gegend und auf dem Weg fahren Sie an tollen Lavafeldern vorbei«, antwortet Max, während zugleich zwei Frauen wie aus dem Nichts auftauchen und sich als Max' Gäste vorstellen. Er nickt Mr. Noel noch kurz zu: »Eine gute Fahrt und viel Spaß!«

Mr. Noel packt also seinen Rollkoffer und geht in Richtung Autoverleih. Dort bekommt er den Schlüssel für sein Auto und – nachdem die nette Verkäuferin am Schalter die Vorzüge erklärt hat – ein Navigationsgerät samt Halterung. Ganz am Ende des Parkplatzes steht sein kleiner VW Polo, schwarz und mit ein paar kleinen Dellen am Kotflügel. Mr. Noel verstaut sein Gepäck im Kofferraum, setzt sich hinter das Lenkrad und befestigt erst einmal das Navigationsgerät. »L-A-U-G-A-R-V-E-G-U-R«, spricht er laut mit, während er jeden einzelnen Buchstaben der Straße in das Navi eintippt und auf »Losfahren« drückt. Er hat es mittlerweile etwas eilig, weil es – wer hätte das gedacht – ganz schön kalt ist.

Während der Fahrt Richtung Norden findet Mr. Noel heraus, wie das Radio funktioniert, genießt die wärmer werdende Luft aus der Heizung und entdeckt sogar den Knopf für die Sitzheizung. Zu seiner Linken kann er den wilden Atlantik sehen, der heute durch starke Winde besonders aufgewühlt wird. Zu seiner Rechten schier endlose Lavafelder. Begeistert und vollkommen gefesselt von den Aussichten fährt Mr. Noel also die Ringstraße entlang, und seine Müdigkeit ist wie weggeblasen.

Nach einer Weile erreicht Mr. Noel dann einen Tunnel an, der unter dem Meer durch weiter nach Norden führt und an dem ein kleines Mauthäuschen steht. Oh, oh, denkt er sich, denn er hat ja noch keine einzige Isländische Krone abgehoben. Der junge Mann in dem kleinen weißen Häuschen sagt ganz trocken: »Wir nehmen auch Kreditkarten«, und schon ist das Problem gelöst. Die Fahrt kann ungestört weitergehen und Mr. Noel sich, nachdem er den Tunnel passiert hat, wieder voll auf die atemberaubende Landschaft konzentrieren.

Auch wenn ihm das Zeitgefühl etwas abhanden gekommen ist, schaut der junge Amerikaner irgendwann doch einmal auf das Navi, um zu prüfen, ob alles richtig ist. Die blaue Linie führt schnurstracks nach Norden, und er fährt eindeutig in die richtige Richtung. Er ist etwas erstaunt, dass ihm die Restfahrzeit mit etwas über zwei Stunden angezeigt wird, doch er vertraut dem Navigationsgerät. Schließlich ist dieses schon viel länger in Island als er, und er hat gutes Geld für die

Assistenz bezahlt. Außerdem gibt es sicher Schlimmeres, als durch diese wunderschöne, bergige Landschaft zu fahren.

Es liegt zwar Schnee, doch Mr. Noel ist das gewohnt und hat keine Probleme mit dem weißen Fahrbahnuntergrund. Nur der Wind macht ihm etwas zu schaffen, denn wenn eine starke Böe kommt, muss er etwas gegensteuern und den Fuß vom Gas nehmen.

Nach den Bergen kommen die Fjorde. Wer hätte gedacht, dass man schon auf der Fahrt vom Flughafen in die Stadt – die zugegebenermaßen jetzt doch etwas länger dauert, als Mr. Noel sich das vorgestellt hat – bereits so viele unterschiedliche Landschaften bestaunen kann. Er hat das Gefühl, bereits das halbe Land gesehen zu haben!

Auf einmal meldet sich die Stimme des Navigationsgeräts und kündigt an, dass Mr. Noel bald ankommen wird und das Ziel auf der linken Seite liegt. Siglufjörður hat er auf dem letzten Ortsschild gelesen und ist etwas verwirrt. Er kennt den Ortsteil Kópavogur und weiß, dass man den Stadtkern von Reykjavík mit 101 bezeichnet. Siglufjörður kennt er nicht.

Mr. Noel hält an, steigt aus dem Wagen und bestaunt das ruhige, kleine Örtchen zu seinen Füßen: Er steht etwas weiter oben am Berg und schaut direkt auf den Fjord hinunter. Ein Hotel sieht er hier nicht. Er geht trotzdem zu dem Haus, das das Navigationsgerät ihm anzeigt und klingelt. Eine Frau macht die Tür auf und Mr. Noel sagt: »Ich glaube, ich habe ein Zimmer in Ihrem Hotel reserviert.«

Die Frau schaut Mr. Noel entgeistert an.

Was ist diesmal schiefgelaufen?

Mr. Noel ist einem kleinen, aber folgenschweren Tippfehler zum Opfer gefallen. Während es im Süden Islands gleich zwei Wege mit dem Namen Laugavegur gibt, einen Wanderweg und eine Einkaufsstraße mitten in Reykjavík, gibt es den Laugarvegur nur in dem wunderschönen kleinen Ort Siglufjörður, ganz im Norden des Landes. Etwas über sechs Stunden und mehr als vierhundert Kilometer war der junge Mann also von seiner Destination entfernt.

Das Haus, an dem er klingelte, gehörte einer Frau, die ihm erklären musste, dass er einen kleinen Umweg gefahren war. Nachdem sie Noel zu einem kleinen Hotel im Stadtkern geschickt hatte, schrieb sie einen Post in Facebook, in dem sie das Ereignis schilderte. Dieser wurde in dem kleinen Städtchen schnell geteilt, und es dauerte nur wenige Stunden, bis Mr. Noel vor Ort eine kleine Berühmtheit war. Er durfte mehrere Nächte in dem kleinen Hotel übernachten, bevor er sich auf den Rückweg nach Reykjavík machte, wo ihn ebenfalls eine Überraschung erwartete.

Denn nicht nur in Siglufjörður hatte sich die Irrfahrt herumgesprochen. Mittlerweile war Herr Noel landesweit bekannt, und als er bei seinem Hotel ankam, wurde er mit einem Upgrade in eine Suite empfangen sowie einer Einladung, die Blaue Lagune weiter südlich zu besuchen, kostenfrei natürlich. Auf dem Weg dorthin verfuhr er sich erneut, stapfte in eine Konferenz, um nach dem Weg zu fragen, und wurde von den Teilnehmern sofort erkannt.

Sein Foto hatte es also mittlerweile in die Zeitung und ins landesweite Fernsehen geschafft. Mr. Noel, der seinen Urlaub inzwischen um ein paar Tage verlängert hatte, verbrachte einen großen Teil seiner restlichen Zeit in Island mit dem Unterschreiben von Autogrammen und dem Posieren auf Bildern mit Isländern und anderen Touristen, die von seiner Geschichte gehört hatten.

Noch vor Ort wurde er von großen US-amerikanischen Fernsehsendern wie SkyNews interviewt und so auch international zum wohl berühmtesten Touristen Islands.

Was können Sie besser machen?

Der beste Begleiter in Island ist ein gesunder Menschenverstand. Nur weil das Navigationsgerät eine Route vorschlägt, sollte man dieser nicht ungeprüft folgen. Es kann zum Beispiel sein, dass es auf der Route F-Straßen gibt, die man mit einem normalen PKW gar nicht befahren darf, oder auch private Wege, die man nur mit Erlaubnis des Eigentümers nutzen darf.

Außerdem führen die Algorithmen der Geräte oft dazu, dass man zwar nah an einen bestimmten Ort herangeführt wird, aber an der Stelle gar kein Parkplatz existiert. Genau das war bei einem der schönsten Wasserfälle des Landes der Fall. Unglücklicherweise befindet sich dieser recht nah an einer Siedlung von Sommerhäusern, sodass die Touristen dort alle Wege zuparkten und sich ihren Weg zum Wasserfall bahnten. Dabei blockierten sie die Zufahrt der Anwohner und zerstörten die fragile Natur rund um den Wasserfall. Das führte im Jahr 2018 letztendlich zur Schließung, und es ist nicht mehr erlaubt, den Wasserfall anzusteuern.

Was ebenfalls hilft: mit den Einwohnern sprechen. Mr. Noel hatte dies zumindest versucht, doch an einer Tankstelle traf er leider nur einen Mitarbeiter an, der kein Englisch sprach. Das ist in Island jedoch eher die Ausnahme, und im Zweifel findet man Hilfe bei www.safetravel.is. Dort sollte man vielleicht nicht unbedingt wegen Problemen beim Navigieren anrufen, doch in manchen Fällen kann eine kurze Nachfrage eine unangenehme Situation verhindern und viel Geld sparen!

TOURISMUS IN ISLAND

Über dieses Thema könnte man ein ganzes Buch schreiben. Deshalb haben es einige auch schon getan: Alda Sigmundsdottir hat das *Little Book of Tourists in Iceland* verfasst, das ich Ihnen sehr ans Herz legen möchte.

Während in den 80er und 90er Jahren nur etwa 100.000 bis 200.000 Menschen das kleine Land im Nordatlantik besuchten, waren es 2010 bereits über eine halbe Million und 2017 sogar fast 2,2 Millionen. Die meisten Besucher kamen 2017 aus den USA (576.000), Großbritannien (322.000) und Deutschland (155.000).

Günstige Flüge, der Verfall der Währung und das mediale Interesse durch den Ausbruch des Eyjafjallajökull im Jahr 2010 waren die

Haupttreiber für den Tourismusboom, den die Isländer zum großen Teil begrüßten: Das Land war von der Finanzkrise gebeutelt, und die Touristen versprachen eine neue Einnahmequelle.

In den ersten Jahren des Booms konnte das Land die Besucher gut betreuen. Während die vielen kleinen Unternehmen nur vorsichtig in den Ausbau ihrer Angebote investierten, gingen größere Unternehmen zu massiven Investitionen über. Heute ähnelt Reykjavík einer einzigen Großbaustelle: An jeder Ecke entstehen Hotels im großen Stil.

Die Fluggesellschaften Icelandair und WOWair haben viele neue Routen erschlossen und bringen Besucher aus aller Herren Länder günstig zum internationalen Flughafen in Keflavik. Besondere Stopover-Angebote sollen Reisende zwischen den USA und Europa dazu bewegen, ein paar Tage extra einzuplanen und diese in Island zu verbringen. Einer der größten Nutznießer dieser Aktion: die Blaue Lagune, die von einem kleinen Tümpelchen im Lavafeld zu einer enormen Luxus-Spa-Anlage mit mehreren Hotels gewachsen ist.

Der Tourismus ballt sich vor allem in der Hauptstadtregion, also rund um Reykjavík und an der Südküste. Hier entstanden auch die ersten Probleme mit den fremden Besuchern, denn es wurden einfach zu viele Wege zerstört und Pflanzen zertrampelt. Es geschahen Unfälle, und die Einheimischen fühlten sich zunehmend gestört. Da in Island fast jedes Stück Land in Privatbesitz ist, gingen einige dazu über, ihr Land abzusperren. Andere bauten Parkplätze und begannen Eintrittsgelder zu erheben, um die Infrastruktur auszubauen. Aus natürlichen Orten wurden so Attraktionen mit Zäunen.

Während der Südwesten mit den Massen an Besuchern sichtlich überfordert ist, würden die Menschen im Norden und Osten des Landes gern mehr von ihnen aufnehmen. Doch es fehlt schlicht an Infrastruktur, um die Menschen dort hinzubringen. Während es im Norden in Akureyri immerhin einen größeren Flughafen gibt, der täglich mehrmals von Reykjavík aus angeflogen wird, muss man in den entlegenen Osten weiterhin mehrere Stunden mit dem Auto fahren.

Manche freuen sich darüber, dass wenigstens ein paar Flecken Islands so bleiben, wie sie sind. Andere sehen hier noch Chancen für die Verteilung von Lasten und Einnahmen aus dem Tourismus.

Ich kann Ihnen nur ans Herz legen, lieber Leserin und lieber Leser, sich bei Ihrer Reiseplanung mit dem Tourismus-Thema auseinanderzusetzen. Denn das größte Problem stellen Besucher dar, die unvorbereitet nach Island kommen – für die Isländer, aber auch für sich selbst.

39 SCHNÄUZEN UNERWÜNSCHT

MAX GREIFT ZUM TASCHENTUCH

Max' Zeit in Island neigt sich langsam dem Ende zu. Während ihm noch wenige Wochen bleiben, heißt es für Andrea bereits heute Abschied nehmen. Am folgenden Morgen um sechs Uhr geht ihr Flieger nach Berlin. Sie und Max wollen noch einen gemeinsamen Abend in der Hauptstadt verbringen, und obwohl beide sowieso schon keinen Cent mehr in der Tasche haben, haben sie entschieden, es sich noch einmal richtig gut gehen zu lassen. »Direkt gegenüber der Kirche, in diesem süßen kleinen Holzhaus gibt es ein neues Restaurant. Da will ich hin!«, hatte Andrea zuvor geschrieben, und Max war nicht abgeneigt. Max ist beileibe kein Experte in Bezug auf die isländische Küche, aber die Karte las sich durchaus gut. »Dann gehen wir so gegen sieben etwas essen, und danach können wir ja noch irgendwo was trinken gehen.«

An diesem Tag hat Max frei, was in den letzten Tagen häufig der Fall war. In den ersten Wochen in Island hat er so viele Doppelschichten gemacht, dass er jetzt immer mal wieder einen Tag dazu nutzen kann, die Gegend zu erkunden oder durch die Straßen von Reykjavík zu streifen. »Vom Alltag in Reykjavík habe ich gar nicht so viel mitbekommen«, hatte er am Vortag zu Ásgeir gesagt, woraufhin der trocken erwiderte: »Na ja, so ist das halt mit dem Alltag. Nichts Besonderes!« Das mochte für die Isländer so sein, doch Max waren so viele Kleinigkeiten fremd gewesen, und selbst jetzt hat er das Gefühl, nur an der Oberfläche dieser interessanten Nation gekratzt zu haben.

Max geht also schon kurz nach Mittag los und schlendert durch die vielen kleinen Straßen in Richtung Hafen. An vielen der Industriegebäude sind große Gemälde zu sehen. Streetart ist ein großes Thema in Reykjavík, zur großen Freude von Max. Er geht langsam und verträumt den

Skulpturenweg entlang, der von einem Leuchtturm am Ende der Halbinsel direkt am Meer zurück in Richtung Inland führt. Durch den alten Hafen, vorbei an der Konzerthalle Harpa und dann zum Sun Voyager sowie dem Symbol für Partnerschaft, dessen Gegenstück in den USA steht. Kunst in jeder Form hat einen großen Stellenwert für die Stadt.

Max muss an all die Momente zurückdenken, in denen er Neues gelernt, schöne Dinge gesehen und nette Menschen kennengelernt hat. An die langen Arbeitstage im Nationalpark, die ihm am Anfang der Reise alles abverlangt haben und die er nun zum Ende hin so sehr schätzen gelernt hat.

Mittlerweile auf der Haupteinkaufsstraße Laugavegur angekommen, muss Max an die ersten Fahrten durch die Innenstadt denken, daran, wie die Kollegen ihn von Hotel zu Hotel navigieren mussten und dass sich das eigentlich bis heute nicht geändert hat. Zu einem guten Autofahrer ist er hier nicht geworden, aber es hat immerhin gereicht, um unfallfrei die gesamte Insel zu erkunden.

Langsam geht die Sonne unter, und als Max auf die Uhr schaut, ist es bereits 18 Uhr. Er ist jetzt am Tjörnin, dem kleinen Teich direkt am Rathaus, und von hier aus sind es nur etwa zehn Minuten bis zum Restaurant. Er setzt sich also noch mal auf eine der Bänke und schaut den Touristen beim Füttern der Enten und Schwäne zu. Wenn das Eis dick genug ist, fahren die Hauptstädter hier im Winter gerne Schlittschuh. Heute ist es auch sehr kalt, der Winter hat in den letzten Tagen noch einmal kräftig seine Muskeln spielen lassen. Max läuft schon den ganzen Tag die Nase, aber er hat kein Taschentuch dabei.

Nach einer Weile schaut Max erneut auf die Uhr und stellt erschrocken fest, dass es bereits fünf vor sieben ist. Er springt auf und geht schnellen Schrittes in Richtung Kirche los. Oben wartet Andrea bereits: Ihr Gesicht ragt nur zu einem kleinen Teil aus der Höhle, die sie sich aus der dicken Wintermantelkapuze und ihrem teppichgroßen Schal gebaut hat. Im Grunde lugen nur ihre großen braunen Augen zwischen dem Stoff hervor. »Fast pünktlich, der Herr!«, flüstert Andrea, während Max sie in die Arme schließt. Sie rührt sich keinen Millimeter, und es sieht ein bisschen so aus, als würde Max einen kleinen Baum liebevoll umarmen. »Hunger?«, fragt Max, und der kleine Baum nickt wortlos. Die beiden gehen zum Restaurant, und der Kellner zeigt ihnen den Sitzplatz.

Max hilft Andrea aus der Jacke und nimmt kurz danach selbst Platz. Andrea hat ihre Taschen entleert und dabei ein Päckchen Taschentücher auf den Tisch gelegt. »Darf ich eins?«, fragt Max, während er nach den Tüchern greift, und Andrea nickt abwesend. Als sie sich umdreht, sieht sie, wie Max eines der Taschentücher bereits entfaltet hat und kräftig hineinschnäuzt.

An einigen Tischen im Restaurant verstummen die Gespräche. Andrea schaut Max mit weit aufgerissenen Augen an und ist offenbar hin und her gerissen, ob sie laut lachen oder sich unter den Tisch verkriechen soll.

Was ist diesmal schiefgelaufen?

Man mag es kaum glauben, doch die Isländer haben es nicht so mit dem Naseputzen. Im Land des ewigen Winters würde man eine innige Beziehung zwischen dem Isländer und seinem Taschentuch vermuten, doch dem ist nicht so. Wie in vielen anderen Ländern der Welt ist das öffentliche Putzen der Nase eher ein No-Go, und die Tatsache, dass nur an einigen der Tische um die beiden herum die Gespräche verstummen, rührt daher, dass an den anderen Touristen sitzen.

Was können Sie besser machen?

Besser ist es, wenn Sie sich ein Taschentuch nehmen und ein stilles Örtchen aufsuchen. Das kann tatsächlich eine Toilette sein oder auch ein Nebenraum, der Platz hinter einem Auto, Stein oder sonst etwas.

Auch Isländer besitzen Taschentücher und nutzen diese, es gilt jedoch als unhöflich, dies in öffentlichen Räumen zu tun.

Draußen, besonders bei Aktivitäten, ist es keine Schande, die Nase hochzuziehen. Solange man sich dabei nicht wie ein Laubsauger anhört, ist man damit bei den Isländern durchaus in guter Gesellschaft, denn diese handhaben es meist ebenso.

40 DAS NACHTLEBEN VON REYKJAVÍK

MAX GEHT TANZEN

»Schon drei Monate in Island und du weißt nicht, dass man sich hier nicht in der Öffentlichkeit die Nase putzt!?« Andrea kann sich das Grinsen nicht verkneifen. Sie versucht es, aber es gelingt ihr nicht.

Max ist etwas verunsichert, doch schon nach wenigen Minuten herrscht im Restaurant wieder ein geschäftiges Rauschen, und keiner schaut zu ihnen herüber. »Das wusste ich tatsächlich nicht!«, sagt er leise und peinlich berührt. »Kommt wahrscheinlich, weil ich ja nur draußen war und immer unter Männern.«

»Was für eine Ausrede soll das denn sein?«, fragt Andrea fassungslos.

Max zuckt mit den Schultern: »Wir sind halt einfach gestrickt!«

Die beiden bestellen verschiedene Gerichte und teilen alles: Lamm, Muscheln, Kabeljau, Käse und einen Brownie als Dessert. Alles kommt in kleinen Portionen und schmeckt vorzüglich. »Man hätte viel öfter so lecker essen gehen sollen, die Isländer können so toll kochen!«, schwärmt Andrea. Max stimmt zu. Doch obwohl er vergleichsweise oft auswärts gegessen hat, ist das finanziell einfach kaum machbar.

»Das war soooo lecker!«, antwortet Andrea auf die Frage des Kellners, ob es geschmeckt hat, während dieser die Teller abräumt.

»Sollen wir dann zahlen?«, fragt Max.

Andrea schaut etwas enttäuscht und fragt: »Willst du schon los?«

»Ich dachte, wir ziehen noch weiter?«

Der Abend soll natürlich noch nicht enden, und da Andrea sowieso mitten in der Nacht am Flughafen sein muss, ist es nun auch egal, wenn sie die letzte Nacht durchtanzt. Max zahlt die Rechnung, und Andrea wird die Getränke im Club bezahlen. Nachdem das geklärt ist, starten die beiden in die Nacht. Vom Restaurant aus sind es nur wenige Meter bis zur Laugavegur, der Shopping- und Partymeile Reykjavíks. Neben vielen kleinen Geschäften gibt es hier auch Restaurants, Cafés und vor allem Bars. Die meisten kennt Max nur aus den Erzählungen der Gäste, allen voran die Lebowski Bar, in der sich vor allem Reisende treffen, aber auch Einheimische, die mit Touristen unterwegs sind.

»Ich habe Lust auf Aussicht!«, argumentiert Andrea auf den Vorschlag, hier einzukehren. »Da drin ist es stickig, und da sind sicher nur besoffene Amis!« Max kommt das eigentlich ganz gelegen, aber eine Bar mit Aussicht fällt ihm auf Anhieb nicht ein. Andrea nimmt ihn bei der Hand und geht schnellen Schrittes los: »Gut, Mäxchen, dass du eine erfahrene Frau dabeihast!«

Die beiden halten an einem kleinen, unscheinbaren Eingang neben einem Bekleidungsgeschäft. »Loft Hostel« steht auf dem Schild, und Max schaut Andrea etwas verwundert an.

»Hier warst du wirklich noch nicht?«, fragt Andrea.

»Ne.«

»Na dann!«

Die beiden steigen in einen kleinen Aufzug und müssen sich ganz schön aneinander kuscheln. Mehr als eine Person mit Koffer passt hier definitiv nicht hinein. Nach drei oder vier Stockwerken klingelt es, die Tür öffnet sich und Andrea springt aus der kleinen Stahlkammer. Musik spielt, und um die Ecke kann man bereits geschäftiges Treiben hören. Als Max sich umschaut, sieht er viele junge Leute, die vermutlich Gäste im Hostel sind. Einige sind ins Gespräch vertieft, andere tanzen, und einige stehen auf einem kleinen Balkon direkt vor ihm. »Ich hole uns was zu trinken!«, ruft Andrea und verschwindet in Richtung Bar.

Als sie kurz darauf mit zwei großen Gläsern wiederkommt, ist Max etwas verwundert. Erst jetzt fällt ihm auf, dass Andrea gar nicht gefragt hat, was er trinken möchte. Sie drückt ihm eines der Gläser in die Hand, stößt kräftig an und nimmt einen großen Schluck. Max macht es ihr nach. Schmeckt süß, aber auch malzig und hat extrem viel Kohlensäure. Kein Alkohol.

»Lecker! Was ist das?«

»Appelsin und Malzbier!«

Appelsin ist das isländische Pendant zu Fanta, bloß etwas kräftiger im Geschmack und vielleicht etwas weniger süß. Das Malzbier ist vermutlich importiert. »Interessante Mischung!«, sagt Max, doch Andrea schiebt ihn bereits vor sich her in Richtung Balkon. Die Nacht ist kühl und sternenklar, nur ein paar vereinzelte Wolken tummeln sich am Nachthimmel. Ein paar kleine Sterne sind zu erkennen sowie hier und da ein Flugzeug.

Max lehnt am Geländer und schaut sich die Leute an, die auf der Straße unter ihnen hinauf zur Hallgrímskirkja laufen. Andrea steht direkt neben ihm und schaut nach oben. »Heute noch mal Nordlichter, das wäre schön!«, sagt sie und lehnt sich an Max. Noch einige Zeit stehen die beiden so da und schauen abwechselnd hoch und runter, bis Andrea herumwirbelt, Max an der Hand nimmt und in Richtung Bar tänzelt. Hier hat sich eine kleine Traube von tanzenden Menschen gebildet, und offensichtlich ist es Zeit, das Tanzbein zu schwingen.

Irgendwann schaut Max auf die Uhr. »Wollen wir noch woanders hin, es ist schon halb drei?«

»Halb zwei?«

»Drei! Zwei Uhr dreißig!«

Andrea schaut auf ihr leeres linkes Handgelenk und kramt sofort ihr Handy aus der Tasche. »Oh Mann, ich muss doch gleich zum Flieger!«

Schnell verlassen die beiden die Bar und machen sich auf den Weg zu Andreas Wohnung. Hier stehen schon alle Sachen gepackt, und die beiden können sofort los. Den Schlüssel wirft Andrea in den Briefkasten. Danach laufen die beiden zum großen Busbahnhof BSI, der etwas außerhalb liegt. Dort wartet bereits der Bus, der zwischen Reykjavík und dem Flughafen in Keflavik pendelt. Andrea schiebt dem Fahrer ihren Koffer hin. Der packt ihn in den Laderaum und erklärt dabei, dass die Fahrt etwas später losgeht, weil man noch auf eine Reisegruppe warte.

Max und Andrea lassen sich auf eine der Wartebänke fallen und schauen nach oben. »Schade, keine Nordlichter.« Max schaut von links nach rechts und kramt dann sein Handy aus der Hosentasche. Er tippt ein paarmal auf das Display, hält das Gerät hoch und drückt den Auslöser. Während er sich an Andrea lehnt, hält er mit der rechten Hand das Smartphone fest, und nach einer knappen Sekunde erscheint auf dem kurzzeitig schwarz gewordenen Bildschirm ein Bild der Umgebung: Auffällig ist der hellweiße Rand, denn die lange Belichtung hat alle Lichter der Umgebung eingefangen und verstärkt. Doch in der Mitte des Bildes, schwach, aber gut erkennbar sieht man: eine kleine hellgrüne Wolke. Andrea greift nach Max' Hand.

»Kann los gehen!«, ruft der Busfahrer. »Alle an Bord!«

Die beiden stehen auf, und Max nimmt Andrea fest und lange in den Arm. »Du siehst die Lichter sicher auch noch aus dem Flugzeug!«, sagt er überzeugt: »Eine tolle Reise dir und eine gute Zeit in der Heimat!«

Andrea lässt los, gibt Max einen Abschiedskuss auf die Wange und geht zum Bus. »Bis bald?«

»Bis bald!«

Was ist diesmal schiefgelaufen?

Glücklicherweise absolut gar nichts. Ein perfekter letzter Abend für Andrea in Reykjavík. Das Nachtleben in der Hauptstadt ist sowieso relativ entspannt. An den Abenden in der Woche sind die meisten Bars zwar geöffnet, doch es geht eher ruhig zu. Am Wochenende und vor Feiertagen gehen die Isländer jedoch gerne aus, und dann gibt es ein paar Dinge, die man wissen sollte.

Zugang zu Bars und Clubs hat man in Island ab zwanzig Jahren. Wenn Sie also sehr jung aussehen, nehmen Sie lieber einen Ausweis mit.

Die Partyszene von Reykjavík befindet sich in 101, also dem Zentrum der Stadt. Die meisten Bars und Clubs sind innerhalb weniger hundert Meter rund um die Laugavegur gelegen. In den Bars spielen häufig Live-Bands, viele Cafés werden zum Abend hin umfunktioniert, und auch wenn es keine typischen Clubs gibt, wie man sie vielleicht aus anderen großen Städten kennt, gibt es doch einige Orte, die dem sehr nahekommen.

Eine der berühmtesten Bars ist die Kiki Queer Bar, eine bunte kleine Stube, in der es auch schon mal wild zugehen kann. Wer es etwas gehobener mag, sollte in der Austur Bar vorbeischauen. Rustikaler ist es im The Dubliner, einem typisch irischen Pub, oder auch im Frederiksen Ale House. Die ganze Liste an Lokalitäten würde hier sicher den Rahmen sprengen, daher gebe ich Ihnen den Tipp, einfach jemanden vor Ort zu fragen.

Was können Sie besser machen?

Es gibt üblicherweise keinen Dresscode, doch die Isländer machen sich gern fein zum Ausgehen. Anzug und Krawatte können dabei auch schon mal vorkommen, sind aber trotzdem eher selten zu sehen.

In Wanderhosen und -schuhen direkt aus dem Lavafeld ins schicke Restaurant oder die Bar? Das sollte man vermeiden. Handelt es sich um die Hotdog-Bude im Hafen oder den Burgerladen, ist es sicherlich nicht tragisch. Doch auch wenn einem der Zugang vermutlich nicht verwehrt wird, sollte man sich nach Möglichkeit dem Anlass entsprechend kleiden.

Die meisten Bars sind unter der Woche bis circa ein Uhr, an Wochenenden und Feiertagen bis circa drei Uhr morgens geöffnet. Es gibt keine offizielle Sperrstunde, doch meist werden zu dieser Zeit die Partys zu den Gästen nach Hause verlagert, wenn es noch weitergehen soll. Es bietet sich also an, nicht allzu spät loszuziehen oder zu später Stunde noch einmal die Lokalität zu wechseln. Barhopping- und Pubcrawl-Touren starten meist gegen zwanzig Uhr und sind eine gute Gelegenheit, nicht nur mehrere Bars zu besuchen, sondern auch etwas über das Nachtleben zu lernen.

Übrigens: Wie Max hier schön zeigt, kann man die Nordlichter oft mit bloßem Auge nicht erkennen, obwohl sie direkt über einem tanzen. Die Kamera, vor allem wenn sie eine Funktion zur Langzeitbelichtung hat, kann die Himmelserscheinungen jedoch einfangen und sichtbar machen. Wenn Sie also einmal unsicher sind, ob über Ihnen graue Wolken oder sehr schwache Nordlichter schweben: Wagen Sie einen Schnappschuss!

41 EIN LETZTES FETTNÄPFCHEN

MAX REIST INS UNBEKANNTE

Es ist Max' letzter Tag in Island. Passend dazu steht heute eine besondere Unternehmung an: Jedes Jahr begibt sich das Team des Tauchladens mehrmals auf einen gemeinsamen Ausflug, den die Kollegen »Ausflug ins Unbekannte« tauften.

Max hat sich sehr gefreut, als der Termin festgelegt wurde, denn so kann er noch einmal einen schönen Tag mit denen verbringen, die ihn in den letzten Monaten begleitet und an die Hand genommen haben. Die ihm dieses wunderschöne Land nähergebracht und erklärt haben. Die ganze Reise erscheint Max wie ein Ausflug in Alices Kaninchenbau, und je mehr er darüber nachdenkt, desto mehr wird ihm klar, wie wenig er das zu Beginn der Reise erwartet hatte.

Auch wenn Island geografisch und kulturell nicht allzu weit von Deutschland entfernt liegt, sind die Unterschiede teilweise riesig. Am meisten hatte Max damit zu kämpfen, dass die Tage kurz und kalt waren. Erst zum Ende seines Aufenthalts wurden die Tage wieder länger und die Sonne kam immer häufiger zum Vorschein. Am Tag zuvor hat Max bei knapp über 0 °C seinen Pullover ausgezogen und ist im T-Shirt herumgerannt. Es war verrückt, wie schnell man sich an neue Umstände gewöhnte.

Am besten gefielen ihm die Menschen, die er kennengelernt hatte, und die Tatsache, dass er als Mensch an seiner Reise gewachsen ist. Neben den Kollegen aus dem Tauchladen hat er ja auch noch ein paar Touristen kennengelernt, Andrea und Berglind und viele Isländer. Die meisten würde er bald wiedersehen, da war er sich sicher. Ab jetzt würde er regelmäßig in Island sein.

»Fertig?«, fragt Tobias, und alle im Raum rufen: »Jau!« Daraufhin steigen alle in die bereitstehenden Fahrzeuge ein. Ásgeir, Siobhan, Tobias und Maria sitzen im ersten Bus, doch als Max gerade einsteigen will, packt ihn eine große, starke Hand an der Schulter und zieht ihn zurück. »Du fährst bei uns mit!«, sagt Jammi und klopft Max auf den Kopf.

Nach drei Minuten Fahrt parken alle Busse auf dem Parkplatz neben der Konzerthalle. »Das Stück hätten wir doch auch laufen können?«, ruft Max den anderen zu. »Jau. Dann wäre die Reise aber nicht ganz so ungewiss gewesen«, lacht Tobi.

Von hier aus geht es in Richtung Anleger, und weil Max weiß, dass es hier ein berühmtes Spezialitätenrestaurant gibt, ruft er: »Oh, wir gehen Walfisch essen!« Alle verstummen kurz und schauen Max grimmig an. »Fast!«, murmelt Tobi und verdreht die Augen.

Es geht hinauf auf ein großes, stählernes Schiff, das weiß und rot angemalt ist. Ein echter Seebär steht auf dem obersten Deck bereit und begrüßt die Mannschaft: »Ich bin Björn, und ich bin heute euer Kapitän. Wir fahren raus aufs Meer, und dann schauen wir mal, was wir da so finden!«

Klare Ansage, denkt Max. Alle bekommen große, rot-schwarze Overalls aus einem groben Material, das innen weich gefüttert ist. »Die halten euch warm und trocken, ihr Landratten!«, scherzt Björn im Vorbeigehen und startet die Motoren.

Max fällt in diesem Moment ein, dass er es ja mit dem offenen Meer nicht so hat: Selbst bei kurzen Ausfahrten zum Tauchen wird ihm regelmäßig übel, und er hat sich nicht nur einmal dabei übergeben. Doch auf großen Schiffen war das bisher nie ein Problem. Wird schon schiefgehen.

Den größten Teil der langen Fahrt verbringt die Truppe unter Deck, wo es heiße Schokolade und Kleinur gibt. Kleinur ist ein Siedegebäck, vielleicht am ehesten mit Berlinern zu vergleichen.

Irgendwann ruft Björn etwas aus dem Führerhaus. Keiner versteht es, aber die meisten haben eine Ahnung, was los sein könnte. Alle rennen raus.

»Geradeaus, quasi zwölf Uhr«, ruft Björn, und jetzt ahnt auch Max, was es mit dem heutigen Ausflug ins Unbekannte auf sich hat.

Es herrscht absolute Stille, alle schauen gebannt auf das Wasser. Nichts ist zu sehen. Auf einmal ein lautes Geräusch, als ob ein Reifen geplatzt wäre. Alle drehen sich herum und sehen auf der anderen Seite am Horizont eine Wolke aus Wassertropfen. Alle rennen in Windeseile in Richtung drei Uhr. Stille.

Es dauert nur kurz, vielleicht fünf Minuten, bis die nächste Wolke erscheint: diesmal nur etwa dreißig Meter vom Boot entfernt. Wieder sind alle zu spät und sehen nur die Wassertropfen in der Luft, doch schon im nächsten Moment ruft Björn: »Zwölf!« Alle schauen nach vorne und einen Augenblick später sehen sie einen großen schwarzen Buckel aus dem Wasser hervorstoßen. Wie ein großes Fass im Wasser rollt er von hinten nach vorne, und auf einmal stößt er eine große Fontäne aus Luft und Wasser in die Höhe. Ein leises, beeindrucktes »Oh!« geht durch die Gruppe. Kurz darauf wiederholt sich das Schauspiel ein paar Meter weiter. Wenig später ein weiteres Mal.

Von jetzt auf gleich kommt es Max so vor, als seien sie von Walen umzingelt. Mindestens drei hat er gesehen, aber es sind wahrscheinlich noch viel mehr. Aufgeregt rennt die ganze Gruppe immer wieder auf dem Boot hin und her in der Hoffnung, möglichst viele Eindrücke zu gewinnen. Manchmal sind die Tiere zum Greifen nah am Boot, nur wenige Zentimeter trennen die ausgestreckten Hände von den großen Meeressäugern.

Das Ganze dauert etwa eine halbe Stunde, bis Björn den Kurs wechselt und in einem großen Bogen um die Wale herum wieder in Richtung Hafen steuert. Noch während der Rückfahrt sieht die Gruppe in der Entfernung einen der Wale ein kleines Stück aus dem Wasser springen. Danach stecken alle in der Gruppe die Köpfe zusammen und tauschen die Fotos aus, die sie gemacht haben.

Zurück im Hafen bedanken sich alle bei Björn und gehen zu den Bussen. Es ist bereits relativ spät und schon dunkel geworden. Von hier aus geht die Reise zu einer Wal-Ausstellung, die ebenfalls direkt um die Ecke liegt. Hier gibt es Dutzende lebensechte Nachbildungen von Walen, und die Gruppe erhält eine private Führung. Die junge Dame erklärt, wie die Modelle gebaut wurden, dass es beim Bau zu einem großen Brand nur wenige Wochen vor der Eröffnung kam, und sie kennt natürlich auch viele interessante Fakten über die Tiere.

Am liebsten würde Max jetzt seine Tauchsachen holen und dorthin zurückfahren, wo sie die Wale gesehen haben, um dort zu tauchen. Gemeinsam mit diesen großen Tieren im Wasser zu sein ist seit jeher sein großer Traum.

Vom Hafen geht es dann direkt zu einem relativ neuen Restaurant: ein amerikanisches Diner mit Burgern, Milchshakes und Fritten. Es passt perfekt in Max' Ernährungsplan, weshalb er ordentlich zuschlägt.

Danach verlässt einer nach dem anderen das Lokal, und jedes Mal muss Max aufstehen und feste drücken und gedrückt werden. So richtig wird es ihm erst jetzt bewusst: Ab morgen wird er wieder in Deutschland sein, wo alles bekannt ist. Er wird wieder seinen normalen Job machen, nicht mehr täglich tauchen. Er wird wieder im großen, anonymen Berlin sein und nicht im überschaubaren Reykjavík.

Am Ende sind noch Jammi, Tobi und Ásgeir übrig. Jammis Frau kommt, um ihren Mann und Tobi abzuholen. Eine letzte Runde Umarmungen und Händeschütteln, und dann fährt Ásgeir Max zum Flughafen. »Danke dir noch mal fürs Fahren!« »Reine Vorsichtsmaßnahme, Mr. Navi!« Max verdreht die Augen. Am Flughafen angekommen nimmt er seine zwei großen Taschen aus dem Auto und verabschiedet sich: »Es war toll. Bitte sag allen noch mal liebe Grüße von mir und dass alle gerne mal nach Berlin kommen können!«

»Wird gemacht!«

Ein letzter Handschlag, eine kurze Umarmung und los geht's, ab nach Hause.

Im Flugzeug schaut Max in die schwarze Leere. Am Boden kann man schemenhaft die Lavafelder erkennen, am Himmel ist alles schwarz. Er hatte auf Nordlichter beim Flug gehofft. Zu schade. Dann muss er wohl noch mal wiederkommen!

Was ist diesmal schiefgelaufen?

Abschließend könnte man denken: Bei so vielen Fettnäpfchen, wie Max sie schon erwischt hat, kann er gar keins ausgelassen haben. Natürlich stimmt das nicht, auch an seinem letzten Tag ist er den Kollegen ein wenig auf den Schlips getreten, als er dachte, es ginge zum Walfischessen. Denn die meisten Isländer sind strikt gegen den Walfang.

Als im Sommer 2018 nicht nur ein seltener Hybridwal – eine Kreuzung von Blau- und Finnwal –, sondern auch mehrere trächtige Walweibchen gefangen und getötet wurden, gab es einen großen Aufschrei von Tierschützern weltweit. Der weit verbreitete Irrglaube, beim Walfang handele sich um eine historische Tradition ist leicht widerlegbar, denn der industrielle Walfang findet in Island erst seit dem 19. Jahrhundert statt (siehe Infokasten Seite 182).

Was allerdings Tradition hat, ist die Verankerung dieser Industrie in der isländischen Politik und die starke Lobby, die sie aufgebaut hat.

Was können Sie besser machen?

Wenn Sie in Island sind, fragen Sie sich, ob eine Whale-Watching-Tour nicht vielleicht besser angelegtes Geld als ein Walsteak ist. Auf einer solchen Tour oder in Ausstellungen zum Thema Wale lernen Sie nicht nur viel mehr über die Tiere, sondern unterstützen meist indirekt den Kampf gegen den Walfang. Fragen sie einfach beim Veranstalter, ob und wie dieser sich in diesem Aspekt engagiert.

Abschließend möchte ich Ihnen als Autor sagen, dass allein der Umstand, dieses Buch gelesen zu haben, Sie hoffentlich zumindest zu einem aufmerksamen und gut vorbereiteten Island-Besucher macht. Während die Isländer es einem in den meisten Fällen nicht übelnehmen, wenn man ihnen auf den Schlips tritt, ist die isländische Natur etwas sensibler und nachtragender. Wenn wir dieses Land noch für ein paar Generationen, also für unsere Kinder oder sogar Enkel erhalten möchten, können wir das am besten tun, indem wir nachhaltig reisen. Indem wir uns vor Ort klarmachen, dass jeder Fußabdruck ebenso bleibt wie jedes Stückchen Plastik und alles, was wir vielleicht sonst noch zurücklassen.

Am besten lassen wir also nichts zurück und nehmen auch nichts außer Erinnerungen mit.

ANHANG

10 DINGE, DIE SIE IN ISLAND AUF JEDEN FALL MACHEN SOLLTEN

1. **Eine heiße Quelle besuchen.** Es muss nicht die Blaue Lagune sein und auch kein geheimer Hot Pot, aber kein Besuch in Island ist komplett, ohne in einer heißen Quelle gebadet zu haben. Sowohl in der Hauptstadtregion als auch im Rest des Landes gibt es ausreichend Optionen und vielfältige Angebote. Tipp: Auch die lokalen Schwimmbäder sind nicht zu verachten!

2. **Ein Geothermalgebiet anschauen.** Im ganzen Land finden sich Gebiete in denen der vulkanische Charakter des Landes offensichtlicher ist als anderswo: Geothermale Gebiete sind durch rauchende Schlote, blubbernden Schlamm und beißenden Schwefelgeruch geprägt. Wer den Golden Circle besucht, wird sogar mit einem Geysir belohnt, der regelmäßig alle zehn Minuten kochend heißes Wasser in die Luft schleudert. Doch auch im Rest des Landes finden sich sehenswerte Exemplare.

3. **Wandern, tauchen oder schnorcheln zwischen den Kontinenten.** Ein Besuch im berühmten Þingvellir-Nationalpark ist ebenfalls ein Muss bei jedem Islandbesuch. Hier treffen sich die tektonischen Platten von Europa und Amerika, hier trafen sich die Wikinger, um Gesetze zu erlassen, und hier kann man Islands größten natürlichen See finden. Wem es nicht genug ist, zwischen den Kontinenten zu wandern, sollte sich einen Besuch der Silfra-Spalte überlegen und in eiskaltem Gletscherwasser zwischen den Welten schweben.

4. **Wale beobachten.** Dieser und auch der nächste Punkt sollte vielleicht nicht ganz so verbissen angegangen werden, sehen Sie beides lieber als Chancen. In den Gewässern rund um Island fühlen sich verschiedenste Meeresbewohner wohl, allen voran die großen Meeressäuger. Wale, Delfine und Orcas kann man hier finden und vor allem im Westen und Norden des Landes haben sich viele Anbieter für Sichtungstouren etabliert.

5. **Nordlichter sehen.** Es kommt natürlich auf die Jahreszeit Ihrer Reise an, und wenn sie im Sommer vor Ort sind, können sie diesen Punkt getrost streichen: Nordlichter sind vor allem im Winter aktiv, und eine Reise zwischen Oktober und März bietet die besten Chancen. Diverse Apps helfen dabei, die Himmelserscheinungen vorherzusagen, und die Chancen auf eine Sichtung zu erhöhen. Am Ende des Tages gilt jedoch: Wer Sitzfleisch hat, wird belohnt.

6. **Einen Hotdog essen.** Man könnte meinen, es sei das Nationalgericht der Isländer: Der Hotdog. Im Hafen der Hauptstadt Reykjavík findet sich der vielleicht berühmteste Hotdog-Stand der Welt, an dem schon Bill Clinton dinierte. Lange Schlangen werden darauf hindeuten, dass sie ihn gefunden haben. Mindestens genauso legendär sind jedoch die guten alten Tankstellen-Hotdogs, denn in beinahe jeder bemannten Tankstelle des Landes kann man diese erwerben, und sie sind wirklich ein perfekter Snack auf langen Reisen.

7. **Den schwarzen Sandstrand und die Gletscherlagune Jökulsárlón besuchen**. An der gesamten Südküste ziehen sich verschiedene schwarze Sandstrände entlang der Ringstraße. Zwei stechen besonders heraus: Reynisfjara bei Vík und der Diamond Beach bei Jökulsárlón. Letzterer erhält seinen Namen durch die vielen Eisbrocken, die hier regelmäßig angeschwemmt werden. Sie entstammen der gegenüber liegenden Gletscherlagune und

werden durch einen kleinen Kanal ins Meer hinaus getragen, wo sie durch die Brandung sofort zurück an den pechschwarzen Strand geschwemmt werden. Ein magischer Anblick!

8. **Raus aus der Hauptstadtregion.** Die meisten Besucher Islands halten sich in der Hauptstadt auf. Viele von ihnen machen Ausflüge entlang der Südküste, die ebenfalls touristisch deutlich erschlossener ist. Dabei verpassen viele das, was sie suchen: raue Natur und einsame Landstriche. Nur etwa zwei Autostunden entfernt befindet sich z. B. die Halbinsel Snæfellsnes auf der man viele Sehenswürdigkeiten entdecken kann und mit einer kurzen Schifffahrt im Süden kann man die Westmännerinseln erreichen, welche eine erstaunliche Geschichte haben.

9. **Einen Spaziergang durch Reykjavík machen.** Die Hauptstadt erscheint auf der Karte relativ groß, doch man kann beinahe alle Sehenswürdigkeiten fußläufig erreichen: Den alten Hafen, die Hallgrimskirkja, die Konzerthalle Harpa und auch das heutige Museum Perlan. Zwischendurch kann man immer wieder in kleinen Cafés einkehren und sich aufwärmen. Am besten immer einen Plan B für schlechtes Wetter haben.

10. **Die richtige Kleidung mitbringen oder kaufen.** In Island gibt es kein schlechtes Wetter, nur schlechte Kleidung! Den Schirm können Sie getrost zu Hause lassen, er hilft bei Wind sowieso nicht. Entsprechend sollten Sie sich nach dem Zwiebelprinzip kleiden: Eine wasserdichte Schicht außen, dann eine wärmende Schicht und darunter Funktionsunterwäsche. Wer sich professionell einkleiden möchte, sollte Cintamani oder 66°NORTH auf der Laugavegur aufsuchen und sich dort kompetent beraten lassen!

ANHANG

10 DINGE, MIT DENEN SIE SICH IN ISLAND AUF JEDEN FALL BLAMIEREN

1. **Vergessen, was für ein Schatz Island ist.** Wer Island besuchen kann, sollte sich bewusst sein, was für ein großes Privileg dies ist: Island ist eines der letzten Länder auf diesem Planeten, die so natürlich erhalten sind. Lange wird das nicht mehr der Fall sein, denn die Gletscher schmelzen, und selbst wenn alle Besucher sich perfekt benehmen, hinterlässt der Tourismus seine Spuren: Tragen Sie also dazu bei, dies in Grenzen zu halten und Island für zukünftige Generationen möglichst gut zu erhalten.

2. **Schwimmen gehen, ohne zu duschen.** Sollte selbstverständlich sein, ist es aber offenbar doch nicht. Nicht ohne Grund haben manche isländische Schwimmbäder mittlerweile Aufpasser in den Duschen. Es gilt, sich gründlich, das heißt ohne Badesachen und mit Seife, zu waschen. Nicht nur eine Katzenwäsche oder kurz unter der Dusche herumhüpfen! Die meisten Bäder in Island benutzen nur wenig oder gar kein Chlor, und entsprechend ist es wichtig, das Wasser nicht unnötig zu verschmutzen.

3. **Landfriedensbruch begehen.** Viele Touristen schätzen an Island, dass es so viel wildes Land und unberührte Natur gibt. Viele denken entsprechend, das Land gehöre dem Staat und sei öffentlich: Das ist nur sehr selten der Fall, denn die meisten Landflächen in Island sind entweder Privateigentum oder Nationalparks. In jedem Fall sollte man sich vorher informieren, ob es dem Eigentümer recht ist, wenn man auf seinem Land verweilt. Vor allem bei so genannten »Geheimtipps« handelt es sich oft einfach nur um Sehenswürdigkeiten auf Privateigentum!

4. **Einfach durch das Lavafeld stapfen.** Sie sehen einladend aus: Groß und grün, insofern sich Moos auf dem Lavafeld niedergelassen hat. Doch genau hier liegt das Problem: Moose sind beinahe die einzigen Pflanzen, die auf den Lavafeldern wachsen, und auch dies nur extrem langsam. Es braucht Jahrzehnte, um eine gesunde grüne Schicht aus Moos auf einem der Felder zu sehen. Fußstapfen zerstören diese fragilen Pflanzen, und es braucht Jahre, bis die Spuren wieder verschwinden: Kein guter Eindruck, den Sie hinterlassen würden!

5. **Offroad fahren.** Island sieht wie ein Paradies für Offroad-Liebhaber aus: Das ganze Land ist voller riesiger Jeeps, Landrover und SUVs. Oft sieht man diese auch von den Straßen aus, scheinbar wahllos durch die Landschaft fahren. Doch täuschen Sie sich nicht: Abseits von ausgewiesenen Wegen und Straßen zu fahren ist illegal und wird nicht ohne Grund mit hohen Strafen belegt. Die Natur hier ist fragil, und die Spuren in der Landschaft zeichnen das Land für Jahrzehnte. Außerdem sind die tiefen Rinnen bei Gletscherschmelzen oder heftigen Regenfällen nicht ungefährlich. Bleiben Sie also unbedingt auf den markierten Wegen, auch oder besonders im Hochland!

6. **Das wichtige Geschäft im Freien machen.** Immer wieder kommt die Kritik auf, Island habe einfach nicht genügend öffentliche Toiletten. Die Diskussion pendelt zwischen den Argumenten, man wolle die schöne Landschaft nicht mit Toilettenhäuschen verschandeln und es gäbe durchaus genug Örtlichkeiten. Viele Touristen haben in den letzten Jahren ihre eigene Lösung gesucht und nutzten alle möglichen Orte für ihr Geschäft: Wiesen, Büsche, Sträucher, Lavafelder und sogar Vorgärten. Den Isländern stinkt das, und entsprechend haben sie Schilder aufgestellt, die leider oft belächelt und als Scherz aufgefasst werden.

7. **Die Schuhe anlassen.** Sollten sie in den Genuss kommen, bei Isländern eingeladen zu sein, sollten sie bereits im Flur die Schuhe ausziehen. Dies wird hier als höflich empfunden beziehungsweise andersherum wird es als unhöflich angesehen, mit den Schuhen durch Wohnräume zu stapfen. Das kommt wohl vor allem daher, dass es in Island draußen eigentlich immer mindestens nass ist. Wenn man also nicht mehrfach am Tag mit dem Wischmopp durch die Wohnung tanzen möchte, gewöhnt man sich irgendwann an, die Schuhe im Flur stehen zu lassen.

8. **Wasser in Flaschen kaufen.** Bitte, bitte: Kaufen sie kein Wasser in Flaschen. Das Wasser in Island ist so ausgezeichnet, dass Sie es wirklich überall nutzen können, um eine wiederverwendbare Flasche aufzufüllen. Egal ob direkt aus dem Hahn, vom Wasserfall im Hochland oder aus dem Fluss: Wasser muss man hier wirklich nicht in Plastik kaufen. Es geht hierbei auch nicht ums Geldsparen sondern darum, die unnötige Umweltverschmutzung durch Plastikflaschen zu stoppen.

9. **Geld zu Hause tauschen.** Island ist in Bezug auf Zahlungsmittel sehr fortschrittlich, und entsprechend kann man wirklich überall mit Kreditkarte zahlen. Viele tauschen aus Gewohnheit zu Hause große Mengen Bargeld in Kronen um und zahlen dabei große Aufschläge bei ihrer lokalen Bank oder am Flughafen: Das ist unnötig. Wer sich am Flughafen oder in der Stadt ein paar Kronen am Automaten holt, zahlt weniger Gebühren, und mehr als 10.000 ISK in bar wird man schlicht nicht brauchen.

10. **Sich unglücklich sparen.** Island ist eines der wenigen Länder der Welt mit höherem Preisniveau als Deutschland. Wir sind es gewohnt, im Urlaub Schnäppchenpreise zu sehen, und in Island ist das Gegenteil der Fall: Alles ist teuer. Man kann an vielen Dingen sparen, aber Sie sollten es nicht übertreiben. Jedes Jahr im Winter bleiben beispielsweise Dutzende, manchmal Hun-

derte Reisende auf Islands Straßen stecken, weil sie einen günstigen Mietwagen ohne Allrad buchen und sich auf ihr Glück verlassen. Das ist nicht nur ärgerlich, sondern kann auch gefährlich werden.

ANHANG

GLOSSAR

áfram með smjörið	»eins mit der Butter«: Eine motivierende Aussage, die den Adressaten dazu bewegen soll, eine Aufgabe zeitnah zu erledigen.
Akureyri	Die Hauptstadt des Nordens ist die zweitgrößte Stadt Islands und bietet knapp 20.000 Einwohnern ein Zuhause. Durch die Lage hinter verschiedenen Gebirgen und die Nähe zum Polarkreis unterscheidet sich das Wetter vor allem im Winter maßgeblich von der Witterung in Reykjavík.
Àlagablettur	Kraftorte des Huldufólk. Auch wenn nur wenige Menschen an die Existenz dieser Orte glauben, schwören einige spirituelle Isländer auf die Energien, die an diesen Orten fließen, und suchen sie deshalb regelmäßig auf.
Alkohol	Island ist kein besonders günstiges Reiseland und eines der Produkte, an denen man dies am meisten bemerkt, ist Alkohol in jeglicher Form. Nicht nur wird dieser stark besteuert, sondern auch nur in speziellen Geschäften (den Vínbúðin) verkauft. Es empfiehlt sich, am Flughafen bereits alkoholische Getränke mitzunehmen, da diese hier deutlich günstiger sind.
alveg út að aka	»komplett draußen fahren«: Ist man sich bei einer Sache absolut unsicher, fährt man komplett draußen.
Appelsín (Egils)	»isländische Orangenlimonade«: Nicht zu vergleichen mit Fanta, denn der Gehalt an Orangensaft ist wesentlich höher. Wird im Winter gern mit Malzbier gemischt getrunken.

Aurora borealis	Nordlichter. Sie gehören zu den schönsten Sehenswürdigkeiten Islands, doch wie viele andere Naturereignisse sind sie recht unvorhersehbar. Der isländische Wetterdienst bietet unter https://en.vedur.is/weather/forecasts/aurora/ eine Prognose der Aurora-Aktivität sowie der Wolkendichte. Letztere ist oft der limitierende Faktor, denn egal wie aktiv die Nordlichter sind, hinter Wolken können wir sie nun mal nicht sehen. Geführte Touren bieten sich vor allem dann an, wenn man kein eigenes Auto hat. Wer auf eigene Faust Nordlichter jagen möchte, dem sei die App Island Ringstraße nahegelegt.
Bæjarins Beztu Pylsur	»Die besten Würste der Stadt« ist eine kleine Kette von Hotdog-Ständen und erlangte durch den Besuch Bill Clinton im Jahr 2004 besondere Berühmtheit. Die Zentrale ist im Hafen von Reyjavík zu finden.
Bambusbjörn / Pandabjörn	Pandabär
Bankster	Ein Wort, das sich aus Banker und Gangster zusammensetzt und in Island während der Finanzkrise häufig verwendet wurde. Einige Bankster wurden in Island sogar zu Haftstrafen verurteilt, was in den meisten anderen Ländern, die unter den Auswirkungen der Finanzkrise litten, ausblieb.
bíta á jaxlinn	»auf den Backenzahn beißen«: Im Deutschen am besten zu vergleichen mit »sich durchbeißen«: Man sollte dranbleiben und nicht aufgeben.
Björk	Björk Guðmundsdóttir ist neben Sigur Rós die wohl berühmteste isländische Künstlerin und steht mit ihrer Musik regelmäßig in den Charts. Außerdem wurde sie im Jahr 2000 bei den Filmfestspielen in Cannes für ihre Rolle in Lars von Triers *Dancer in the Dark* als beste Schauspielerin ausgezeichnet. Sie schrieb auch den Soundtrack zu dem Film und erhielt eine Oscar-Nominierung für den besten Filmsong.

Bjórlíki	ein Beinahe-Bier, das bis zur Legalisierung von richtigem Bier im Jahr 1989 in Island hergestellt wurde. Man benutzte regelmäßig Wodka zur Aufsprittung des Getränks.
blindur er bóklaus maður	»so blind wie ein Mann ohne Buch«: Die Redewendung soll signalisieren, dass jemand sich ignorant verhält.
Bóndadagur	Männertag. Der Bóndadagur markiert den Beginn des Wintermonats þorri aus dem altnordischen Kalender und fällt immer auf einen Freitag zwischen dem 18. und 25. Januar. Traditionell zog der Mann im Haus an diesem Tag nur ein Hosenbein an und tanzte einbeinig um das Haus herum, um den Monat zu begrüßen.
Brennivín	ein beliebter Schnaps in Island, im Volksmund schwarzer Tod genannt. Er wird unter anderem zu fermentiertem Hai gereicht und hatte einen kurzen Auftritt in Quentin Tarantinos *Kill Bill*.
BSI	die Haupt-Bushaltestelle von Reykjavík. Sie liegt relativ nah am Stadtzentrum, doch je nach Gepäck kann sich die Weiterfahrt mit einem Taxi oder einem lokalen Bus durchaus anbieten.
Cloud of Ash	isländische Youtube-Show, die in zwei Staffeln und zwölf Folgen junge Isländer und ihre Sicht auf die isländische Kultur und den Tourismus zeigt. Besonderes Augenmerk sollte der Leser auf die Folge mit dem deutschen Hipster legen: www.youtube.com/c/cloudofash
ég kem alveg af fjöllum	»ich komme vollkommen aus den Bergen«: Wenn man keine Ahnung mehr hat, worüber gesprochen wird.
ég tala ekki íslensku	»ich spreche kein Isländisch«
Einstök	ein Craft Beer, das mittlerweile nicht nur in Island verbreitet und sehr beliebt ist. Die kleine Brauerei befindet sich im Norden des Landes und versorgt Kneipen und Bars im ganzen Land.

enginn verður óbarinn biskup	»niemand wird Bischof ohne Rückschläge«: Motivierender Spruch, um klarzumachen, dass man sich besonders anstrengen und nicht von Rückschlägen aufhalten lassen sollte.
Sumardagurinn fyrsti	erster Sommertag. Ein nationaler Feiertag, der den Beginn des Sommers datiert. Gefeiert wird am ersten Donnerstag nach dem 18. April. Die Tradition rührt vom altnordischen Kalender her, der das Jahr in zwei Hälften, Sommer und Winter, unterteilt.
F-Straßen	F-Straßen sind die Wege in den Highlands, also Hochlandstraßen. Sie dürfen nur mit einem entsprechenden Fahrzeug mit ausreichend Bodenfreiheit und Allradantrieb befahren werden. Oft müssen bei Touren im Hochland auch Flüsse überquert werden, was ab einer bestimmten Tiefe nicht ohne einen nach oben gelegten Schnorchel zum Ansaugen von Luft funktioniert. Ihr Mietwagenverleih berät Sie dahingehend, aber fragen Sie unbedingt nach!
Finanzkrise	Ein Phänomen, das Island nach dem Jahr 2008 für eine lange Zeit fest im Griff hatte. Durch verschiedene Fehlspekulationen und Systemfehler kollabierte die Finanzwelt in Island vollständig und riss das Land faktisch in eine Staatspleite. Bis heute spüren die Isländer die Auswirkungen, obwohl sich das Land mittlerweile durch den Tourismus einigermaßen erholen konnte.
Fjallkona	Bergfrau, die Personifikation des Landes in einer weiblichen Person. Dies war im 18. und 19. Jahrhundert nicht ungewöhnlich, und die Darstellung zieht sich bis in die Moderne fort.
Flatbrauð	einfaches, traditionelles Brot. Der Teig besteht aus Mehl, Salz und Wasser. Es wird gerne mit Schafsfleisch verspeist.
Flybus	Der Bus der zwischen dem Internationalen Flughafen in Keflavik und dem BSI Busterminal in der Hauptstadt Reykjavík verkehrt. Der Bus richtet seinen Fahrplan nach den Fluglinien und kostet nur den Bruchteil einer Taxifahrt.

Fullsterkur	Der Status Fullsterkur bzw. Vollstarker ist der höchste Rang, den ein Isländer zu Zeiten der Wikinger erreichen konnte. Dafür musste man in der Lage sein, einen Stein mit mindestens 155 kg Gewicht zu heben. Wer einen Stein mit über 104 kg heben konnte, war immerhin ein Halbstarker.
gefa undir fótinn	»etwas unter den Fuß geben«: Wenn ein Isländer oder eine Isländerin mit Ihnen flirtet, dann legt diese Person Ihnen etwas unter den Fuß.
Geothermie	Geothermie ist eine der größten Energiequellen des Landes und für die vielen heißen Schwimmbäder und Hot Pots verantwortlich. Das Grundwasser befindet sich vielerorts in Island so nah an Magmakammern, dass es extrem heiß ist und dadurch auch zur Energiegewinnung genutzt werden kann.
Geysir	geothermale Springquelle. Namensgeber für das Naturspektakel ist der Große Geysir, der bereits im 13. Jh. beschrieben wurde, aber nur noch selten aktiv ist. Nur wenige Meter entfernt liegt der wohl berühmteste Geysir des Landes, der Strokkur. Er bricht regelmäßig im Intervall von acht bis zwölf Minuten aus.
Gluggaveður	Fensterwetter. Absolut selbstbeschreibend, nicht?
góða nótt	»gute Nacht«
Golden Circle	Der Golden Circle ist die wohl berühmteste und meistbefahrene Touristenroute des Landes. Sie führt von Reykjavík in den Þingvellir-Nationalpark, wo die Kontinentalplatten von Nordamerika und Eurasien auseinanderdriften. Von hier aus geht es weiter in Richtung Hochland zu dem Geothermalgebiet, in dem der Geysir Strokkur zu finden ist. Weiter geht es zum goldenen Wasserfall Gullfoss. Die Route kann beliebig verändert und erweitert werden, je nach gebuchter Tour oder Planung.

Grjúpán	Herz und Lunge vom Schaf: Das Gericht wurde lange Zeit in Irland gereicht, während es in Island heute quasi nicht mehr vorkommt.
Grýla	Grýla ist die Mutter der dreizehn Yule Lads, der isländischen Weihnachtstrolle, und sucht die Bewohner der Orte und Städte des Landes in der Weihnachtszeit heim. Eine Abbildung dieser hübschen Dame ist in der Reykjavíker Fußgängerzone zu bewundern.
Hákarl	der berühmte Gammelhai. Hákarl wird von den Isländern im Boden vergraben und maßgeblich dazu genutzt, sich an den Gesichtern von Touristen zu erheitern, die ihn verkosten.
Hallgrímskirkja	Die große Kirche in Reykjavík ist das Wahrzeichen der Stadt, und kaum ein Besucher Islands kommt an ihr vorbei. Sie wurde 1948 geweiht, jedoch erst im Jahr 1986 wirklich komplett fertiggestellt. Nach dem Smáratorg-Turm ist sie das zweithöchste Gebäude der Stadt. Benannt wurde die Kirche nach dem isländischen Dichter Hallgrímur Pétursson. Besucher können mit einem Aufzug bis in die Kirchturmspitze fahren und von dort die fantastische Aussicht über die Stadt genießen.
Handball	Nationalsport in Island und wichtiger als Fußball, auch wenn dies durch die Teilnahme an der Fußball-EM 2016 und der WM 2018 vielleicht nicht so aussieht. Die Isländer sind begeisterte Handballfans!
Hangikjöt	traditionelles Festtagsgericht in der Weihnachtszeit: Lamm oder Pferdefleisch, Béchamel-Sauce und grüne Erbsen. Dazu werden oft Kartoffeln sowie verschiedene traditionelle Brote gereicht.
Harðfiskur	isländischer Stockfisch, den es der Einfachheit halber jedoch zerstückelt und in Plastiktüten verpackt an jeder Tankstelle und in jedem Supermarkt gibt. Meist handelt es sich bei dem getrockneten Fisch um Kabeljau, und in einer Tüte befindet sich quasi ein ganzer Fisch. Nicht zu verwechseln mit dem Gammelhai Hákarl, der als Snack eher nicht tauglich wäre.

Heizung	Die Heizungen werden in Island weniger umsichtig genutzt, als man das aus Deutschland gewöhnt ist. Viele Isländer stellen die Heizung auf volle Leistung und lassen trotzdem den ganzen Tag alle Fenster offen. Das ist auch kein Problem, denn die meisten Heizungen werden mit heißem Wasser aus Geothermie betrieben, also kosten- und klimaneutral.
Highlands	Das isländische Hochland ist eine besondere Region des Landes. Nur im Sommer und nur mit entsprechend ausgestatteten Fahrzeugen kann es erreicht werden. Entsprechend leer und einsam ist die Landschaft. Hier trainierten nicht nur die Astronauten für die erste Mondlandung, es wurden auch verschiedene Film, die im Weltall spielen, in dieser Region gedreht.
Höfðingi	isländischer Weichkäse. Wird oft als Ofenkäse zubereitet.
Hoppipolla	ein Lied der isländischen Gruppe Sigur Rós, aber auch eine besonders schöne Phrase, die das Springen in Pfützen beschreibt. Eine beliebte Beschäftigung bei jungen Isländern, egal welchen Alters.
Huldufólk	Das geheime Volk in Island besteht aus Feen und Elfen, die sich im ganzen Land an verschiedenen Orten aufhalten. Egal ob in Felsspalten, großen Gesteinsbrocken oder an Wasserfällen: Überall kann man in Island auf Fabelwesen treffen und sollte deshalb immer ein wachsames Auge auf seine Umgebung haben und vorsichtig die Natur erkunden!
Hverabrauð	Rúgbrauð (siehe dort), wenn es traditionell im Erdboden gebacken wurde. Wird an verschiedenen Sehenswürdigkeiten wie den Myvatn Nature Baths auch heute noch angeboten.
Icelandair	eine isländische Fluglinie und Betreiber von mehreren Hotels im Land. Ein besonderes Angebot sind die Stopover-Pakete, bei denen Reisende in die USA oder Kanada bis zu einer Woche in Island bleiben können.

ISK / Krone	Die Isländische Krone ist die Währung Islands und unterliegt seit 2008 relativ starken Schwankungen. Im November 2018 bekam man für einen Euro 135 Kronen, noch im Januar 2017 waren es nur gut 100 Kronen.
Jól	Überbegriff für alle Weihnachtsfeierlichkeiten, die in Island und auf den Färöer-Inseln insgesamt sechs Wochen umfassen.
Jólabókaflóð	weihnachtliche Bücherflut, also die Tradition, in den Wochen vor Weihnachten neue Bücher zu veröffentlichen. Zu Weihnachten werden traditionell Bücher verschenkt, und dieses Vorgehen unterstützt den Brauch.
Kæst skata	Ähnlich wie Hákarl gibt es auch noch Gammelrochen. Am Tag vor Heiligabend kann man in vielen isländischen Orten und Städten den zweifelhaften Geruch dieser »Leckerei« genießen.
Keflavík	Ein kleiner Ort im Südwesten Islands, in dem der internationale Flughafen KEF liegt. Hier kommt es oft zu Verwechslungen, denn von Keflavík muss man mit einem Bus etwa eine Stunde nach Reykjavík fahren. Dort gibt es zwar den Flughafen Reykjavík, dieser wird jedoch ausschließlich für lokale Flüge genutzt.
kemur allt með kalda vatninu	»es kommt alles mit dem kalten Wasser«: Gut Ding will Weile haben – ein Spruch, der zur Geduld aufrufen soll.
Kleinur	ein Siedegebäck, vergleichbar mit den deutschen Quarkbällchen. Man bekommt es in Bäckereien, aber auch an Tankstellen oder in Supermärkten. Ein eher kalorienreicher, aber leckerer Snack.
Kókómjólk	Schokomilch. Beliebt bei Jung und Alt, weil sie ein schneller und guter Energielieferant ist. Die kleinen Pappkartons mit der bunten Katze sind an Tankstellen und in Supermärkten zu finden und vor allem zum Wandern oder bei Bootsfahrten ein beliebter Proviant.

Konudagur	Frauentag. Der Konudagur ist am ersten Tag des Wintermonats Góa aus dem altnordischen Kalender und fällt immer auf einen Sonntag zwischen dem 18. und 25. Februar. Er gibt den Männern Islands die Gelegenheit wichtige Frauen in ihrem Leben zu wertschätzen. Am besten zu vergleichen mit dem Valentinstag.
Kreditkarten	Das beliebteste Zahlungsmittel der Isländer und vor allem für Reisende mit eigenem Auto ein wichtiges Utensil auf der Insel. Nicht nur in Restaurants, im Supermarkt oder an Tankstellen kann man mit der Plastikkarte zahlen, sondern vor allem auch an den unbemannten Tankstellen, die überall im Land verteilt aufgestellt sind. PIN-Code merken!
Lagarfljót	Der See Lagarfljót ist das isländische Äquivalent zum schottischen Loch Ness, inklusive Monster. Ähnlich wie Nessie wird auch der Lagarfljótwurm als Seeschlange beschrieben. Seit dem Jahr 1345 werden Sichtungen des Wurms aufgezeichnet, und im Jahr 2012 gab es sogar ein Video, das die Kreatur zeigen soll.
Lakritze	Leibspeise der Isländer. Lakritze gibt es in jeder Tankstelle, in jedem Supermarkt und in jeder vorstellbaren Form und Geschmacksrichtung – von süß bis salzig und von schokoladig bis bitter.
Laufabrauð	Die dünnen Fladen des Laufabrauð sind Teil der Weihnachtstradition. Sie werden in siedendem Fett frittiert und dann mit verschiedenen deftigen Belägen gereicht.
leggja höfuðið í bleyti	»leg deinen Kopf ins Wasser«: Bei schweren Entscheidungen würde man in Deutschland eine Nacht drüber schlafen, in Island legt man den Kopf ins kalte Wasser.
Lopapeysa	traditioneller Islandpullover aus Schafswolle. Der Name kommt von der Wolle, die verwendet wird: Lopi. Charakteristisch für den Lopapeysa ist vor allem das Muster rund um den Halsbereich. Die Wolle nimmt nur wenig Geruch an und ist leicht wasserabweisend, was den Pullover zu einem perfekten Kleidungsstück für die Isländer macht.

McDonald's / Starbucks	Island besitzt weder einen McDonald's noch ein Starbucks. Die letzte McDonald's-Filiale schloss kurz nach der Finanzkrise, und von ihr blieb nichts weiter als ein Hamburger-Menü, das bis heute unverändert ist. Es gibt jedoch viele andere Fast-Food-Ketten wie Subway, Dunkin' Donuts und Domino's Pizza.
með þeyttum rjóma	»mit Schlagsahne«: Wichtig für Waffeln, Pönnukaka (siehe dort) oder Kakao!
Nábrók	eine Hose, die aus der Haut eines verstorbenen Mannes gefertigt wird und dem Hersteller unendlichen Reichtum bringen soll. Im Museum für Hexerei ist eine Replik ausgestellt, doch man ist relativ sicher, dass ein solches Kleidungsstück niemals real existierte. Eine entsprechende Rune (siehe Sigil) gibt es ebenfalls.
Nýársdagur	Neujahr
Of Monsters and Men	Wer das Lied Little Talks kennt, weiß um die fünfköpfige Band aus Reykjavik, die unter anderem für den Soundtrack von Das erstaunliche Leben des Walter Mitty ein Lied beisteuerten.
Pönnukaka	isländischer Pfannkuchen, vielleicht am ehesten mit Crêpes vergleichbar. Der Teig wird hauchdünn ausgerollt, die fertigen Fladen werden am liebsten mit Konfitüre oder Schlagsahne verspeist.
Regen	In Island regnet es oft und viel. Wer nach Island reist, sollte wetterfeste Kleidung einpacken, dazu gehören insbesondere wasserfeste Jacken und Hosen. Das Zwiebelprinzip hilft enorm, sich auch bei niedrigen Temperaturen und sportlichen Aktivitäten wohlzufühlen: Die innere von drei Schichten besteht aus Funktionsunterwäsche, die den Schweiß vom Körper weg transportiert. Danach kommt die wärmende Schicht, die zum Beispiel aus einem Fleece oder Baumwolle bestehen kann. Die äußere Schicht ist nur dafür da, den Regen ab- und die darunterliegenden Schichten trocken zu halten.

Regionen	Island ist in verschiedene Regionen unterteilt: die Haupstadt-Region rund um Reykjavík, die Westfjorde, Norden, Süden, Westen und Osten sowie die Westmännerinseln. Jede Region hat ihre eigenen Besonderheiten, Sehenswürdigkeiten und Eigenschaften.
Reykjavík	die Hauptstadt des Landes, in der weit über die Hälfte der gesamten Bevölkerung lebt. Mit seinen gut 220.000 Einwohnern ist Reykjavík nur mit größeren Städten, nicht aber mit Großstädten in Deutschland zu vergleichen. Der Stadtkern ist überschaubar und kompakt.
Rúgbrauð	Roggenbrot. Durch den hohen Masseanteil führt der Verzehr von zu viel Rúgbrauð leicht zu Blähungen und Magenverstimmungen.
rúsínan í pylsuendanum	»die Rosine am Ende des Hotdog«: Eine besondere Überraschung, quasi das Tüpfelchen auf dem i oder die Kirsche auf der Torte.
Sagas	isländische Sagas sind Erzählungen und Überlieferungen aus der Zeit der Besiedlung des Landes bis ins vierzehnte Jahrhundert.
Salerni / Klósett	Toilette
Sicherheit	Das Thema Sicherheit im Hinblick auf Kriminalität ist in Island kaum erwähnenswert: Das Land hat eine der niedrigsten Kriminalitätsraten der Welt. In Bezug auf die Natur kann man zwar glücklicherweise von einer ebenfalls sehr niedrigen Unfallrate sprechen, doch leider unterschätzen immer noch zu viele Menschen die raue und dadurch nicht ungefährliche Natur Islands.
Sigils	isländische Runen, die heute vor allem in Touristenläden zu sehen sind. Die Zeichen können verschiedenste Bedeutungen haben und unterschiedliche Zwecke erfüllen. Vom »Auffinden eines Diebs« bis zur »Ermordung der Pferde deiner Feinde« sind alle möglichen Runen zu finden.

Sigur Rós	gegründet im Jahr 1994 und heute weltberühmt: Die isländische Band schaffte es 1999 zum ersten Mal in die englischen und 2002 dann auch in die deutschen Charts. Im Post-Rock-Stil spielte sich das Trio (heute Duo) in die Herzen der Fans.
Skyr	kein Joghurt! Skyr ist ein Milchprodukt und im Grunde ein Käse. Von der Konsistenz her ist Skyr eher mit Quark oder festem Joghurt zu vergleichen. Reich an Proteinen und daher für viele Isländer Teil des Frühstücks.
Slátur	Innereien vom Schaf. Wohl am besten mit Haggis oder Black Pudding zu vergleichen oder auch mit der deutschen Blutwurst. Sehr deftig und durch viel Salz und Pfeffer genießbar gemacht.
Sólarsteinn	Der Sonnenstein wird in nordischen Geschichten und auch in den Sagas erwähnt. Es soll sich um einen Edelstein gehandelt haben, mit dessen Hilfe sich die Sonne auch bei wolkenverhangenem Himmel orten ließ. Auf diese Weise soll er vor allem den Wikingern bei den Überfahrten nach Island den Weg gezeigt haben.
Supermarkt	Isländische Supermarktketten hören unter anderem auf die Namen Krónan, Netto und Bonus. Diese sind am ehesten mit Aldi, Edeka und Rewe zu vergleichen. Kleinere Ketten sind meistens etwas hochpreisiger, aber vor allem bei Gemüse oft von besserer Qualität.
Svið	Schafskopf. Dieser wird beim Schlachten abgetrennt, Haut und Fell werden abgeflammt, bevor man den Kopf teilt. Man kann die Hälften dann später in der Tiefkühlabteilung in Supermärkten und einigen Restaurants bekommen.
takk (fyrir)	»danke (sehr)«
takk fyrir síðast	»vielen Dank für letztes Mal«: Man beginnt ein Treffen mit der Erinnerung an das letzte Zusammensein.

Tankstellen	isländische Tankstellenbetreiber sind unter anderem N1, OB, Olis und Orkan. Mietwagenfirmen haben oft Rabattkarten für eine bestimmte Kette, am besten bei der Anmietung nachfragen.
Tourismus	eine Hassliebe für viele Isländer. Während man Fremden gegenüber offen und gastfreundlich eingestellt ist, bekommen viele Isländer auch die Folgen des rasanten Wachstums zu spüren, und dies wird in der Gesellschaft immer kritischer gesehen. Hier kann man viel gewinnen, wenn man sich mit dem Thema schon vor der Reise auseinandersetzt und sich vor Ort an Regeln und Sicherheitshinweise hält.
veður	das isländische Wort für Wetter und gleichzeitig für den isländischen Wetterdienst. Eine der wichtigsten Webseiten für Reisende in Island: https://en.vedur.is/
Verkalýðsdagurinn	Tag der Arbeit. Wie in Deutschland ein nationaler Feiertag und immer am 1. Mai.
Vínarterta	ein kleiner Turm aus Pfannkuchen, die durch Marmelade oder Nutella zusammengehalten werden. Das Gericht ist vor allem in Kanada bekannt, wo es in New Iceland eine große Gemeinde von ehemaligen Isländern gibt.
Vínbúðin	Alkohol beziehungsweise Getränke mit einem Alkoholgehalt von mehr als 2,25 % werden in Island ausschließlich in den so genannten Vínbúðin verkauft. Diese haben in der Regel keine besonders langen Öffnungszeiten.
Wasser	Wenn es in Island von einem genug gibt, dann Wasser. Deshalb ist es vollkommen unnötig, dieses in Plastikflaschen zu kaufen. Einfach den Hahn aufdrehen und sich dort bedienen. Das warme Wasser ist oft nicht trinkbar beziehungsweise riecht seltsam. Wer auf Nummer sicher gehen will, nutzt also immer das kalte Wasser, auch zum Kochen oder für Tee und Kaffee.

Wildcamping	In Island streng verboten, obwohl sich hartnäckig das Gerücht hält, es sei erlaubt. Beinahe jedes Grundstück in Island befindet sich in irgendeiner Form in Privatbesitz, hier ist es nur mit Genehmigung der Besitzer erlaubt sein Zelt aufzuschlagen. In Nationalparks ist es gänzlich verboten, und was dann noch übrigbleibt, darf für eine Nacht mit maximal drei Zelten genutzt werden. Campervans sind mittlerweile sehr beliebt und wurden früher mit dem Argument vermietet, überall nächtigen zu können. Auch das stimmt nicht. Mit dem Campervan darf man ausschließlich auf ausgewiesenen Campingplätzen stehen bleiben. Davon gibt es allerdings reichlich, besonders im Sommer.
þetta reddast	»es wird alles gut«: Vor allem im Zusammenhang mit dem Tourismus ist dieser Spruch in die Medien gelangt, beschreibt er doch gut die isländische Mentalität, Dinge so zu nehmen, wie sie kommen.
Þjóðhátíðardagurinn	Am 17. Juni jeden Jahres wird der Gründung der Republik Islands im Jahr 1944 gedacht. In Reykjavík findet dann eine große Parade statt mit Reitern, Pfadfindern und einer Fjallkona (siehe dort).
Þorramatur	Oberbegriff für eine Vielzahl traditioneller isländischer Speisen, die vor allem um die Weihnachtszeit herum gegessen werden.
Þrettándinn	Die Dreizehnte Nacht ist ein Feiertag in Island, bei dem traditionell große Feuer entzündet werden und der jedes Jahr am 6. Januar gefeiert wird. Er stellt den letzten Tag der Weihnachtsfeierlichkeiten dar.